CODLADH CÉAD BLIAIN:
Cnuasach Aistí ar Litríocht na nÓg

CODLADH CÉAD BLIAIN:
Cnuasach Aistí ar Litríocht na nÓg

Ríona Nic Congáil
Eagarthóir

*Leabhair*COMHAR

An chéad chló 2012

Foilsithe ag *Leabhair*COMHAR
(inphrionta de COMHAR Teoranta,
5 Rae Mhuirfean, Baile Átha Cliath 2)
www.leabhaircomhar.com

ISBN 978–0–9557217–9–3

Eagarthóir Cóipe: Máire Nic Mhaoláin
Comhairleoir Eagarthóireachta: Pól Ó Cainín
Clúdach: Criona Nangle
Clóchur: Alan Ó hAodha
Clódóirí: Brunswick Press

Is le cabhair deontais i gcomhair tograí Gaeilge a d'íoc an
tÚdarás um Ard-Oideachas trí Choláiste na hOllscoile,
Corcaigh, a foilsíodh an leabhar seo.

CLÁR

Nóta Buíochais

Eascraíonn an cnuasach aistí seo ón gCéad Chomhdháil Idirnáisiúnta ar Litríocht Ghaeilge na nÓg, a tionóladh i gColáiste Phádraig, Droim Conrach, ar an 8–9 Aibreán 2011. Thacaigh agus chuidigh foireann Roinn na Gaeilge i gColáiste Phádraig go mór leis an gcomhdháil sin, agus chuir Foras na Gaeilge agus Coiste Taighde Choláiste Phádraig urraíocht ar fáil, a chuir ar ár gcumas comhdháil den chéad scoth a reáchtáil.

Mar a tharlaíonn le fiontar fiúntach ar bith, d'oibrigh an-chuid daoine go ciúin ar ghnéithe éagsúla den leabhar seo agus ba mhaith liom buíochas a ghabháil leo go léir. Murach údair na n-aistí agus an toilteanas leanúnach a léirigh siad chun a gcuid taighde agus a dtuiscint ar litríocht na n-óg a bhreacadh síos, ní bheadh an leabhar seo ann. Ba mhaith liom buíochas a ghabháil le mo chomhghleacaithe i gColáiste Phádraig agus le mo chomhghleacaithe i gcoláistí agus i dtíortha eile, a chuir gach cúnamh agus comhairle ar fáil. Tá mé go mór faoi chomaoin ag na scoláirí ar fad a rinne piarmheasúnú ar na haistí sa chnuasach seo agus a bhí sásta a gcuid saineolais a chur ar fáil.

Tá mé fíorbhuíoch de Mháire Nic Mhaoláin, de Phól Ó Cainín, de Chriona Nangle, de Shiobhán McNamara, Alan Hayes, Adam Kelly, Nollaig Mac Congáil, Nóirín Ní Nuadháin, Elly Shaw, Liam Mac Amhlaigh, de Choiste Léann na Gaeilge agus de chuile dhuine ar mheitheal *Leabhair*COMHAR, a thug cúnamh dom ar bhealaí éagsúla chun snas a chur ar an leabhar seo.

Ba mhaith liom buíochas ó chroí a ghabháil leis an Ollamh Máirín Nic Eoin i gColáiste Phádraig, Droim Conrach, a bhí fial flaithiúil lena cuid ama i gcónaí agus a chuir an-chomhairle orm go rímhinic agus an leabhar seo á chur in eagar agam.

Ríona Nic Congáil
Márta 2012

CODLADH CÉAD BLIAIN:
Cnuasach Aistí ar Litríocht na nÓg

Ríona Nic Congáil

Tá an chuma ar litríocht Ghaeilge na n-óg go bhfuil sí tagtha faoi bhláth den chéad uair riamh. Tá deimhniú an scéil sin le sonrú ar na bealaí seo a leanas: sa bhliain 2011, foilsíodh breis is 53 leabhar do pháistí.[1] I rith ré an Tíogair Cheiltigh, rinneadh an-dul chun cinn maidir le caighdeán litríocht Ghaeilge na n-óg. Tharla sin mar gur tháinig foilsitheoirí úra do pháistí ar an bhfód, gur fheabhsaigh teicneolaíocht na foilsitheoireachta sa ré sin, agus gur cuireadh ar bun comórtais liteartha ar nós ghradaim Réics Carló agus Bisto a ghríosaigh údair, maisitheoirí agus foilsitheoirí chun litríocht tharraingteach a chur ar fáil do pháistí. Is minic a bhíonn caighdeán ealaíne agus léiriúcháin na litríochta Gaeilge do pháistí ar comhchéim nó níos fearr féin ná an litríocht Bhéarla do pháistí, mar is léir ó na Gradaim Bisto a bronnadh ar an bhfoilsitheoir An tSnáthaid Mhór le blianta beaga anuas, agus a raibh an foilsitheoir Cló Mhaigh Eo ar an ngearrliosta dóibh. Mhaígh Laureate na nÓg, an scríbhneoir dátheangach, Siobhán Parkinson, nuair a bhí an chéad chomhdháil idirnáisiúnta ar litríocht na n-óg á hoscailt aici i mí Aibreáin 2011, go bhfuil níos mó leabhar Gaeilge do pháistí á bhfoilsiú in

Éirinn inniu ná leabhair Bhéarla den chineál céanna. Is rídheacair staitisticí a fháil chun é seo a dhearbhú, ach dhealródh sé go bhfuil an feiniméan seo ag tarlú mar go bhfuil cuid mhaith de scríbhneoirí an Bhéarla ceangailte le foilsitheoirí na Breataine a bhfuil níos mó airgid agus saineolais i gcúrsaí margaíochta acu.

Tá stádas nua bainte amach ag litríocht na n-óg mar ábhar acadúil in ollscoileanna san Eoraip agus i Meiriceá Thuaidh, óir glactar leis gur ábhar é a thugann tuiscint níos fearr do mhic léinn ar chúrsaí cultúrtha agus teanga, ar bhonn stairiúil agus sa tsochaí chomhaimseartha (Clark 2003: 1–15). Cuireann an cnuasach aistí seo, an chéad chnuasach ar litríocht Ghaeilge na n-óg, go mór le forbairt an ábhair acadúil sa Ghaeilge. Léiríonn sé an stádas nua atá ag litríocht na n-óg taobh istigh de chanóin liteartha na Gaeilge agus an spéis atá á múscailt i gcultúr na n-óg go ginearálta. Tá na haistí sa chnuasach seo scríofa ag scríbhneoirí, foilsitheoirí agus oideachasóirí ó leibhéal na bunscoile go leibhéal na hollscoile. Téann siad i ngleic le hábhair éagsúla a bhaineann le litríocht na n-óg, ón gcaoi ar aistríodh clasaicí na hEorpa go Gaeilge, go plé fairsing ar na seánraí liteartha atá ar fáil do dhéagóirí óga sa lá atá inniu ann. Déantar ceiliúradh agus mionscagadh ar ghnéithe de litríocht Ghaeilge na n-óg le céad bliain anuas sna haistí seo. Ceiliúrtar na scríbhneoirí bisiúla a raibh mórthionchar ag a saothair ar threo litríocht na n-óg agus an iarracht atá déanta ag foilsitheoirí éagsúla chun litríocht na n-óg a chur chun cinn ag ócáidí liteartha agus sna meáin chumarsáide. Ach, mar a thugann Siwan M. Rosser le fios i gcomhthéacs na Breatnaise ina haiste sa chnuasach seo, tagann borradh ar litríocht na n-óg de réir mar a théann an mhionteanga féin i léig. Tá sé sin fíor i gcomhthéacs na Gaeilge freisin, agus cé go ndíríonn an cnuasach seo ar an litríocht seachas ar an litearthacht agus ar chúrsaí léitheoireachta i measc na n-óg, tuigeann údair na n-aistí go rímhaith gur beag páiste a léann leabhair Ghaeilge as a stuaim féin.[2]

Tá go leor cosúlachtaí idir litríocht Ghaeilge na n-óg sa lá atá inniu ann agus na samplaí is luaithe de litríocht na n-óg a foilsíodh i rith na hathbheochana.[3] Ó cuireadh tús le litríocht na n-óg, bhí sí ag brath cuid mhór ar thacaíocht airgeadais. Samhlaíodh litríocht Ghaeilge na n-óg mar áis oideachasúil agus theangeolaíoch ón tús, a raibh sé mar phríomhaidhm aici an teanga a chosaint i measc na gcainteoirí dúchais agus na bpáistí dátheangacha. Ina theannta sin, le breis is céad bliain anuas, aithníonn formhór na gcainteoirí fásta Gaeilge go bhfuil tábhacht ag baint le litríocht Ghaeilge na n-óg ar bhealach teibí, in áit a bheith á cothú, agus ag déanamh anailíse ar a fiúntas, ar a laigí agus ar a tionchar ar pháistí. In ainneoin infheistíocht mhór airgeadais, glacadh leis go dtí le déanaí nach raibh aon luach cultúrtha ag baint le litríocht Ghaeilge na n-óg: ní raibh aon anailís ná plé poiblí á dhéanamh uirthi. Ach faoi mar atá ról stairiúil agus siombalach na bpáistí á n-aithint ag scoláirí le cúpla bliain anuas, tá aitheantas á thabhairt do chultúr agus do litríocht Ghaeilge na n-óg fosta (Luddy agus Smith 2009: 5–8).

Cuireann léann litríocht Ghaeilge na n-óg go mór lenár dtuiscint ar stair liteartha agus chultúrtha na hÉireann: treisíonn sí luachanna dúchasacha agus cuireann sí mianta idéalaíocha an náisiúin chun cinn in amanna, agus scrúdaíonn sí coinbhinsiúin na sochaí amanna eile. Tugann litríocht na n-óg a cumadh i dtréimhse na hathbheochana an-léargas ar thábhacht na bpáistí mar chuid d'idé-eolaíocht an náisiúnachais chultúrtha, óir samhlaíodh ag an am go raibh cinniúint na teanga ag brath go hiomlán ar chainteoirí óga dúchais (Nic Congáil 2009: 91–117). Le fada an lá, tá scoláirí ag ceiliúradh sheánra liteartha na ndírbheathaisnéisí, a tháinig faoi bhláth sna 1930í (Kiberd 2001: 520–42); ach níor tugadh aon aird riamh ar a réamhtheachtaí, seánra liteartha do pháistí a tháinig chun tosaigh sna 1920í luatha. Taispeánann saothair ar nós *Jimín Mháire Thaidhg* ó pheann Phádraig Uí Shiochfhradha agus *Páidín Mac Giolla Bhuidhe as Bun Throisc*, a scríobh Pádraig Mac Giolla Chearra, an chaoi a raibh scríbhneoirí na Mumhan agus scríbhneoirí Uladh i gcomórtas le chéile agus iad ag iarraidh a gcanúintí féin a chur chun cinn i measc na n-óg.[4] Le tamall gearr anuas, tá aitheantas poiblí agus acadúil tugtha do shraithscéalta Chathail Uí Shándair, ar cuireadh tús leo sna 1940í, trí 'Gradam Réics Carló', duais bhliantúil don leabhar is fearr do pháistí sa Ghaeilge agus tríd an obair cheannródaíoch atá déanta ag an Ollamh Philip O'Leary ar shaothar Uí Shándair (O'Leary 2011: 104–32). Tugann sraithscéalta bleachtaireachta Réics Carló an-léiriú ar íomháineacht Uí Shándair agus é ag samhlú na tíre seo mar thír iarchoilíneach idéalach. Bhí a chuid sraithscéalta chun tosaigh ar an ré inar mhair sé, agus é ag déanamh cur síos ar an domhandú a bhaineann leis an aonú haois is fiche go príomha.

Tugann an iriseoireacht agus seánraí liteartha do dhaoine fásta léiriú ar chúrsaí polaitíochta agus ar athruithe sóisialta in Éirinn, agus is amhlaidh a dhéanann litríocht na n-óg: tar éis d'Éirinn ballraíocht a bhaint amach i gComhphobal Eacnamaíochta na hEorpa sa bhliain 1973, aistríodh go leor leabhar ó theangacha Eorpacha go Gaeilge, leabhair a thug tuiscint níos doimhne do pháistí Éireannacha ar chultúr na nEorpach óg eile. Ina theannta sin, tháinig seánraí liteartha áirithe do pháistí faoi bhláth mar gheall ar ghluaiseachtaí oideachais ceannródaíocha. Nuair a bunaíodh na chéad naíonraí in Éirinn sna 1970í, tháinig borradh faoi sheánra na bpictiúrleabhar Gaeilge do pháistí óga agus aistríodh dhá shraithscéal aitheanta chun freastal a dhéanamh orthu: *Tomás agus Eithne* ó pheann an tSualannaigh Gunilla Wolde agus an tsraith *Bran* ó pheann Eric Hill, aistrithe ón mbuntéacs Béarla. Ar an mbealach céanna, nuair a bhí gluaiseacht na Gaelscolaíochta ag bailiú nirt, bhí éileamh nua ann ar leabhair do pháistí ní ba shine, agus aistríodh sraithscéalta cosúil le *Liam agus Brídín*, a scríobh Marcel Marlier, a bhain le heachtraíocht agus scléip, ó mhuir go sliabh, ón mBriotáin go Srí Lanca. Bhí olltionchar Ré Uí Laighléis le brath sna 1990í de bharr na scéalta a chum sé faoi dhrugaí agus choiriúlacht sa saol uirbeach agus na deacrachtaí a bhí le sárú ag déagóirí a bhí ag maireachtáil i sochaí mhífheidhmiúil. Bhain na scéalta ba chumhachtaí do pháistí sna 2000í – *An Bhanríon Bess agus Gusaí Gaimbín* le Biddy Jenkinson agus *Gluaiseacht* le hAlan Titley ina measc – le téamaí comhaimseartha ó chaimiléireacht agus ollscrios an tíogair Cheiltigh go bogás na nÉireannach agus iad ag glacadh go fonnmhar le drochimpleachtaí an domhandaithe.

Tugann aistí an chnuasaigh seo, atá rangaithe ina gceithre chuid, léargas úr ar litríocht Ghaeilge na n-óg le tuairim is céad bliain anuas. Tosaíonn an chéad rannóg le stair litríocht Ghaeilge na n-óg i ré an tSaorstáit. Déanann Seosamh Ó Murchú cur síos ar an mbaint a bhí ag an nGúm le treo na foilsitheoireachta do pháistí ó thús a ré, léiríonn sé smaointeachas an Ghúim maidir le haistriúcháin go Gaeilge agus cuireann sé comhfhreagras idir an Gúm agus aistritheoirí agus scríbhneoirí aitheanta ar fáil ina aiste: Pádraig Ó Buachalla, Nioclás Tóibín agus Cathal Ó Sándair ina measc. Fir a d'aistrigh agus a d'fhoilsigh cuid mhaith de na leabhair Ghaeilge ba luaithe do pháistí; ach sa dara haiste sa chnuasach seo, cuireann Siobhán Kirwan-Keane banscríbhneoir cáiliúil in aithne don léitheoir, mar atá, Sinéad de Valera. Tugtar léargas ar shaothar Gaeilge Shinéad de Valera san aiste seo, agus déantar anailís ar a tionchar ar chultúr Gaelach na n-óg. In ainneoin gur chum de Valera a cuid scéalta do pháistí as Béarla, as Gaeilge a chum sí a cuid drámaí. Bhí an-éagsúlacht ag baint lena cuid drámaí, a raibh téamaí ársa Gaelacha agus téamaí athchóirithe ó shíscéalta na hEorpa i gceist leo, ach bhí leanúnachas eatarthu i dtaobh idé-eolaíocht na hÉireann-Éireannaí de a raibh sí gafa léi agus í óg. Is minic nach mbíonn go leor eolais ar fáil maidir le tuairimí na bpáistí a léann leabhair, go háirithe i gcomhthéacs stairiúil, ach san aiste dheireanach sa rannóg seo, tugann Pádraig Ó Baoighill cuntas pearsanta ar ról agus ar thábhacht litríocht na n-óg ina shaol agus é ag fás aníos i Rann na Feirste sna 1930í agus 1940í.

Díríonn an dara rannóg ar cheist an aistriúcháin agus ar na haistriúcháin Ghaeilge a cuireadh ar fáil do pháistí le céad bliain anuas, go háirithe leabhair chanónacha ó theangacha Eorpacha eile. Tugann Alan Titley léargas leathan ar na haistriúcháin atá ar fáil do pháistí, ó sheanaistriúcháin a dtugtar neamhaird orthu go minic, go haistriúchán úrnua, *An Hobad*, atá aistrithe ag Nicholas Williams. Díríonn Lydia Groszewski ar an aird a thugtar ar na léitheoirí óga i bpróiseas an aistriúcháin, agus í den tuairim go gcaithfidh aistritheoirí freastal ar riachtanais na léitheoirí óga. Déanann Groszewski anailís ar aistriúcháin aitheanta ó *Eachtraí Eilíse i dTír na nIontas*, aistrithe ag Nicholas Williams, go *An Garbhán*, aistrithe ag Gabriel Rosenstock, chun léargas a thabhairt ar an gcaoi a bhfuil, nó nach bhfuil, aistritheoirí ag cuimhneamh ar an léitheoir óg. Cuireann Órla Ní Chuilleanáin clabhsúr ar an rannóg seo le haiste a léiríonn an teannas idir tosaíochtaí an aistritheora i bpróiseas an aistriúcháin. An té atá ag aistriú saothair do pháistí ó mhórtheanga go mionteanga, caithfidh an té sin freastal ar thuismitheoirí, ar mhúinteoirí, agus ar fhoilsitheoirí, chomh maith leis na páistí féin de réir Ní

Chuilleanáin. Tugann sí le fios freisin, i gcás mionteanga ar nós na Gaeilge, go mbíonn rath agus tionchar an tsaothair do pháistí ag brath ar leibhéil léitheoireachta agus chumais na léitheoirí óga, a bhfuil an-éagsúlacht ag baint leo. Is dóigh le Ní Chuilleanáin gur gá d'eagraíochtaí a bhfuil baint acu le litríocht na n-óg bheith ag comhoibriú agus cinntí straitéiseacha a dhéanamh anois ar bhonn náisiúnta chun páistí a mhealladh i dtreo na litríochta agus le cinntiú go mbeidh ábhar feiliúnach ar fáil ag leibhéil éagsúla léitheoireachta.

Baineann an tríú rannóg den chnuasach seo le téama na haibíochta i litríocht Ghaeilge na n-óg, ó cheist theibí na haibíochta go plé ar leabhair do dhéagóirí a bhaineann le tairseach na haibíochta. Pléann Pádraig de Paor aistriúcháin chlasaiceacha ó *Tír na Deó* go *Eachtra Phinocchio* go *Harry Potter*, agus déanann sé anailís ar an gcaoi a léirítear téama na haibíochta iontu. Is ar úrscéalta comhaimseartha do dhéagóirí óga, idir 8–13 bliain d'aois, a dhíríonn Laoise Ní Chléirigh, agus í ag léiriú nach bhfuil go leor foilsitheoirí ná scríbhneoirí ag freastal ar an aoisghrúpa áirithe sin. Ar deireadh, díríonn Máirtín Coilféir ar fhorbairt na heitice agus na haeistéitice i litríocht na n-óg in iarthar an domhain, sula dtéann sé i ngleic leis an dá théama seo i saothar Alan Titley do dhéagóirí: *Amach* (2003) agus *Gluaiseacht* (2009). Áitíonn Coilféir go bhfuil an teannas idir an eitic agus an aeistéitic sna leabhair seo do dhéagóirí mar mhacalla ar an dá fheidhm a shamhlaítear leis an litríocht go ginearálta – feidhm theagascach nó feidhm ealaíonta – nach réitíonn le chéile i gcónaí.

Is ar dhúichí Ceilteacha eile a dhíríonn an rannóg dheireanach sa chnuasach seo, mar atá, an Bhriotáin agus an Bhreatain Bheag, agus déantar cur síos ar staid litríocht na n-óg sa dá theanga dhúchais a bhaineann leo.

Is ionann stádas litríocht na n-óg sa dá thír sin agus láidreacht na teanga iontu: is léir, mar sin, go bhfuil litríocht Bhreatnaise na n-óg níos láidre ná litríocht Bhriotáinise na n-óg, óir tá go leor leabhar, clubanna leabhar, feachtais mhargaíochta, agus duaiseanna liteartha ag baint le litríocht Bhreatnaise na n-óg, agus táthar ag glacadh léi mar ábhar acadúil de réir a chéile. Sa rannóg seo, déanann an scríbhneoir do dhéagóirí, Jacques-Yves Mouton, cur síos ar éabhlóid litríocht Bhriotáinise na n-óg, ón naoú haois déag go dtí an t-aonú haois is fiche. Léiríonn an aiste seo na bealaí a roghnaigh baill de ghluaiseacht liteartha na Briotáinise chun litríocht na n-óg agus an chritic a bhaineann léi a chur chun cinn agus feictear an dlúthcheangal idir an córas oideachais dátheangach agus litríocht Bhriotáinise na n-óg. San aiste dheireanach, ar litríocht Bhreatnaise na n-óg (a dhíríonn ar an staraí agus oideachasóir O.M. Edwards agus ar a iris do pháistí *Cymru'r Plant* (1892–1920) go príomha), déanann Siwan M. Rosser anailís ar sheasamh idé-eolaíoch na gceannródaithe a chuir litríocht Bhreatnaise na n-óg chun cinn, a bhí an-chosúil le seasamh idé-eolaíoch lucht na hathbheochana i gcás na Gaeilge. Léiríonn aiste Rosser go bhfuil comhchosúlachtaí idir stádas litríocht Bhreatnaise agus litríocht Ghaeilge na n-óg, ón tacaíocht airgeadais a chuireann eagraíochtaí stáit ar fáil chun iad a chothú, go himeallú litríocht na n-óg taobh istigh den dá theanga imeallacha. Bhí agus tá litríocht Bhreatnaise na n-óg chun tosaigh ar litríocht Ghaeilge na n-óg: sa bhliain 1976 a cuireadh tús le gradaim liteartha 'Tír na n-Og' agus tá Laureate na nÓg ann a chuireann Filíocht Bhreatnaise na n-óg chun cinn. D'fhéadfadh lucht na Gaeilge go leor a fhoghlaim ó chóras na gclub leabhar do pháistí atá ag feidhmiú ar fud na Breataine Bige agus ó na staitisticí ar an bhfoilsitheoireacht don óige a chuireann Bord na Leabhar Breatnaise ar fáil don phobal.[5]

Den chéad uair riamh, tá aitheantas á thabhairt do litríocht Ghaeilge na n-óg mar chuid de chanóin liteartha na Gaeilge, mar ábhar a chuireann go mór lenár dtuiscint ar ár dteanga, ar ár litríocht agus ar ár gcultúr féin. Ach tá go leor oibre le déanamh ar litríocht Ghaeilge na n-óg i gcónaí: faoi láthair, is beag anailís staitistiúil atá déanta uirthi. Mar sin, ní féidir ach buille faoi thuairim a thabhairt ar líon na leabhar a fhoilsítear chuile bhliain, agus ní chuirtear cóip d'fhormhór na leabhar Gaeilge do pháistí chuig an Leabharlann Náisiúnta, rud a chruthaíonn deacracht sa bhreis do thaighdeoirí. Tá géarghá le hanailís agus suirbhéanna nua ar pháistí Éireannacha agus a dtuairimí is a gclaontaí maidir leis an léitheoireacht sa Ghaeilge. Is ábhar íogair é seo, a cheanglaíonn staidéar acadúil ar litríocht na n-óg leis an stocaireacht. Ach tá freagracht ar dhaoine a bhfuil dlúthbhaint acu le litríocht na n-óg na modhanna is fearr a aimsiú chun léitheoireacht na Gaeilge a chur chun cinn i measc na n-óg. Ní leor an-chuid leabhar Gaeilge a fhoilsiú, ag súil go léifidh páistí samhailteacha iad.

Nótaí

1   Baineann an uimhir seo le líon na leabhar do pháistí a foilsíodh sa bhliain 2011 a ndearna Foras na Gaeilge urraíocht orthu, chomh maith le líon na leabhar a d'fhoilsigh An Gúm sa bhliain 2011. Chuile sheans gur foilsíodh roinnt leabhar sa bhreis ar an uimhir seo, ach tá formhór na leabhar do pháistí san áireamh san uimhir atá luaite.

2   Tá an leabhar *Idir Lúibíní: Aistí ar an Léitheoireacht agus ar an Litearthacht*, curtha in eagar ag Róisín Ní Mhianáin, ar cheann de na foinsí is substaintiúla chun cuntas agus anailís a fháil ar an litearthacht agus ar chleachtais léitheoireachta na bpáistí a bhfuil Gaeilge acu (Ní Mhianáin 2003). Is fiú aird a

thabhairt ar thaighde John Harris agus Tina Hickey freisin chun tuiscint a fháil ar úsáid agus ar chaighdeán na Gaeilge sna scoileanna.

3   Sa bhliain 1815 a foilsíodh an chéad téacsleabhar dátheangach scoile faoin teideal *An Irish English Primer, Intended for the Use of Schools*. Tá cóip den téacsleabhar sin ar fáil i gCartlann Choláiste Oideachais Eaglais na hÉireann, Ráth Maonais, Baile Átha Cliath. Níor cuireadh tús le litríocht Ghaeilge do pháistí go dtí tréimhse na hathbheochana. I measc na leabhar ba luaithe a foilsíodh do pháistí, bhí bailiúchán gearrscéalta dar theideal *Sgéilíní* (1900), scríofa ag Éadhmonn Ó hAlbainn, agus *An tÁilleán* (1902), an chéad phictiúrleabhar do pháistí, scríofa ag Tadhg Ó Donnchadha agus maisithe ag Seoirse Ó Fágáin.

4   Foilsíodh *Páidín Mac Giolla Bhuidhe as Bun Throisc* mar shraithscéal in *An tUltach* ó 1924 go 1926 sular foilsíodh mar leabhar é.

5   Féach www.gwales.com

Saothair a ceadaíodh

Carroll, Lewis. *Eachtraí Eilíse i dTír na nIontas*. Aist. Nicholas Williams. Baile Átha Cliath: Coiscéim, 2003.

Clark, Beverly Lyon. *Kiddie Lit: The Cultural Construction of Children's Literature in America*. Baltimore: Johns Hopkins University Press, 2003.

Collodi, Carlo. *Eachtra Phinocchio*. Aist. Pádraig Ó Buachalla. Baile Átha Cliath: Oifig Díolta Foillseacháin Rialtais, 1933.

Donaldson, Julia agus Alex Scheffler. *An Garbhán*. Aist. Gabriel Rosenstock. Baile Átha Cliath: An Gúm, 2000.

Harris, John. 'Irish in the Education System'. *A New View of the Irish Language*. Eag. Caoilfhionn Nic Pháidín agus Seán Ó Cearnaigh. Baile Átha Cliath: Cois Life, 2008: 178–90.

Hickey, Tina. 'Múineadh léitheoireacht na Gaeilge agus an Curaclam Athbhreithnithe'. *Teangeolas* 40. 2001: 55–65.

Hill, Eric. *Bran ag comhaireamh*. Baile Átha Cliath: An Gúm, 1984.

Jenkinson, Biddy. *An Bhanríon Bess agus Gusaí Gaimbín*. Baile Átha Cliath: Coiscéim, 2007.

Kiberd, Declan. *Irish Classics*. London: Granta, 2001.

Luddy, Maria agus James Smith. Eag. 'Children, Childhood and Irish Society'. *Éire-Ireland* 44.1–2. 2009: 5–8.

Marlier, Marcel. *Liam agus Brídín Cois Farraige*. Baile Átha Cliath: Oifig an tSoláthair, 1975.

Ní Mhianáin, Róisín. Eag. *Idir Lúibíní: Aistí ar an Léitheoireacht agus ar an Litearthacht*. Baile Átha Cliath: Cois Life, 2003.

Nic Congáil, Ríona. '"Fiction, Amusement, Instruction": The Irish Fireside Club and the Educational Ideology of the Gaelic League'. *Éire-Ireland* 44.1–2. 2009: 91–117.

Ó hAlbainn, Éadhmonn. *Sgéilíní (Short Stories)*. Dublin: M.H. Gill and Son, 1900.

Ó Donnchadha, Tadhg agus Seoirse Ó Fágáin. *An tÁilleán*. Baile Átha Cliath: Connradh na Gaedhilge, 1902.

O'Leary, Philip. *Writing Beyond the Revival: Facing the Future in Gaelic Prose, 1940–1951*. Dublin: University College Dublin Press, 2011.

Ó Siochfhradha, Pádraig. *Jimín Mháire Thaidhg*. Baile Átha Cliath: Comhlucht Oideachais na hÉireann, 1919.

Titley, Alan. *Amach*. Baile Átha Cliath: An Gúm, 2003.

Gluaiseacht. Baile Átha Cliath: An Gúm, 2009.

Tolkien, J.R.R. *An Hobad, nó Go Ceann Scríbe agus Ar Ais Arís*. Aist. Nicholas Williams. Cathair na Mart: Evertype, 2012.

Wolde, Gunilla. *Tomás agus Eithne á ngléasadh féin*. Baile Átha Cliath: An Gúm, 1980.

I

IDIR *LAETHANTA GRÉINE* AGUS *NA MAIRBH A D'FHILL*:
SÚIL SCEABHACH AR AN BHFOILSITHEOIREACHT DO
DHAOINE ÓGA I MBLIANTA TOSAIGH AN GHÚIM

Seosamh Ó Murchú

Bunaíodh an Gúm in 1926 ina rannóg de chuid na
Roinne Oideachais chun 'ábhar léitheoireachta' sa
Ghaeilge a chur ar fáil do ghnáthmhuintir na tíre chomh
maith le hábhar oideachasúil, téacsleabhair etc. a fhoilsiú
don aos scoile. 'Coiste na Leabhar' a bhíothas a thabhairt
ar na daoine a raibh sé de chúram orthu na leabhair sin a
fhoilsiú sna blianta tosaigh. Bhítí ag tagairt freisin don
'ghúm chun leabhair a fhoilsiú' agus is as sin a tháinig
an Gúm mar ainm ar an áit féin. Tá cur síos an-léir
déanta ag Gearóidín Uí Laighléis ar bhlianta tosaigh an
Ghúim ina halt siúd, 'An Gúm: scéal agus scéalaíocht'
(Uí Laighléis 2004: 185–206).

Tréimhse dhearóil go maith ba ea na blianta sin i
ndiaidh Chogadh na gCarad in Éirinn. An dream ar
buadh orthu sa chogadh cathartha bhíodar in ísle brí, fís
na poblachta scriosta, cuid mhaith acu imithe ar imirce
gan aon tsúil acu go ndáilfí aon bhlúire de charthanas an
stáit nua orthu. Ní mó ná go raibh an dream a bhí i

gcumhacht aon phioc ní ba dhóchasaí ná iad, agus gur orthu a thit sé an stát nua a thógáil ó bhonn, spiorad na muintire a athchothú agus gan ach pinginí suaracha sa chiste acu chuige. Go leor dá raibh fágtha den fhís agus den aisling ba le cúrsaí teanga agus cultúir a bhain sé, áfach, agus ba phointe aontachta de shaghas éigin na cúrsaí iad sin i measc na gcéilí comhraic nó bhí díograiseoirí teanga agus athbheochantóirí ar an dá thaobh. Tá an maíomh seo a leanas déanta ag Thomas Bartlett ina leabhar *Ireland: A History*:

> It is important to realise that the dream of a genuinely Gaelic Ireland had been cherished on all sides of Irish nationalism since at least the 1890s, and that its realisation in the 1920s was regarded, not so much as the coping-stone of the Irish revolution but as fundamental to the whole revolutionary project itself (Bartlett 2010: 426).

Tá an chaoi ar theip ar an tionscadal rianaithe leis ag Bartlett, ach ní mór a rá go raibh bunú an Ghúim ar cheann de na gníomhartha dóchais sin a bhí le háireamh i measc iarrachtaí an tsaorstáit an Ghaeilge a neartú agus rochtain uirthi a thabhairt ar ais do phobal na tíre. Murab ionann agus an lá inniu ní gníomh imeallach a bhí i gceist agus leathshúil ar bhrúghrúpa ach gníomh a bhí bunaithe ar pholasaí lárnach an rialtais i dtaobh na teanga agus bhí lámh mhór ag scata airí sinsearacha sa chúram, Earnán de Blaghd agus é ina Aire Airgeadais, ina measc.

Tá sé i gceist agam san alt seo sciuird roghnach a thabhairt trí bhlianta tosaigh an Ghúim ag féachaint dom ar dtús i gcomhthéacs chúinsí na linne, ar chuid de na dúshláin a bhí rompu siúd a bhí ina bhun agus ar chuid de na ceisteanna a bhí le réiteach acu i réimse na foilsitheoireachta do dhaoine óga go háirithe. Ina theannta sin caithfidh mé súil ar chuid de na húdair agus na haistritheoirí ba mhó a shaothraigh sa ghort sin.

Súil roghnach go maith í toisc a oiread sin ábhar agus comhad ann a bhaineann leis an tréimhse sin (tuairim is 200 comhad riaracháin) agus gan d'aga agam ach cuid acu sin a chíoradh. Ní cás a rá go bhfuil an fiche bliain ó bunaíodh an Gúm ar na tréimhsí is suimiúla ó thaobh na litríochta do dhaoine óga de i gcomhthéacs an stáit nua agus mhúnlú an náisiúin.

Ag Dul i mBun Oibre

Agus Seoirse Mac Niocaill, duine de na daoine a bhí laistiar de bhunú an Ghúim, ag scríobh ar 10 Samhain 1926 ar chnuasach scéalta dar teideal *Goltraighe agus Geantraighe* a bhí curtha faoi bhráid an Ghúim ag Seán Ó Ciarghusa, mhol sé na scéalta as a lán píosaí de 'dheagh-chomhrádh tríotha agus is tábhachtach an rud é sin don lucht foghlumtha'. Ach bhí amhras áirithe air i dtaobh ceann de na scéalta:

> ... Rud eile dhe, b'fhéidir go bhféadfaí a rádh go bhfuil rud beag de 'atmosféir' poblachtach ag baint leis an dara agus leis an tríomhú cuid den scéal agus níor mhiste féachaint chuige sin.

Ní mhínítear a raibh i gceist le 'féachaint chuige sin' ach dealraíonn sé gur tháinig an Ciarghusach agus a leabhar slán agus foilsíodh leagan leasaithe de faoin teideal *Geantraighe* sa deireadh, agus cuid na goltraí fágtha ar lár ar fad.

Chomh maith céanna ar Choiste na Leabhar, a dhéanadh raon agus cineál na leabhar a bhí le foilsiú a shocrú agus a mheas, bhí mórchuid daoine tábhachtacha i saol na Gaeilge, ina measc an Craoibhín Aoibhinn, Tórna, Piaras Béaslaí, Tomás Ó Máille, Domhnall Ó Corcora, Laoise Ghabhánach Ní Dhubhthaigh, Micheál Breathnach agus tuilleadh nach iad, iad uile ina státairí dílse, dar ndóigh.

Seán McLellan a raibh an teideal 'Oifigeach Foilseachán' air a bhíodh ag riar na hoibre, ag stiúradh léirmheasanna agus ag earcú aistritheoirí. An rud is mó atá le tabhairt faoi deara sna blianta sin ná an méadú as cuimse a tháinig ar an obair aistriúcháin agus scríbhneoireachta a bhí ar siúl ag muintir na Gaeltachta ós iad ba mhó a cuireadh i mbun na hoibre. Taoscadh tobar saibhir na Gaeilge dúchasaí sna blianta sin idir 1929 agus 1947 maidir leis an bhfocal scríofa de. Thráigh an soláthar i ndiaidh an chéad rabharta sin, áfach. Braitheadh cead cainte agus cantaireachta a bheith ag muintir na Gaeltachta. Chuadar i mbun oibre le fonn – is ó na húdair/aistritheoirí féin a thagadh cuid mhaith de na smaointe agus na saothair. Cuireadh fógra amach ag rá go rabhthas ag fáiltiú roimh scríbhinní oiriúnacha don aos óg.

Sna blianta tosaigh, measadh tábhacht a bheith ag baint le hobair foilsitheoireachta an Ghúim i measc chúraimí an Rialtais. Chuirtí fiú na mionsonraí i dtaobh foilsiú leabhar faoi bhráid an Aire Airgeadais. Seo mar a bhí i gcás na sraithe sin 'Bright Story Readers' le Arnold and Son i litir lúitéiseach ó Leas-Rúnaí na Roinne Oideachais chuig an Roinn Airgeadais i meamram dar dáta 7 Márta 1931:

> ... In the circumstances I am to ask that an tAire Airgid may be so good as to convey his sanction to the proposal that this Dept. should accept the terms asked by Messrs Arnold and conclude arrangements with them accordingly [2/- per page of letterpress].

Léiríodh tuiscint ar leith agus tábhacht a bheith ag baint leis na cúrsaí seo i saol náisiúnta an lae agus i súile an Rialtais. Feictear an nóta seo thíos le Seán McLellan chuig an Leas-Rúnaí in 1928:

> ... At the recent conference when there were present The Min. for Education, The Min. for Finance, The Min. for

Local Govt., and Public Health, Controller of Stationery Office etc … it was decided that an effort should be made without delay to produce a number of illustrated books for boys and girls on the lines of those published by some of the English firms.

Bhain tábhacht leis an margaíocht freisin: moladh a leithéid seo de leabhair a dhíol ar '2d or 3d at the most'. Bhíothas chun 10,000 cóip díobh a chur i gcló ach rinneadh athbhreithniú air sin ar ball agus cuireadh 5,000 cóip i gcló. Clórith mós ard é sin i dtéarmaí an lae inniu nuair is gnáthaí gur idir míle agus dhá mhíle cóip de leabhar do leanaí a chuirtear i gcló.

Léiríonn an nóta seo ó Phroinsias Ó Dubhthaigh chuig an Roinn Airgeadais in 1931 agus é ag lorg cead chun na haistritheoirí do pháistí a íoc ar ráta níos airde ná mar a dhéantaí i gcás gnáthaistriúchán do dhaoine fásta go raibh tuiscint ar leith ann don dúshlán a bhain le hábhar oiriúnach a sholáthar don aos óg – cead a tugadh gan cheist:

… the worker in this field would need to have an intimate knowledge of and sympathy with the child's mind, interests and difficulties. (17/02/31)

Cúrsaí Cló

An scoilt a tháinig de bharr an Chogaidh Chathartha bhí sí tar éis í féin a léiriú ar mhórán slite i ngach aon ghné den saol. Níor tháinig an Gúm slán ó thionchar na n-imeachtaí sin ach oiread. B'fhéidir a mhaíomh gur bhain toisc pholaitiúil leis an aighneas faoi cé acu cló rómhánach nó an cló Gaelach a d'úsáidfí sna leabhair, leabhair do pháistí san áireamh.

Tosaíodh in 1929 ar shraitheanna beaga leabhar a fhoilsiú do leanaí dar teideal 'Sraith na Gréine' arbh aistriúcháin nó 'leaganacha Éireannacha' iad de Sunny Readers a foilsíodh i Sasana. Sé theideal a bhí sa tsraith agus foilsíodh sa chló rómhánach an chéad leath de na teidil. Ansin tháinig athrú ar an scéal in 1932 agus tosaíodh ar i bhfad ní ba mhó leabhar a chur sa chló Gaelach. Is léir nach taobh istigh den Ghúm amháin a bhí scéal an chló ina ábhar cuir is cúitimh – a leithéid seo i meamram ó Ghníomhaireacht Fógraíochta Kenny a bhí ag plé chuntas fógraíochta an Rialtais ag an am:

> … In connection with children's Gaelic Story Books we have to say the Savings Certificate Dept. are willing to give a full page advertisement for the whole of the remaining series of the books providing the printing is in Gaelic type, but will not give the advertisement if Roman type is used. (19/12/32)

Cnámh spairne ba ea an cló ag dul siar go dtí laethanta tosaigh na hAthbheochana agus chuirtí ailt agus aistí i gcló ar an bpáipéar *An Claidheamh Soluis* sa dá chló taobh le chéile. Cíorann Brian Ó Conchubhair ceist seo an chló ina leabhar *Fin de Siècle na Gaeilge: Darwin, an Athbheochan, agus Smaointeoireacht na hEorpa* (Ó Conchubhair 2009: 145 *et seq*).

Ní foláir a aithint go raibh go leor daoine ann a d'fhoghlaim léamh agus scríobh na Gaeilge ó thús an chéid agus roimhe sin agus gur leis an gcló Gaelach amháin a bhíodar cleachtach. Ní nach ionadh bhí na daoine sin ag súil le hábhar léitheoireachta sa chló sin. Bhí múinteoirí leis a raibh an Ghaeilge á múineadh acu agus an cló Gaelach in úsáid acu mar a bhí i bhformhór na scoileanna náisiúnta ag an am. In 1941 chuir múinteoir scoile litir chuig an nGúm ag iarraidh go gcuirfí *Pinocchio* sa chló Gaelach. Ba bhreá lena cuid daltaí é, a deir sí, ach toisc gur sa chló rómhánach a bhí sé nach dtuigfidís é nó ní fhéadfaidís é a léamh.

Ar deireadh thiar thángthas ar chomhréiteach Éireannach ar fhadhb Éireannach agus chuirtí leabhair áirithe sa chló rómhánach agus cuid eile sa chló Gaelach. Níor mhiste a lua chomh maith go mbíodh an dá chló á gcleachtadh ag daoine taobh le chéile agus iad ag scríobh le peann, tá an dá shaghas peannaireachta ar na comhaid riaracháin ón tréimhse sin ag brath ar an té a bhíodh i mbun pinn.

Ceist an Aistriúcháin

I dtaca leis na leabhair do dhaoine óga de, agus go deimhin leabhair do dhaoine fásta leis, beartaíodh ón tosach ar pholasaí go mbeadh idir bhunleabhair agus aistriúcháin á bhfoilsiú. Tá cáil i gcónaí ar na haistriúcháin ar shaothair mhóra an Bhéarla a d'fhoilsigh an Gúm sna tríochaidí agus níor thaise do na leabhair do dhaoine óga é. Scoth na n-aistritheoirí ar chainteoirí dúchais iad a cuireadh i mbun oibre agus féachadh le cothromaíocht a bhaint amach idir na canúintí i dtaca le hearcú aistritheoirí agus líon na leabhar a foilsíodh. Bhí an chothromaíocht sin le brath i measc na n-eagarthóirí a bhíodh ag obair ar na leabhair san am leis. Ar an bhfoireann sa Ghúm ag an am bhí 'an Seabhac' (Pádraig Ó Siochfhradha, údar Muimhneach *Jimín Mháire Thaidhg*; *An Baile S'againne* i measc leabhar eile), Dónall Mac Grianna (Ultach) agus Tomás Ó hEighneacháin (Connachtach).

Ar na haistriúcháin a rinneadh ar shaothair údair mhóra an Bhéarla is mó a bhítear ag caint, saothair Bronte, Dickens agus iad uile, ach i gcás na leabhar do dhaoine óga is ábhar iontais a eolaí agus a oilte a bhí cuid mhór de na haistritheoirí ar shaothair ó theangacha eile agus a oscailte is a bhíothas roimh na saothair chéanna. Naoi dteideal is daichead a aistríodh ó theangacha seachas an Béarla idir 1926 agus 1945.

Ritheadh comórtas in 1931 d'fhonn aistritheoirí a earcú agus cuireadh in ord feabhais iad. Dónall Mac Grianna a rinne an roghnú ach is léir nach raibh an Seabhac ag teacht go hiomlán lena bhreithiúnas siúd i dtaobh fiúntas cuid acu sin a roghnaíodh. Bhí siar agus aniar idir an bheirt seo i dtaca leis an difear idir cumas Gaeilge na ndaoine, a gcumas mar aistritheoirí agus a gcumas chun ábhar a chur in oiriúint do dhaoine óga. Duine amháin de na haistritheoirí measadh a chuid Gaeilge a bheith rómhaith chun leabhar do dhaoine óga a aistriú!

Chuathas i mbun na hoibre seo le fonn. Ar na daoine a raibh cáil ar a chuid aistriúchán do dhaoine óga agus do dhaoine fásta araon bhí Pádrag Ó Moghráin as Maigh Eo a rinne mórchuid aistriúchán ón nGearmáinis don Ghúm (22 leabhar ar fad). Maidir le leanaí is as síscéalta mhuintir Grimm *Kinder und Hausmarchen* is mó a bhí sé ag tarraingt.

Pádraig Ó Buachalla

De bhunadh Bhaile Bhuirne i Múscraí Uí Fhloinn ba ea Pádraig Ó Buachalla (Ní Mhurchú agus Breathnach 1997: 115) a bhfuil an t-aistriúchán a rinne sé ar *Pinocchio* Carlo Collodi (1933) ar an saothar is cáiliúla dá chuid. Aistritheoir féinoilte ba ea Pádraig Ó Buachalla a chuaigh ar imirce go dtí San Francisco agus é sna déaga agus a d'fhoghlaim Fraincis, Spáinnis agus Iodáilis ann. Ach ní foláir nó bhíothas in amhras faoina cháilíochtaí agus cuireadh an cheist ar ón Iodáilis a d'aistrigh sé an leabhar agus d'iarr an Gúm air cóip den bhunleabhar a chur chucu (tar éis dóibh féin aistriúchán Béarla a cheadú) – dúirt an Seabhac go raibh 'drochamhras beag agam faoin scéal'. Chuir an Buachallach a chóip féin den leabhar chucu agus ina theannta an nóta seo a bhfuil oiread na fríde den mhífhoighne le brath air:

A chara,
Ní fheaca a's níor léigheas 'Pinocchio' i n-aon leabhar ná i n-aon teangain eile ach sa leabhar so atá agam a chur chugat,

a's inneósfaidh san duit gur as an Iodáilis a dheineas é aistriughadh.

D'aistrigh Pádraig Ó Buachalla ceithre leabhar don Ghúm ó theangacha seachas an Béarla. Chomh maith le *Pinocchio* bhí *An Baile* (1936), aistriúchán ón bhFraincis ar *Le Maison* le Henri Bordeaux, *Grádh na hÓige* (1949) ón Spáinnis ar *El Si de Las Niñas* le Leandro Fernández de Moratin agus *Idir Croí is Anam* (1957) ón bhFraincis ar *De toute son âme* le René Bazin. Dúirt a nia, Dónal Ó Buachalla, liom tamall de bhlianta ó shin nach raibh post leanúnach riamh aige agus gur chaith sé a shaol ag imeacht ó áit go háit i mbun mionjabanna éagsúla de réir mar a thitfidís leis (féach leis Keenan 2007).

Ar na leabhair cháiliúla eile ar foilsíodh eagrán Gaeilge díobh bhí *Peter Pan and Wendy* le J.M. Barrie a d'aistrigh nó a 'd'athinis' Máiréad Ní Ghráda agus a foilsíodh faoin teideal *Tír na Deó* (1938). Peadairín Pan a tugadh ar an bpríomhcharachtar agus rinneadh Gaelú ar na hainmneacha eile freisin. Léirigh Máiréad Ní Ghráda sárthuiscint do riachtanais léitheoireachta an duine óig agus ag an am gcéanna do riachtanais na scéalaíochta. Scríobh sí drámaí, agus scata bunleabhar – tá atheagráin dá cuid fós á ndéanamh (Ní Mhurchú agus Breathnach 1986: 74). In 2011 cuireadh eagráin nua de *Máire agus a Mála* agus *Micí Moncaí* i gcló de bharr an éilimh leanúnaigh ar na saothair sin i measc lucht naíonra.

Nioclás Tóibín

Éacht aistriúcháin agus scríbhneoireachta a rinne an Déiseach seo – d'aistrigh agus cheap sé os cionn 36 leabhar don Ghúm idir 1930 agus 1960 ina measc teideal ón tsraith cháiliúil mhóréilimh le Richmal Crompton *William* (Ní Mhurchú agus Breathnach 1986: 113). Bhain conspóid áirithe leis an saothar seo sa mhéid is gur cuireadh dhá scríbhinn dar teideal 'An Cúiplín' agus 'An

Cúiplín Arís' faoi bhráid an Ghúim mar bhunleabhair. Aontaíodh iad a chur i gcló ach ansin agus an leabhar sa chlólann seoladh litir chuig an Tóibíneach a rá leis gur tugadh faoi deara gur aistriúchán ar shleachta as saothar Richmal Crompton, *William the Outlaw,* a bhí sna leabhair. Iarradh air míniú a thabhairt air sin. Tháinig litir ar ais ón Tóibíneach inar admhaigh sé gur bhain sé leas as *William the Outlaw* agus *Just William* agus é ag cur na scéalta le chéile. Dheimhnigh sé i gcomhrá le Seán MacLellan agus le Tomás Ó hEighneacháin nach bhféadfadh sé a chuid féin den téacs a scagadh ó chuid Crompton sa riocht ina raibh na saothair ag an am sin.

Cuireadh stop leis an gclódóireacht i mí Dheireadh Fómhair 1945. Faoin am sin bhí £238 caite ar an dá leabhar (faoi na teidil *Domhnaillín* agus *Domhnaillín Arís*). Socraíodh ar chead foilsithe leagan Gaeilge a iarraidh ar na bunfhoilsitheoirí agus an t-airgead a bhí caite cheana ar an leabhar a lorg ar ais ón 'údar'. Deir Rúnaí na Roinne Oideachais, Micheál Breathnach, i meamram: 'Níl aon dóchas agam go mbainfear éinní as an údar ach tá sé tullte aige go mbainfí geit ar a laghad as'. Scríobhadh chuige á lorg ar ais. Scríobh Nioclás Tóibín ar ais 22 Samhain 1945 agus alltacht go leor air:

> ... Tuigeann tú nach féidir liom an méid sin airgid a dhíol ar aon chor mar nílim ach d'iarraidh a bheith ag maireachtain as ucht aon scríobhnóireachta a dheinim – níl aon ní cothrom ná seasmhach agam laistiar de ach an beagán.

Comhairlíonn sé cead athleagan a fhoilsiú a lorg ar na bunfhoilsitheoirí:

> ... dá ndéarfaí leo ná fuil ann ach sórt *adaptation* in ionad aistriúcháin agus sin a bhfuil ann, mar ní rabhas ach ag cuimhneamh ar leabhráin grinn a bheadh so-léite do dhaoine óga a scríobh, agus dhineas mo dhícheall air sin. Ní mórán den mbunaithris atá agam ar aon chor ach i bhfo-chaibidil.

Bhíothas tar éis cead a lorg cheana in 1932 ar na gníomhairí liteartha, George Newnes Ltd, i Londain, ar leagan Gaeilge de leabhar Richmal Crompton a aistriú ach ní fhéadfaidís teacht ar aontú toisc an t-airgead a bhíothas a lorg a bheith rómhór ag na foilsitheoirí Sasanacha. Ní raibh Richmal Crompton sásta cead a thabhairt go bhfoilseofaí scéalta 'bunaithe' ar a chuid carachtar ná eachtraí ach d'iarr arís go ndéanfaí moladh i dtaobh iad a aistriú.

Aontaíodh nach bhféadfaí aistriúchán a thabhairt ar a raibh déanta ag Nioclás Tóibín ach socraíodh go lorgófaí cead *William the Outlaw* a aistriú – tugadh an cead sin ag gníomhairí Richmal Crompton i mí Feabhra 1946. Iarradh ar an Tóibíneach an leabhar a aistriú as an nua gan aon íocaíocht, rud a rinne sé. Mar sin féin níorbh fholáir nó bhí bogadh éigin ar chroíthe lucht ceannais an Ghúim agus an saothar críochnaithe aige mar díoladh £1 an míle focal leis ar deireadh thiar.

Bhí sé beo ar a chuid scríbhneoireachta agus aistriúcháin. Ba mhinic an saol ag dul dian go maith air agus an taos leis an oigheann i gcónaí aige. Bhí an méid seo thíos le rá aige i litir ghearáin a chuir sé chuig an nGúm tar éis dóibh ábhar a chur ais chuige:

> ... sé sin nach bhfuil aon chaoi agam ar mhaireachtain as an t-aon rud amháin a raibh mo bhraith air, agus a bhfuil mo shaol caite agam á dhéanamh. Ní fheadar an ndeintear rud den tsórt le duine dem shórt in aon tír eile.

A leithéid seo, chomh maith leis na hábhair aighnis eile leis an nGúm a bhfuil eolas fairsing orthu, ó leithéid an Chadhnaigh agus Sheosaimh Mhic Grianna, is léiriú eile iad ar an tuiscint gur chreid na scríbhneoirí agus scríbhneoirí Gaeltachta go háirithe go soláthródh an stát nua slí bheatha dóibh as a gcuid saothar. Dóchas é sin ba dheacair a fhíorú i gcás aon cheann de na teangacha a bhí á saothrú ag scríbhneoirí na tíre.

I measc na n-údar eile do leanaí ar foilsíodh saothar leo sa tréimhse sin bhí Micheál d'Andún ar foilsíodh ceithre cinn déag d'úrscéalta do dhéagóirí leis. Foilsíodh dhá leabhar do pháistí óga leis an údar mór Béarla Eilís Dillon (Diolún). Cnuasaigh de scéalta beaga ba ea iad agus i gcás ceann acu, *Oscar agus Cóiste na Sé nEasóg,* lorg an *Irish Times* cead chun é a fhoilsiú ina shraithscéal ar an bpáipéar.

Conspóid

I lár na dtríochaidí bhrúcht conspóid chun cinn as áit neamhdhóchúlach, leabhar beag soineanta dar teideal *Leabhar na hÓige,* aistriúchán ar shaothar leis an scríbhneoir ón bPortaingéil, Antonio Botto. Scéalta áille do leanaí atá sa leabhar seo, cuid acu fréamhaithe sa bhéaloideas ar nós 'An Coileach agus an Sionnach' agus cuid eile ar bhuncheapadóireacht ar fad iad, pointe teagaisc éigin mar bhuille scoir iontu. Tá réamhrá moltach ar an údar ann le Fernando Pessoa agus 'Focal don léightheoir' nach bhfuil d'ainm leis ach 'An tAistrightheoir' ina ndéantar an t-údar agus Pádraic Mac Piarais a chur i gcomparáid le chéile i dtaca le feabhas a dtuisceana d'intinn an pháiste ina gcuid scríbhneoireachta. Maítear gurbh é an chéad leabhar a aistríodh go Gaeilge ón bPortaingéilis. Scéalta gairide atá sa saothar agus níor mhiste an chéad cheann a thabhairt ina iomláine – tá sé chomh gairid sin – chun blas an tsaothair a chur in iúl (litriú an lae inniu curtha air):

Na Trí Criathair

Nuair a tháinig Colm abhaile ón scoile bhí scéal aige dá mháthair.

'An bhfuil a fhios agat, a Mhama, céard a chuala mé inniu faoi Mhicheál …?'

'Fan go fóill, a Choilm. Sara n-insí tú an scéal, cuimhnigh ar na Trí Criathair.'

'Cé na Criathair iad, a Mhama?'

'Seo iad iad. Criathar na Fírinne an t-ainm atá ar an gcéad cheann acu. An bhfuil tú cinnte go bhfuil an scéal sin a chuala tú fíor?'

'Níl mé cinnte, a Mhama …'

'Agus an dara criathar, Criathar an Chineáltais a tugtar air. An scéal cineálta é?'

'Ní hea, a Mhama, ní hea …'

'Agus is é Criathar an Riachtanais an tríú criathar. Meas tú an gá dhuit an rud a chuala tú faoi Mhicheál a inseacht?'

'Ní gá, a Mháthair, chor ar bith.'

'Tá go maith mar sin. Ó tharla nach gá é agus nach scéal cineálta é agus go mb'fhéidir nach fíor é, is fearr duit, a Choilm, gan é a inseacht.'

Is binn béal ina tost.

Saghas scéil in aghaidh scéil ba dhóigh leat. Séamus Mac Úgó a rinne an t-aistriúchán agus is ábhar iontais ann féin nár cuireadh a ainm ar an leabhar mar ba nós a dhéanamh ag an am. Go deimhin i gcás cuid de na leabhair mhóra, ba é ainm an aistritheora amháin a tugadh, i gcás *Mná Beaga* mar shampla, is é ainm Niocláis Tóibín amháin atá ar an leabhar, ní thráchtar ar Louisa M. Alcott beag ná mór.

I meamram dar dáta an 18 Feabhra 1937 tá nóta a mhaíonn gur mhian leis an Aire Oideachais go gcuirfí Gaeilge ar leabhar Botto. Chuathas i dteagmháil leis an údar agus bhí siar agus aniar idir é agus muintir an Ghúim ar feadh i bhfad i dtaca le téarmaí an chomhaontaithe agus a leithéid. Lorgaíodh cóip den bhunleagan chun é a chur á aistriú ón bPortaingéilis. Bhí Portaingéilis ag Tomás Ó hEighneacháin, duine d'eagarthóirí an Ghúim. Cuireadh an leabhar chuig Séamus Mac Úgó le haistriú (ón mBéarla) ach bhí an tEighneachánach lena sheiceáil taobh leis an mbunsaothar. I dtaca leis an aistriúchán de dúradh go raibh i bhfad níos mó focal sa leagan Gaeilge ná mar a bhí sa bhunleagan ach nach raibh neart air i ngeall ar chomh deacair is atá sé 'Gaeilge a chur ar phrós fileata'.

D'iarr Botto go gcuirfí an chéad leathanach de gach cóip den leabhar clóbhuailte chuige le síniú sula gceanglófaí iad chun a chearta ar an saothar a chosaint – é sin nó na cearta uile sa leabhar a cheannach ar £400 (laghdaíodh an t-éileamh seo go dtí £80 ar ball). Rinneadh rud air agus sa dornán cóipeanna den leabhar atá ar marthain inniu tá síniú an údair ina pheannaireacht féin le feiceáil ag bun an leathanaigh ar a bhfuil clár na scéalta. Bhí an trangláil mar gheall ar théarmaí an chomhaontaithe agus an chóipchirt ag dul ar aghaidh ar feadh i bhfad agus is léir ón litir seo ó Botto ar 17 Nollaig 1941 go raibh ag briseadh ar an bhfoighne aige:

> Dear Sir, It is very strange!
> It is about 3 (three) years that the translation of my Children's book in Irish is to be published and hereto I have not yet been handed with the same leaves, so that I may sign them.
> Do you not think that this would be sufficient to produce an infantile story?
> I do not know really which will be the end of this.
> AB

Aimsir an chogaidh bhain fadhbanna leis an bpost agus b'éigean an plean leabhar mór maisithe ar dhea-pháipéar a chur ar ceal agus an leabhar a fhoilsiú mar a rinneadh le léaráid dhubh agus bhán amháin in aghaidh gach scéil. Níor neamhghnách ag an nGúm foilseachán mar é a bheith ar na bacáin chomh fada sin agus chuathas ar aghaidh lena fhoilsiú sa bhliain 1941. Bhí go maith is ní raibh go holc gur tháinig litir ó Leagáid na hÉireann i Liospóin ar 18 Márta 1943:

Legation d'Irlande,
Lisbon,
18th March 1943.

An Rúnaí,

From the enclosed cuttings you will see that considerable
publicity has been given here to the fact that selections from
the writing of Antonio Botto have been adopted by the Irish
educational authorities for use in school-books. No doubt
the tales selected are unobjectionable but I can only regard
the choice of this author as extremely unfortunate. As a man
and as a writer his reputation is most unsavoury and the
last place one would expect to find his writings is in
Catholic schools.

It is true that a volume of Botto's tales for children
(doubtless the one from which the selections were taken)
received the 'imprimatur' of the Cardinal Patriarch of
Lisbon. If it would be going too far to say that this was
obtained by a trick at any rate the 'Imprimatur' was given in
ignorance of the other writings and of the personal
notoriety of the author. His Eminence, whose censors
apparently lead rather isolated lives, was caught napping
and has regretted his action ever since.

Colman J. O'Donovan

Is léir ón litir seo gurbh é tuairim an té a scríobh í gur in
aontíos a bhí an stát agus na scoileanna Caitliceacha.
B'fhíor dó ag an am sin, dar ndóigh. Tá trácht déanta
cheana ar an bPiarsach a bheith luaite i nóta an
aistritheora ach cuireadh nóta cosanta ar an gcomhad a
rá gur dócha nár thuig an t-aistritheoir cén saghas duine
ba ea Botto nuair a scríobh sé an méid sin. De réir
dealraimh bhí Botto tar éis scannal a tharraingt air féin
sa Phortaingéil toisc filíocht homa-earótach a bheith
foilsithe aige, agus é ag fógairt go neamhbhalbh gur
hómaighnéasach é. Tráchtann an iontráil atá ar Botto ar
Vicipéid fós faoin tslí ar cuireadh a leabhar ar chlár na
bhfoilseachán le haghaidh scoileanna in Éirinn.

Léirmheasanna

Tríd is tríd glacadh go fonnmhar leis na leabhair do leanaí a d'fhoilsigh an Gúm sna blianta atá faoi thrácht againn. Cuireadh leabhar i bhfoirm saghas cartún amach i 1932 dar teideal *An tIarla Éamonn agus an Sladaighe* agus ní móide go bhfaigheadh aon fhoilsitheoir locht ar léirmheastóir an *Irish Press* a raibh an moladh seo aige:

> … Ceannaigh dosaen cóip den leabhar so chomh luath agus is féidir leat. Imigh leat amach sa tsráid agus bronn leabhar acu ar gach leanbh a thiocfaidh id ghoire agus nuair a bheidh an méid sin déanta agat ceannaigh dhá dhosaen nó trí fichid cóip de agus tabhair do bhóthar ort féin arís dá roinnt ar leanaí na tire … (*Irish Press* 05/04/32).

Is léir ó na gearrtháin as na páipéir nuachta atá ar na comhaid go mbíodh glacadh i gcoitinne ag an am ag idir pháipéir náisiúnta agus na páipéir réigiúnacha leis an áit lárnach a samhlaíodh don Ghaeilge sa pharaidím nua stáit. Dheintí léirmheasanna ar leabhair Ghaeilge ar na páipéir nuachta náisiúnta agus ar pháipéir áitiúla go rialta le linn na dtríochaidí agus na ndaichidí.

Fí-Fá-Fum ba theideal do 'Christmas Annual 1931/2' agus cuireadh an fháilte chéanna roimhe sna meáin chumarsáide. Tá nóta an-dóchasach le léamh ar léirmheasanna na linne sin go bhfuil ar deireadh thiar earra fónta á chur ar fáil trí Ghaeilge d'idir leanaí agus dhaoine fásta agus gur dlúthchuid den athbheochan teanga é. Bhí bonn leis an dóchas sin nuair a chuimhnímid ar an oiread sin de mhuintir na Gaeltachta a bheith sáite sa chúram mar aistritheoirí agus mar údair agus a gcuid féin á dhéanamh acu de scoth na litríochta idirnáisiúnta do pháistí.

Ní i gcónaí, áfach, a bhíodh daoine sásta le caighdeán na teanga ná cineál na leabhar a bhíodh á bhfoilsiú ag an nGúm do dhaoine óga. Is mar seo a leanas a chuir 'R.A.B.' (Risteard A. Breatnach, gan amhras) síos ar

'Jacko agus Scéalta eile' agus 'Tríocha píosa airgid agus scéalta eile' i léirmheas ar an *Irish Library Bulletin*, Nov-Dec 1943:

> Leis an *Sale Gaelic* a bhaineann an dá leabhar eile seo chomh maith. Ní baol ná beidh fáilte ag an *Sale Gaelic* rompu. Tá an Ghélig ar fheabhas ionnta araon. Is ana-mhaith an comhartha na sgéalta so ar an dul chun cinn iúntach atá déanta ag an nGélig. Tá sé ag dul ar aghaidh go hana-mhaith ar fad. Beidh gach duine ag leabhairt é gan mhoill. Dá mba rud é go raibh cúpla sgríbhneíoir eile againn ba mhaith an rud é ar fad, gealllaim-se duit, dar ndóigh.
>
> Cá fearra dhúinn leanúint a thuille air mar sgéal. Cá bhfios ná cuíneófaí fós héin ar an tseana-chuallacht úd a chur ar siúl arís, viz., The Society for the Preservation of [and Prevention of Cruelty to] the Irish Language.

Is léir áfach nár chuir sciolladh searbhasach an scoláire mhóir an lucht léite ó dhoras puinn. Díoladh 9,000 cóip ar fad de 'Jacko' agus cuireadh ceithre athchló air.

Údar Móréilimh

Tháinig litir chuig an nGúm i Mí na Nollag 1942 ó fhear óg darbh ainm Charles Saunders (Cathal Ó Sándair, féach Ní Mhurchú agus Breathnach 1997: 288) agus ina teannta achoimre ar úrscéal nó 'scéinséir' dar teideal 'Na Mairbh a d'fhill'. Sa litir mhaígh sé gur scríobhadh an leabhar:

> ... to endeavour to help to provide a long felt need in modern Irish literature … the youth of Ireland to-day needs something in the Gaelic language to off-set the influence of 'foreign thrillers' and paper-back magazines. In this work of 20,000 words I have tried to provide similar work in Irish and have thereby written for the wide-spread class who love an exciting story with plenty of 'blood and thunder'. How far I have succeeded in this object is, of course, a matter for your judgement.
>
> One of my objects in this work has been to encourage by suggestion rather than statement a sturdy, practical

patriotism and sense of national pride. I have used simple Irish and where technical terms were necessary I have followed the example of the people in the Gaeltacht in calling a motor-car 'mótar'; petrol, 'petrol' an so on. I sincerely hope, and it is my opinion, that the average reader born and bred to English will follow the story with ease.

I have made the plot topical with a careful eye, however, to omit anything in the slightest degree liable to be interpreted as political or the like. Names are fictitious except of course that of Atlantis – and it is still only a matter of opinion whether the Lost Continent of Atlantis ever existed or not.

Hoping that this work of mine suits you, and apologising again for this long letter.

Díol suntais is ea a bhfuil luaite aige i dtaobh na téarmaíochta agus an tuiscint a bhí aige ar úsáid nua-théarmaí agus an tslí a nglactar leo laistigh de phobal teanga.

Tugann na sleachta seo léargas maith dúinn ar an ról a samhlaíodh ag an am le leabhair agus leis an litríocht/scéalaíocht agus ar an tionchar a measadh a d'fhéadfadh a bheith acu ar an aos óg. Thabharfadh sé seo le fios gur mar chuid den chlár oibre náisiúnta a bhí le cur i gcrích ag an stát a bhí an cúram seo á ghlacadh chuige féin aige.

Moladh go nglacfaí leis an leabhar:

... the Irish is not up to our usual standard but it's easily understandable and the plot is gripping and well constructed.

Is mar seo thíos a rianaíodh na costais mheasta a ghabhfadh leis an leabhar:

Author's fee	£20 (€820 in airgead an lae inniu)
Artist's fee	£3
Block for cover	£2
Printing 5000 copies	£45
Stationary Office commission	£8
	£78 (€3,200)

Receipts (Gross)	
5000 copies	£104
Less 10% royalty	£10
	£94 (€3,850)

Moladh go gcuirfí an leabhar ar díol ar chúig pingine. D'fhág sé sin go rabhthas ag súil go ndéanfaí brabús de thart ar €650 ar an gcéad eagrán sin. Ba mhó go mór ná sin an ráchairt a bhí ar an leabhar mar atá a fhios againn anois.

Tá cúpla nóta an-suimiúil ar an gcomhad a thugann le fios go mb'fhéidir go raibh cara éigin sa chúirt ag an údar. An chéad cheann: 'Ba mhaith leis an Aire go gcuirfí an leabhar seo i gcló chomh luath agus is féidir'. Ansin i litir ón Oifigeach Foilseachán chuig Oifig an tSoláthair in Eanáir na bliana 1943 deirtear: '... this book is to be given precedence over all other work in hands'. Cuireadh an leabhar i gcló i mí Bhealtaine na bliana 1943, sé mhí tar éis é a theacht faoi bhráid an Ghúim. D'iarr an tAire Oideachais, Tomás Ó Deirg, go gcuirfí cóip chuig na nuachtáin go léir. Glacadh go maith leis. Dúirt léirmheastóir amháin nárbh fhiú afách aon leabhar amháin a chur amach ach sraith. Rinneadh sin go deimhin, os cionn 120 leabhar le Cathal Ó Sándair a d'fhoilsigh an Gúm idir sin agus an ceann deireanach in 1984. Díoladh 1,200 cóip de *Na Mairbh a d'fhill* idir Bealtaine agus 29 Meitheamh 1943. 2,200 cóip a bhí díolta faoi 29 Meán Fómhair 1943. Cuireadh athchló air an bhliain chéanna. Bhain Réics Carló aitheantas amach láithreach mar mhacasamhail Ghaelach Sexton Blake.

Bhain an t-éileamh a bhí ar leabhair Uí Shándair croitheadh ceart as lucht Oifig an tSoláthair a d'eagraíodh clóbhualadh na leabhar. Agus cleachtadh acu go dtí sin ar obair a dhéanamh de réir na rúibricí seanbhunaithe, anois bhí brú millteach á chur orthu ag an nGúm na leabhair seo a chur i gcló. In aon litir

amháin ó Sheán Mac Lellan chuig Ceannasaí Oifig an
tSoláthair i mí na Samhna 1943 bhí na nithe seo a leanas:

> ... I am to ask you if the second edition of *Na mairbh a d'fhill*
> *is* yet on sale ...
> ... what is holding up the publication of *An Corpán sa Trunc*?
> ... print 2,000 further copies of *An tEitellán dofheicthe.*
> ... it is hoped that all possible expedition will be used with a
> view to bringing *Dúmharbhú i bPáirc an Chrócaigh* to
> publication.
> ... (I am to remind you) that proofs of *Uathbhás i mBrugh na*
> *Bóinne* are required.

Tháinig sruth gan staonadh leabhar den saghas céanna ó
pheann Uí Shándair. Bhí sé ag tuilleamh a bheatha ón
scríbhneoireacht lánaimseartha. 'Best Sellers', 'Pot-
boilers', 'Thrillers' a tugadh orthu. Agus d'éirigh go
seoigh leo. Moladh go hard iad. Chuirtí teidil mhóra
thablóideacha ar na léirmheasanna: '6d worth of
Shudders – and all in Irish too!' (*Irish Press* 11/06/43).
'Not bad for a tri-lingual labourer's son' a mhaígh
léirmheastóir amháin. Ceithre leabhar in aghaidh na
bliana le Cathal Ó Sándair a bhí á bhfoilsiú ag an nGúm
sna 1940idí agus sna 1950idí.

Focal Scoir

Sciuird thapaidh atá tugtha anseo agam trí chuid de na
himeachtaí a bhain leis na saothair do dhaoine óga a
foilsíodh sa chéad fiche bliain tar éis bhunú an Ghúim.
Feictear cuid de na deacrachtaí a bhí le sárú ag na
foilsitheoirí, deacrachtaí a raibh a mbunús sa
pholaitíocht agus sna teannais iarchogaidh a bhí ag cur
ar an stát nua, ach feictear leis rianta de chur chuige
gairmiúil agus d'fhís a bhí bunaithe ar dhea-rún ábhar
spreagúil léitheoireachta a chur ar fáil d'aos óg na tíre
idir bhunleabhair agus aistriúcháin. Na laethanta seo tá
glúin eile scríbhneoirí agus aistritheoirí dearscnaitheacha
ag saothrú leo agus leabhair dá gcuid foilsithe ag an

nGúm, leithéidí Thaidhg Mhic Dhonnagáin, Alan Titley, Áine Ní Ghlinn agus Gabriel Rosenstock. Agus fadhbanna tromchúiseacha fós ag gabháil don tír tá an tsaoirse aonair agus phobail a bhaineann leis an bhfocal scríofa fós á craobhscaoileadh agus á dearbhú go misniúil ag na scríbhneoirí. Ábhar dóchais.

SAOTHAIR A CEADAÍODH

Bartlett, Tom. *Ireland: A History*. Cambridge: Cambridge University Press, 2010.

Keenan, Celia. 'Pinocchio's Irish Adventures'. *Inis: the Children's Books Ireland magazine* Uimh. 20. Samhradh 2007: 12–19.

Ó Conchubhair, Brian. *Fin de Siècle na Gaeilge: Darwin, an Athbheochan, agus Smaointeoireacht na hEorpa*. Conamara: Cló Iar-Chonnachta, 2009.

'An Gúm, The Free State and the Politics of the Irish Language'. *Ireland, design and visual culture: negotiating modernity, 1922– 1992*. Eag. Elaine Sisson agus Linda King. Corcaigh: Cork University Press, 2011: 93–113.

Ó Riain, Seán. *Pleanáil Teanga in Éirinn 1919–1985*. Baile Átha Cliath: Carbad/Bord na Gaeilge, 1994.

Ní Mhurchú, Máire agus Diarmuid Breathnach. *1882–1982 Beathaisnéis a hAon*. Baile Átha Cliath: An Clóchomhar, 1986.

1882–1982 Beathaisnéis a Cúig. Baile Átha Cliath: An Clóchomhar, 1997.

Beathaisnéis a Naoi Forlíonadh agus Innéacsanna. Baile Átha Cliath: An Clóchomhar, 2007.

Uí Laighléis, Gearóidín. 'An Gúm: scéal agus scéalaíocht'. *Aistí ag iompar Scéil: In ómós do Shéamus P. Ó Mórdha*. Eag. Breandán Ó Conaire. Baile Átha Cliath: An Clóchomhar, 2004: 185–206.

BUNFHOINSÍ

'Geantraighe agus Goltraighe'. Comhad N0025. Bailiúchán an Ghúim, An Chartlann Náisiúnta.

'Eachtraí Réics Carló'. Comhad N1036. Bailiúchán an Ghúim, An Chartlann Náisiúnta.

'Uilliam Ropaire'. Comhad A0574. Bailiúchán an Ghúim, An Chartlann Náisiúnta.

'Oscar agus an Cóiste Sé nEasóg'. Comhad N1312. Bailiúchán an Ghúim, An Chartlann Náisiúnta.

'Jacko'. Comhad N1060. Bailiúchán an Ghúim, An Chartlann Náisiúnta.

'Leabhar na hÓige'. Comhad A0420. Bailiúchán an Ghúim, An Chartlann Náisiúnta.

'Pinnocchio'. Comhad A0051. Sa Ghúm.

II

SINÉAD DE VALERA AGUS DRÁMAÍOCHT GHAELACH NA NÓG

Siobhán Kirwan-Keane

Is in 1878 a rugadh Jane Flanagan, nó Sinéad de Valera mar is fearr aithne uirthi. Fuair sí bás sa bhliain 1975 agus í sé bliana déag is ceithre scór d'aois. Is ar éigean, is dócha, a bheadh aithne ag daoine uirthi ach amháin gur phós sí Éamon de Valera a bhí ina Thaoiseach agus ina dhiaidh sin ina Uachtarán ar Éirinn. Ach bhí saol gnóthach ag an mbean óg Jane Flanagan sular phós sí Éamon de Valera. Ba mhúinteoir í agus bhí sí ina ball de dhá mhóreagraíocht a raibh sé d'aidhm acu féiniúlacht uathúil Éireannach a chur ar bun agus a leathnú ar fud na tíre: Inghinidhe na hÉireann agus Conradh na Gaeilge.

Ba mhó an aithne, b'fhéidir, a bheadh ag daoine ar Shinéad de Valera mar údar síscéalta, scéalta a scríobh sí i mBéarla do pháistí sa tréimhse idir 1948 agus 1970. Ach mura mbeadh an cháil chéanna uirthi de bharr na ndrámaí i nGaeilge a chum sí do pháistí ó 1934 ar aghaidh, is léir go raibh dúil mhór riamh aici sa drámaíocht. Ní raibh inti ach cailín óg dhá bhliain déag d'aois nuair a chuaigh sí chuig an amharclann den chéad uair, i gcuideachta a hathar, chun geamaireacht a fheiceáil. Chuaigh an ócáid go mór i bhfeidhm uirthi. Blianta tar éis na hócáide dúirt sí:

> My heart beat to suffocation as I waited for the curtain to rise.
> (de Valera 2005: 112)

Bhí sí riamh an-tugtha don drámaíocht ina dhiaidh sin agus go dtí deireadh a saoil.

Chum Sinéad de Valera drámaí do pháistí óga. Ar ndóigh, is iomaí cúis a bhíonn ag drámadóir agus dráma á scríobh aige. Seans gur mian leis siamsa nó spraoi a chur ar fáil don lucht féachana nó b'fhéidir go dteastaíonn uaidh eolas faoi leith a scaipeadh. Pé cúis a bhí ag Sinéad de Valera, níl aon amhras ann ach gur scríobh sí a cuid drámaí chun go mbeadh deis ag páistí taitneamh a bhaint as bheith ag aisteoireacht, as bheith thuas ar stáitse. Ach tá mé den tuairim go raibh cúis eile ag de Valera agus drámaí do pháistí á scríobh aici. Creidim go bhfuil fianaise ann a léiríonn gurbh í an cheist náisiúnta a spreag í chun drámaí a scríobh don aos óg. San aiste seo, déanfaidh mé na trí rogha liteartha a rinne de Valera a chíoradh, roghanna a sheasann amach go suntasach, i mo thuairimse. Sa chéad áit, rinne sí cinneadh, agus í ag tosú amach mar údar, scéalta a insint do pháistí i bhfoirm drámaí. Is d'aon ghnó a bheartaigh sí é sin a dhéanamh de bharr na taithí drámaíochta a bhí aici agus í óg. Lena chois sin, shocraigh sí i dtús a saoil liteartha gur i nGaeilge amháin a scríobhfadh sí. Leoga, ní haon iontas é go ndearna sí an cinneadh sin mar bhí grá riamh aici don teanga. Ar deireadh, léireoidh mé gur bhain de Valera úsáid as *Irish Melodies* de chuid Thomas Moore ina cuid drámaíochta mar sheift chun an soiscéal náisiúnach a chraobhscaoileadh.

Nuair a thosaigh Sinéad de Valera ag scríobh i dtosach, ba é an t-aos óg nó páistí na tíre an spriocphobal a bhí aici agus ba é an seánra a roghnaigh sí ná an drámaíocht. Tharla sé gur foilsíodh an chéad dráma uaithi, *Buaidhirt agus Bród*, i 1934, an bhliain chéanna inar cuireadh ar bun Cumann Drámaíochta na Scol. Bhí borradh faoin drámaíocht amaitéarach ar fud fad na hÉireann an uair sin agus, tráthúil go leor, ba shocra i bhfad saol de Valera féin ar iliomad cúiseanna: cé go raibh seachtar clainne uirthi, ní raibh an cúram céanna i gceist is a bhíodh agus iad óg; ina theannta sin, bhí breis agus deich mbliana caite ó tháinig deireadh leis an gCogadh Cathartha agus bhí Fianna Fáil, faoi stiúir a fir chéile, Éamon, i gcumhacht, rialtas a mhairfeadh sé bliana déag ar fad. Ba mhór an dúil a bhí riamh aici sa drámaíocht agus bhí deis aici anois ní hamháin drámaí a scríobh ach iad a scríobh i nGaeilge. Bhí tuairimí láidre ag Sinéad de Valera faoi athbheochan na Gaeilge: ní bheadh neamhspleáchas ann, dar léi, go dtí go mbeadh an Ghaeilge slán agus á labhairt ag pobal uile na tíre. Mar gheall ar an mbaint a bhí aici le hInghinidhe na hÉireann agus í óg, chreid de Valera go bhféadfadh sí na tuairimí a bhí aici a scaipeadh trína cuid drámaí. Ba í Maud Gonne a chuir an eagraíocht ar bun sa bhliain 1900. Cumann réabhlóideach a bhí ann ina raibh mná agus páistí gníomhach san fheachtas frithchoinscríofa agus i gcur chun cinn stair agus litríocht na hÉireann mar aon leis an nGaeilge. Ach mura raibh faitíos ar Inghinidhe na hÉireann tús áite a thabhairt don ghníomhaíocht pholaitiúil agus é sin a dhéanamh go hoscailte, bhí seasamh nach beag ag an gclár cultúrtha a bhí acu freisin. Go deimhin, cuireadh béim ar chlár cultúrtha na heagraíochta sa Chéad Tuarascáil Bhliantúil a d'fhoilsigh Inghinidhe na hÉireann sa bhliain 1901:

to encourage the study of Gaelic, of Irish Literature, History, Music and Art, especially among the young, by the organising and teaching of classes for the above subjects … to discourage the reading and circulation of low English literature, the singing of English songs, the attending of vulgar English entertainments at the theatres and music halls, and to combat in every way English influence, which is doing so much injury to the artistic taste and refinement of the Irish people (Inghinidhne na hÉireann 1901: 1).

Is léir ón méid thuas go raibh an tuiscint ann i measc bhaill na heagraíochta go raibh fiúntas agus tairbhe in oidhreacht chultúrtha na nGael. A mhalairt a bhí fíor i gcás chultúr na Sasanach!

Is trí mheán na drámaíochta a rinne Inghinidhe na hÉireann iarracht an dearcadh sin acu a chraobhscaoileadh. Chuireadh na mná *tableaux vivants* i láthair sna Sean-Seomraí Ceolchoirme ina bhfeictí carachtair mhóra de chuid stair na hÉireann, Naomh Bríd, cuir i gcás, nó Aodh Rua Ó Dónaill. Is minic a thug maithe agus móruaisle na drámaíochta in Éirinn, leithéidí W. B. Yeats, AE, Padraic Colum mar aon le Dubhghlas de hÍde, gach cúnamh don eagraíocht chun na *tableaux vivants* a chur ar an stáitse. De bhrí gur bhall gníomhach den eagraíocht í Jane Flanagan, is cinnte go ndeachaigh na daoine iomráiteacha sin go mór i gcion ar an mbean óg. Ba mhór an tionchar a bhí acu ar a cuid scríbhneoireachta sna blianta ina dhiaidh sin.

Beirt bhan a bhí ina mbaill d'Inghinidhe na hÉireann ag an am céanna ná Máire Ní Chinnéide (1879–1967) agus Eilís Ní Mhaolagáin (1865–1953). Bhí Ní Chinnéide ar comhaois le Sinéad Ní Fhlannagáin. Bhí suim ag Ní Chinnéide sa drámaíocht freisin agus i scríbhneoireacht don aos óg. Chum sí drámaí do pháistí, *Gleann na Sidheog* agus *Sidheoga na mBláth*, i 1905 agus 1909, agus cosúil le Sinéad Ní Fhlannagáin, bhí sí páirteach i ndrámaí a chum Dubhghlas de hÍde. Bhí Ní Chinnéide sa chéad dráma as Gaeilge a bhí ar stáitse in Éirinn, *Casadh an tSúgáin*, agus bhí Sinéad sa dráma *An Tincéir agus an tSidheog* a cuireadh ar bun i ngairdín George Moore i 1902. Maidir le hEilís Ní Mhaolagáin, ba bhean an-tábhachtach í in athbheochan na Gaeilge agus ba bhall í a bhí lánpháirteach in Inghinidhe na hÉireann, ní hamháin sna *tableaux vivants*, ach i ngach gné den eagraíocht. I 1941 bronnadh céim oinigh dochtúra uirthi ó Éamon de Valera:

> to mark not only her long career as a prolific journalist but also as a theatre producer, playwright, Latin teacher and founder of the multiple cultural, literary and feminist organisations that played such an important part in social, cultural and political life in Ireland.[1]

Is léir go raibh mná cumhachtacha in Inghinidhe na hÉireann agus go raibh tionchar mór acu ar bhean óg cosúil le Sinéad Ní Fhlannagáin agus í ag tosú amach ar a saol.

Ní bhíodh leisce ar bith ar Inghinidhe na hÉireann an soiscéal tírghrách a chur os comhair an phobail. Thapaigh na mná gach deis chun é sin a dhéanamh – fiú i rith na hidirlinne nuair a bhíodh *tableau* amháin á bhaint anuas den stáitse agus an chéad *tableau* eile á dhéanamh réidh. Sa leabhar *The Alternative Dramatic Revival in Ireland 1897–1913*, tugann an t-údar, Karen Vandevelde, le fios gur ghnách leis na haisteoirí teacht amach os comhair an lucht féachana agus an idirlinn ar siúl:

> to speak on topics ranging from everyday events to political subversion … In such productions, the boundaries between politics and drama blurred as the actors, musicians and singers became social and political commentators. Similarly, their art, music and dances were no mere native entertainments but agents of patriotic propaganda (Vandevelde 2005: 60–61).

Ba mhór an tionchar a bhí ag idé-eolaíocht Inghinidhe na hÉireann agus ag an gcaoi inar cuireadh an idé-eolaíocht sin i láthair an phobail ar scríbhinní Shinéad de Valera. Feictear go soiléir, mar shampla, an chaoi a ndeachaigh na *tableaux vivants* i gcion ar struchtúr agus ar ábhar a cuid drámaí. Agus fiú má bhí athrú bunúsach i ndiaidh teacht ar an gcomhthéacs polaitiúil sa tír idir an tráth arbh aisteoir í go dtí gur thosaigh sí ag cumadh drámaí í féin, bhí de Valera riamh den tuairim go raibh éifeacht faoi leith ag an drámaíocht chun scéal a insint nó chun teachtaireacht a chraobhscaoileadh. Is iad na heachtraí staire céanna ba ghnách le hInghinidhe na hÉireann a chur ar an stáitse i mblianta tosaigh an chéid a spreag de Valera agus í i mbun cumadóireachta. Feictear sin sna drámaí *Niall agus Gormfhlaith* (1938), *Forbhas Chluain Mheala* (1941) nó *Oilibhéar Beannaithe Ploingcéad* (1947). Iontu bíonn na laochra i gcónaí misniúil cróga. Is daoine uaisle iad. Ach thar aon ní eile, is as Éirinn dóibh. Níl sna naimhde ach daoine fealltacha cruálacha. Agus is as Sasana dóibh siúd!

Chum de Valera drámaí ó 1934 go dtí timpeall 1970 agus tá go leor gnéithe den drámaíocht le feiceáil ina cuid oibre. Tá scéalta stairiúla, scéalta sí agus scéalta a d'inis sí ar mhaithe le greann agus le pléisiúr sa chorpas oibre. I ngach ceann acu siúd tá na creidiúintí a bhí aici agus í óg le feiceáil. Ó *Buaidhirt agus Bród* (1934) go *Micheál Ó Duibhir i nGleann Uí Mháil* (c.1970), tá gnéithe d'fhealsúnacht de Valera le feiscint. Thar gach rud eile, tá tírghrá agus grá don Ghaeilge iontu. Is cuma an páistí nó daoine fásta, daoine stairiúla nó daoine ó na scéalta miotaseolaíochta nó carachtair dhraíochta atá i gceist, is é an rud is tábhachtaí atá i gceist ag de Valera ná príomháit na hÉireann agus na nÉireannach a chur chun cinn in aigne an léitheora nó an aisteora óig.

Fiú sna drámaí atá aistrithe ó na síscéalta clasaiceacha Eorpacha, tá cuma Ghaelach orthu. Go deimhin, cheapfá ar an gcéad léamh nach raibh sna drámaí sin a scríobh sí ach aistriúchán iomlán. Ach ní mór a admháil go bhfuil blas nach beag de chultúr na hÉireann le fáil iontu chomh maith. An leagan atá ag de Valera de scéal Bluebeard, mar shampla, tá sé suite in Éirinn (*Féasóg Gorm in Éirinn*, 1943). In *An t-Ubhall Órdha* (1940) tá Rí Thír na nÓg ag lorg mná céile dá mhac agus seolann sé teachtaire go hÉirinn, áit a mbíonn gach cailín cineálta, fial:

> Carthannas: Acht cé an chaoi a n-aithneochaidh mé an cailín ceart?
> Aoibheann: Faigh cailín a bhfuil c(h)roidhe cineálta, fial innti.
> Connla: Ach bhí c(h)roidhe cineálta, fial ag gach cailín i n-Éirinn nuair bhí mise annsin.
> (*An t-Ubhall Órdha*: 9)

Agus í ag taisteal tríd an gcoill, buaileann Cochaillín Dearg le bláthanna ceolmhara – 'seamróg ghlas na hÉireann' ina measc. Cuireann amhrán na seamróige in iúl don chantóir agus don éisteoir an tírghrá atá ag baint leis an siombal Éireannach seo:

> Is planda beag fíor álainn mé
> A ghráíos gach aoinne.
> 'S faightear mé go tiugh sa chré
> I ngleann, 's i bpáirc 's i léana,
> Is comhartha mé de'n fhíor thírghrá,
> I gcroí na mban 's na dtréanfhear.
> Atá le fáil 's a bheidh go bráth,
> De shíor ar fud na hÉireann ...
> (*Cochaillín Dearg agus an Mac Tíre*: 10, 11)

De ghnáth bíonn plotaí simplí i ndrámaí de Valera. Is drámaí gearra iad uile agus bhí sé ar intinn aici go mbeadh scoileanna ag baint úsáide astu. Cé go bhfuil siad gearr agus scríofa do pháistí, tá an Ghaeilge cuíosach deacair do pháistí an lae inniu. Is léir go raibh caighdeán na Gaeilge níos airde ag páistí scoile ag an am ina raibh de Valera ag scríobh. Cinnte bhí béim níos láidre ar an nGaeilge i gcuraclam na scoile ná mar atá ann inniu – ba é aidhm Fhianna Fáil agus iad i réim sna tríochaidí ná go mbeadh an Ghaeilge mar phríomhtheanga sa tír agus bhí curaclam na scoile curtha le chéile chun an aidhm sin a bhaint amach.

Níl aon amhras ach go ndeachaigh Inghinidhe na hÉireann go mór i bhfeidhm ar Shinéad de Valera. In Éirinn sna tríochaidí ba dheacair a shamhlú go bhféadfadh bean a bhí os cionn leathchéad bliain d'aois agus a raibh seachtar clainne uirthi filleadh ar an stáitse fiú dá mba mhian léi é. Nárbh í bean an Taoisigh í! Ach chonaic sí go raibh spéis á cur sa drámaíocht sa tír agus theastaigh uaithi drámaí a scríobh do pháistí an náisiúin. Óna taithí féin agus í ina bean óg, bhí a fhios maith aici cé chomh héifeachtach is a bhí an drámaíocht chun dearcadh polaitiúil a chur os comhair an phobail. Dá bhrí sin, shocraigh sí tabhairt faoi dhrámaí a scríobh, drámaí a thumfadh glúin óg an náisiúin sa tírghrá céanna a raibh cleachtadh aici air agus í óg.

Tábhacht na Gaeilge do Bhean de Valera

Sna tríochaidí, nuair a chéadtosaigh de Valera ag scríobh drámaí do pháistí, is i nGaeilge a bheartaigh sí na drámaí sin a scríobh. Ina dhiaidh sin, d'aistrigh sí cuid mhór dá saothar go Béarla agus go deimhin is i mBéarla amháin a scríobh sí formhór dá síscéalta. Ach is i nGaeilge a scríobh sí na chéad drámaí a foilsíodh uaithi. Ní raibh Gaeilge aici ón scoil mar bhí Éire fós faoi dhiansmacht na Breataine ag deireadh an naoú haois déag agus ní raibh an Ghaeilge ar chlár na scoile an tráth sin. In agallamh raidió a rinne sí do RTÉ sna seachtóidí, bhí an scéal ag a híníon Máirín go raibh olc ar Jane óg nuair a thuig sí gur Béarla a bhí á labhairt aici. Nár Ghael í agus nach í an Ghaeilge teanga na nGael! Nuair a chuir a hathair ar an eolas í, bhí uafás uirthi. Léiríonn an scéal sin gur thuig Jane Flanagan, fiú agus í an-óg, an tábhacht a bhain le ceist na teanga i gcúrsaí náisiúntachta agus cultúrtha.

Chun an Ghaeilge a fhoghlaim, shocraigh sí, agus í ina duine fásta, ballraíocht a bhaint amach i gConradh na Gaeilge arbh iad aidhmeanna na heagraíochta an Ghaeilge a chaomhnú mar theanga náisiúnta, í a leathnú mar theanga phobail agus an litríocht i nGaeilge a shaothrú. Sa Chonradh, chuir sí aithne ar go leor daoine iomráiteacha, ina measc Dubhghlas de hÍde agus Pádraic Mac Piarais, daoine ar theastaigh uathu Éire neamhspleách agus Ghaelach a chur ar bun. Bhí baill an Chonartha den tuairim nach raibh sa Bhéarla ach teanga ghallda, teanga arbh éigean do mhuintir na hÉireann a úsáid de bharr fhorlámhas na Breataine sa tír. Ba í an Ghaeilge príomhtheanga na nGael, dar leo. Léirigh an ceol traidisiúnta, an damhsa agus an feisteas dúchasach, agus an Ghaeilge go háirithe, go raibh féiniúlacht ar leith ag muintir na hÉireann. Ba bhall den Chonradh í de Valera i rith a saoil ar fad agus chreid sí óna croí amach sa tábhacht a bhí le hathbheochan na Gaeilge agus le hathbhunú na teanga mar theanga an phobail in Éirinn.

In alt uaithi dar teideal 'Back to the Early Days: Some Suggestions for Reviving the Old Gaelic League Enthusiasm' a foilsíodh sa nuachtán *Irish Press* i 1936, scríobh sí:

There is, thank God, a real and earnest desire among all true Gaels to revive Irish and give it its rightful place in the lives of the people. With such a spirit the Language movement cannot fail. Every means for the strengthening of the movement should be devised and pursued (*Irish Press*, 9 Meán Fómhair 1936).

Na daoine a bhí gníomhach i ngluaiseacht na Gaeilge, bhíodar den tuairim go bhféadfaí an teanga a thabhairt slán dá dtabharfaí tús áite di ar churaclam na scoile. Tomás Ó Deirg a bhí ina aire oideachais ar feadh fhormhór na tréimhse 1932–48 nuair a bhí Fianna Fáil i gcumhacht agus cuireadh an oiread sin béime ar an nGaeilge sna scoileanna agus an aireacht faoina chúram aige gur tugadh neamhaird ar na hábhair scoile eile.

Cuireadh Cumann Drámaíochta na Scol ar bun i 1934. Tugann ainm na heagraíochta le fios go raibh sé mar phríomhaidhm ag an gcumann an drámaíocht a chur chun cinn sna scoileanna. Bíodh sin mar atá, ba léir gur ceapadh freisin ag an am go gcuirfeadh an eagraíocht nua go mór le labhairt na Gaeilge i measc pháistí scoile na tíre. Ba ghá, áfach, drámaí i nGaeilge a bheith ar fáil sa chéad áit chun go mbeadh rath ar obair Chumann Drámaíochta na Scol. D'aistrigh oifig fhoilseacháin an rialtais, an Gúm, go leor drámaí ó theangacha eile go Gaeilge. Lena chois sin, thug údair dhúchasacha faoi dhrámaí do pháistí a scríobh i nGaeilge, ina measc Máiréad Ní Ghráda (*Hansel is Gretel*), Séamus Ó hAodha (*An Clochar*) agus An Seabhac (*Rí na mBradán*). Bhí Sinéad de Valera ar dhuine de na húdair dhúchasacha sin. Leoga, foilsíodh dhá cheann déag dá cuid drámaí i rith thréimhse chéad rialtais Fhianna Fáil ó 1932 go 1948. D'fhoilsigh Mac Guill agus a Mhac na drámaí a chum de Valera ó 1934 amach. Foilsíodh cuid acu idir 1938 agus 1939 sa pháipéar *Catholic Bulletin* ar dtús agus tar éis sin bhí siad le fáil ó Mhac Guill agus a Mhac. Bhí tine mhór in oifigí Mhic Guill sa bhliain 1979 agus cailleadh na tuairiscí oifigiúla sa tine. Mar sin níl eolas againn faoin gcomhfhreagras idir de Valera agus na foilsitheoirí. Ar aon nós, ní raibh a cuid oibre á foilsiú ag an nGúm cé go raibh sí ag scríobh drámaí Gaeilge don aos óg agus sin mar chuid den dualgas acu.

I Mí na Nollag 1935, foilsíodh alt i nGaeilge san iris *The Irish Schools' Weekly* dar teideal 'Drámanna Beaga do Pháisdí Óga', alt inar pléadh dhá dhráma nuascríofa de chuid 'Shinéad Bean Éamuinn de Valera'. Luaitear i dtús an ailt an tuairim a bhí ag Tomás Ó Deirg, an t-aire oideachais, go raibh áit lárnach ag an drámaíocht in athbheochan na Gaeilge:

> Tá na saoithe go léir ar aon intinn faoin gceist seo: nach bhfuil slí ar domhan níos fearr chun teangan ar bith do chur dá labhairt ag paistí óga ná ligint dóibh drámanna beaga a chleachtadh agus a léiriú sa teangain sin (*ISW*, 7 Nollaig 1935: 1187).

Lena chois sin, tugtar le fios san alt go raibh an-chuid drámaí a bheadh oiriúnach do pháistí le fáil i bhFraincis nó i mBéarla ach 'nach amhlaidh atá an scéal ó thaobh na Gaeilge de'. Cabhróidh drámaí de Valera, dar leis an alt, leis an mbearna áirithe sin a líonadh. Cuirtear in iúl i ndeireadh an ailt gur chuir de Valera roimpi ina cuid drámaí go dtuigfeadh an lucht óg féachana a bhí aici go raibh Éire fréamhaithe i gcultúr a bhí uathúil agus neamhspleách:

> Ní hé amháin go mbeidh na páistí ag foghluim Gaeilge le linn an ama; beidh siad go sona, beidh sean-cheol agus sean-rinncí na nGaeil dá bhfoghluim agus dá gcleachtadh aca; agus ina theannta sin beidh cuid de shean-chárthannacht agus sean-chineáltas na nGaeil ag dul i bhfeidhm ar a n-aigne, óir tá na treithe sin ar na drámanna beaga seo ó thúis deireadh. Seóidíní iad ar an nós sin (*ISW*, 7 Nollaig 1935: 1187).

Scríobh de Valera drámaí do pháistí a thaitin leo ar an iliomad leibhéal. Ní hamháin gur tumadh na páistí i gcomhthéacs Gaeilge agus na drámaí á gcleachtadh acu ach theastaigh ón údar go mbainfidís féin taitneamh as an seó agus as an dráma a chur i láthair an phobail. Go bunúsach, theastaigh ó de Valera go mbeadh grá ag na páistí don drámaíocht. Is léir, mar sin, gur chuir sí i gcrích na haidhmeanna a bhí ag bunaitheoirí Chumann Drámaíochta na Scol; ach is léir freisin gur bhain sí amach an aidhm a leag sí amach di féin, is é sin tús áite a thabhairt don Ghaeilge agus í a chur chun cinn mar theanga bheo.

Feidhm an Cheoil i nDrámaí de Valera

Is i dtús na haoise seo caite, is dócha, a cuireadh chun cinn den chéad uair an nóisean gur cheart áit a bheith ag an gceol dúchais agus ag cultúr sainiúil na tíre ar churaclam na scoile in Éirinn. Sa leabhar *Passing It On: The Transmission of Music in Irish Culture* a foilsíodh i 1999, tugann an t-údar, Marie McCarthy, suntas don cheist seo a leanas a cuireadh sa *Journal of the Ivernian Society* i mí Dheireadh Fómhair 1909:

> Why are the children not taught, first and foremost, to sing all the better-known national melodies before they touch melody of any other kind? This learning of the 'Songs of Our Land' should be a *sine qua non*, and go hand in hand with the study of the Gaelic tongue (McCarthy 1999: 87).

Agus Fianna Fáil i mbun rialtais sa tréimhse 1932–48, socraíodh úsáid a bhaint as an gceol mar chuid den ghluaiseacht chun an Ghaeilge a athbheochan. Chreid Ó Deirg go raibh an-saibhreas teanga le fáil sna hamhráin, sna paidreacha agus sna seanfhocail i nGaeilge. 'Taispeánann siad anam Gaelach na nÉireannaigh' a dúirt sé fúthu agus cuireadh, dá bhrí sin, an-bhéim ar mhúineadh na n-amhrán Gaeilge sna scoileanna. Féach atá le rá ag McCarthy faoi dhearcadh na náisiúnaithe in Éirinn ar cheol ag tús an fichiú haois:

> Music was seen by nationalists as a primary source for stimulating nationalist ideals, and the inheritance of native music traditions was considered central to the formation of Irish cultural identity (McCarthy 1999: 87).

Feictear an ghné sin de bheartas teanga an rialtais i

saothar Shinéad de Valera mar tugann sí ról lárnach don cheol dúchais agus don amhránaíocht i nGaeilge ina cuid drámaí. Ar na ceithre dhráma is fiche a foilsíodh uaithi idir 1934 agus 1970 nó mar sin, tá ceol iontu ar fad cé is moite de cheann amháin acu (*Morann an Ceart-Breitheamh*, 1940). Faightear ar a laghad amhrán amháin i ngach aon cheann de na drámaí eile. Agus i gcás cuid de na drámaí, bíonn cuid mhaith ceoil iontu, rud a chuireann ualach breise oibre ar léiritheoir an dráma agus ar na páistí atá ag aisteoireacht ann. Sa dráma *Niall agus Gormfhlaith* (1940) cuir i gcás, caithfidh na haisteoirí deich n-amhrán a fhoghlaim; sna drámaí *An t-Ubhall Órga* (1940) agus *Áilleacht agus an Beithidheach* (1946), tá ceithre amhrán déag iontu araon.

Cén fáth ar bheartaigh Sinéad de Valera an oiread sin ceoil a úsáid ina cuid drámaí nuair nár ghá di é? Ní foláir nó gur chreid sí go raibh tábhacht ar leith ag baint le traidisiún cheol dúchais na tíre agus theastaigh uaithi, dá réir sin, go mbeadh a rian le brath ar a saothar.

Ba é *Irish Melodies* le Thomas Moore, duine ar tugadh Bard na hÉireann air, ceann de na príomhfhoinsí ceoil a bhí ag de Valera. Má bhí cumadóirí eile ceoil a chuaigh i bhfeidhm uirthi, is é an ceol a chum Moore a bhí mar chúlra ag Jane Flanagan agus í ag fás aníos, ceol a raibh an-tóir air i measc na ndaoine as ar eascair sí. Gné ríthábhachtach a bhí sa cheol i ndrámaí de Valera agus ba ghá, dar léi, go n-úsáidfí ceol Moore le hiad a thionlacan ar an stáitse. Is cinnte go raibh eolas maith ag de Valera ar cheol Moore. Faightear caoga píosa ceoil de chuid Moore i ndrámaí de Valera; agus ar an gcaoga píosa sin, ní bhaintear úsáid ach as cúig cinn déag acu faoi dhó. Rinne de Valera athchóiriú ar amhráin ar nós 'The Harp that Once', 'Believe Me If All those Endearing Young Charms' agus 'The Song of Fionnuala' chun go bhféadfadh sí iad a úsáid sna drámaí a chum sí.

D'fhéadfaí a shamhlú, ar ndóigh, gur lú an méid oibre a bheadh le déanamh ag léiritheoir dá mbeadh amhráin a bhí ar fáil go coitianta i measc an phobail mar chuid den dráma. Nach mbeadh cuid mhaith de na hamhráin ar eolas cheana ag na haisteoirí sula gcuirfí tús leis na cleachtaí fiú? Ba mhúinteoir í Sinéad de Valera agus ar nós mhúinteoirí an lae inniu a bhaineann úsáid as ceol comhaimseartha sna drámaí a scríobhann siad agus a chuireann siad ar an stáitse lena gcuid scoláirí, rinne de Valera amhlaidh. Ach ní dócha gur shocraigh sí ceol Thomas Moore a úsáid sna drámaí a scríobh sí toisc gur thaitin an ceol féin léi nó lena comhluadar. Ba dhuine ar leith é Thomas Moore agus is cinnte go ndeachaigh na smaointe a bhí aige go mór i gcion ar de Valera.

Mac léinn i gColáiste na Tríonóide ag deireadh an ochtú haois déag ba ea Thomas Moore. Ba chara le Robert Emmet é. Mura raibh Moore gníomhach sna heachtraí a bhain le hEmmet agus leis na hÉireannaigh Aontaithe sa bhliain 1798, is beag amhras ach go raibh tionchar ag na heachtraí sin air. Bhí Moore é féin den tuairim go raibh an ceol agus cúrsaí polaitiúla greamaithe le chéile.

Scríobh Seamus Deane sa chéad imleabhar den *Field Day Anthology of Writing* a foilsíodh i 1991:

> ... poetry as popular song became an important weapon in the long war against colonialism ... (Deane 1991: 5).

Chum Moore a chuid *Melodies* idir 1808 agus 1834. Ba thréimhse chrua in Éirinn iad na blianta sin. Bhí cuimhne mhaith fós ag daoine ar dhrochlaethanta na bPéindlíthe a bhí ann le linn an ochtú haois déag. Cuimhnigh nár glacadh leis an reachtaíocht a cheadaigh Fuascailt na gCaitliceach ach sa bhliain 1829, aon bhliain is fiche tar éis do Moore an chéad imleabhar dá chuid *Melodies* a fhoilsiú. Sa bheathaisnéis ar shaol agus ar shaothar Moore dar teideal *Bard of Erin: The Life of*

Thomas Moore, tugann an t-údar, Ronan Kelly, cuntas dúinn ar an tuiscint a bhí ag Moore ar an gcaoi ina bhféadfadh amhrán dul i bhfeidhm ar dhuine agus mothúcháin láidre a mhúscailt ann. Trína chuid liricí mar aon leis an úsáid a bhain sé as na foinn thraidisiúnta Éireannacha, chuir Thomas Moore roimhe na maithe agus na móruaisle i Sasana a chur ar an eolas faoi chruachás mhuintir na hÉireann chun go ndéanfaí fadhbanna na ndaoine a réiteach. Is léir, mar sin, go raibh clár oibre dá chuid féin ag Moore. I bhfocail Seamus Deane:

> Irish national feeling was slumbering until Moore awoke it (Deane 1991: 1054).

Nach mór céad bliain i ndiaidh bhás Thomas Moore, d'éirigh le de Valera an mórtas as seanstair ghlórmhar na hÉireann atá le sonrú in *Irish Melodies* a chur ar aghaidh chuig glúin nua, idir aisteoirí agus lucht féachana, trí mheán a cuid drámaíochta. Thóg Moore na foinn thraidisiúnta Éireannacha agus chuir sé focail i mBéarla leo. Chum sé amhráin do phobal éisteachta ar dhaoine fásta iad. Níorbh amhlaidh do de Valera, ar ndóigh. Údar Gaeilge a bhí inti agus bhí a cuid drámaí dírithe ar pháistí. Rinne sí athchóiriú ar amhráin Moore agus fócas aici ar pháistí. Mar a dúirt Deane, thuig de Valera go bhféadfadh sí úsáid a bhaint as amhráin Moore chun go gcuirfeadh daoine eolas ar stair na hÉireann athuair agus chun go mbeadh bród orthu as a gcultúr agus as a dtraidisiúin féin. D'úsáid de Valera ceol Thomas Moore i dtreo is go bhféadfadh sí an fhís a bhí aici den náisiún a roinnt leis an aos óg ar a raibh a cuid drámaí dírithe agus go mbeadh grá acu dá dtír féin dá bharr.

Ar deireadh, níor cheart go gceapfaí nach raibh i Sinéad de Valera ach bean chiúin chúthail nó gur tugadh gradam di toisc go raibh sí pósta ar fhear a chaith na blianta fada ina Thaoiseach ar Éirinn. Fiú más í sin an íomhá is coitianta a thugtar dúinn den bhean, níl ansin ach cuid den scéal. Ba bhean inti féin í, bean nár mhair faoi scáth a fir chéile ach a raibh fís láidir náisiúnach aici. Má shocraigh de Valera a drámaí a scríobh i nGaeilge agus ceol Thomas Moore a úsáid iontu, is amhlaidh gur chreid sí go bhféadfaí Éire neamhspleách a chruthú ina mbeadh an Ghaeilge á labhairt i measc an phobail ar fad. Is í sin an fhís a bhí ag Sinéad de Valera, fís a chuirfeadh páistí na tíre nua-bhunaithe i gcrích, dar léi.

NÓTA

1   Féach ar shuíomh idirlín Chomhairle Náisiúnta na mBan in Éirinn chun tuilleadh eolais a fháil ar bheathaisnéis Eilís Ní Mhaolagáin: www.nwci.ie

SAOTHAIR SHINÉAD DE VALERA A CEADAÍODH

Buaidhirt agus Bród: Dráma Beag Grinn i gcomhair Páistidhe. Baile Átha Cliath: Mac Guill agus a Mhac, 1934.

Niall agus Gormfhlaith: Dráma Beag Staireamhail i gcómhar Páisdí. Baile Átha Cliath: Catholic Bulletin, 1938. Athchló: Baile Átha Cliath: Mac Guill agus a Mhac, 1940.

An tÚbhall Órdha. Baile Átha Cliath: Catholic Bulletin, 1939. Athchló: Baile Átha Cliath: Mac Guill agus a Mhac, 1940.

Morann an Ceart-Bhreitheamh. Baile Átha Cliath: Catholic Bulletin, 1939. Athchló: Baile Átha Cliath: Mac Guill agus a Mhac, 1940.

Forbhas Chluain Mheala. Baile Átha Cliath: Mac Guill agus a Mhac, 1941.

Féasóg Gorm i n-Éirinn. Baile Átha Cliath: Mac Guill agus a Mhac, 1943.

Áilleacht agus an Beithidheach Ceol-dráma i gcóir daltaí Sgoile (Buachaillí nó Cailíní). Baile Átha Cliath: Mac Guill agus a Mhac, 1946.

Oilibhéar Beannaithe Ploingcéad. Baile Átha Cliath: Mac Guill agus a Mhac, 1947.

Cochaillín Dearg agus an Mac Tíre. Baile Átha Cliath: Mac Guill agus a Mhac, 1961.

Micheál Ó Duibhir i nGleann Uí Mháil. Baile Átha Cliath: Mac Guill agus a Mhac, c.1970.

Saothair eile a ceadaíodh

Deane, Séamus. 'Thomas Moore (1779–1852)'. *Field Day Anthology of Irish Writing*. Vol.1. Derry: Field Day Publications, 1991: 1053–1069.

'Poetry and Song 1800–1890'. *Field Day Anthology of Irish Writing*. Vol. 2. Derry: Field Day Publications 1991: 1–9.

de Valera, Terry. *A Memoir*. Dublin: Currach Press, 2005.

Inghinidhe na hÉireann. *First Annual Report Session 1900–1901*. Dublin: O'Brien & Ards, 1901.

Kelly, Ronan. *The Bard of Erin: The Life of Thomas Moore*. Dublin: Penguin, 2008: 9–28; 152–90; 387–91.

McCarthy, Marie. *Passing it On: The Transmission of Music in Irish Culture*. Cork: Cork University Press, 1999: 72–138.

Vandevelde, Karen. *The Alternative Dramatic Revival in Ireland, 1897–1913*. Dublin: Maunsel and Co., 2005: 11–65.

III

LITRÍOCHT NA NÓG I NGAELTACHT THÍR CHONAILL: MO SCÉAL FÉIN

Pádraig Ó Baoighill

Réamhrá

Is é atá san alt seo ná cur síos ar mo shaol i Rann na
Feirste i nGaeltacht Thír Chonaill ó chuaigh mé ar dtús
go dtí an bhunscoil ansin in aois mo shé bliana, go dtí
mo thréimhse ceithre bliana i méanscoil Choláiste
Adhamhnáin Leitir Ceanainn agus ina dhiaidh go dtí an
tríú leibhéal i gColáiste Ollscoile Bhaile Átha Cliath.
Beidh cur síos ansin ar an oideachas, ar an tsaol i
nGaeltacht Thír Chonaill i m'óige, ar mo spéis ar dtús sa
léitheoireacht agus ar na múinteoirí a spreag mé le spéis
a chur i litríocht na Gaeilge. Beidh cur síos fosta ar an
tionchar a bhí ag scríbhneoirí Rann na Feirste orm agus
an tsuim a chuir mé sa tseanchas a chuala mé sna tithe
airneáil i Rann na Feirste.

Rugadh agus tógadh mé i Rann na Feirste i nGaeltacht
Thír Chonaill. Ba le uncail agus aint de mo chuid a bhí
mé i mo chónaí i m'óige nó bhí m'athair ag obair in
Albain agus bhíodh mo mháthair anonn agus anall.

Chaith mé féin tréimhsí gearra i nGlaschú i m'óige ach muintir an bhaile a bhí thart orainn agus Gaeilge ar fad a labhraíodh sa teach s'againne, agus mo mháthair as Rann na Feirste agus m'athair as Gaoth Dobhair. Taobh amuigh d'Eaglais Naomh Eoin ar an Domhnach, Gaeilge ba mhó a bhí le cluinstin.

Scoil Náisiúnta Rann na Feirste

B'fhearr le mo mhuintir gur in Éirinn a gheobhainn scolaíocht agus ba mar sin a chuaigh mé go Scoil Náisiúnta Rann na Feirste sa bhliain 1938. Bhí thart fá 120 páiste ar an bhunscoil dhá sheomra. Ba í Bríd Ní Dhomhnaill as Ailt an Chorráin an mháistreás, bean chineálta a bhí go maith dúinn. D'fhoghlaim muid Gaeilge, Béarla, Uimhríocht, agus Teagasc Críostaí, agus bhí rang ceoil chomh maith. Ní raibh guth agamsa agus níl an méid sin cuimhne agam ar an cheol. Bhíodh cuimhne agam ar ndóigh ar fhocail cuid de na hamhráin mar 'Seoithín Seo', 'Cuach mo Lon Dubh Buí', 'Beidh Aonach Amárach i gContae an Chláir', 'A Nóra Bheag Cá Raibh Tú Aréir?', 'Téigh a Chodladh', agus suantraí beaga taitneamhacha eile nach cuimhneach liom anois.

Ba bheag Béarla a bhí ag na naíonáin eile sa scoil ach amháin daoine mar mé féin a raibh a muintir anonn agus anall go hAlbain. Gaeilge uilig a labhraíodh i gclós na scoile agus b'eachtrannach amach as amach éan corr ar bith a tháinig isteach nach raibh ach Béarla aige. Fuair muid chun na bhaile ag a dó a chlog agus ba orainn a bhíodh an lúcháir. Ní raibh an teach s'againne ach cupla céad slat on scoil.

Pádraig Ó Baoighill (Padaí an Máistir) as Loch na nDeorann, baile comharsanachta Rann na Feirste, a bhí ag teagasc an tríú agus ceathrú rang agus ba é a athair, Dónall Ó Baoighill, an príomhoide a bhí sna hardranganna 5,6,7. Pádraig Ó Baoighill a theagasc ceol do na hardranganna ar fad. Bhí cuid de na hamhráin a bhí againn na chéad bhlianta aige agus amhráin eile mar 'Níl sé ina Lá', 'Óró 'sé do Bheatha Abhaile', 'Stór Stór a Ghrá', 'Bheir Mí Ó', 'Dóchas Linn Naomh Pádraig', 'Tá mé mo Shuí', agus go leor eile. Níl an méid sin cuimhne agam ar na leabharthaí a bhí againn ach bhí *Sraith na Craoibhe Rua*, *M'asal Beag Dubh* agus cinn eile. Is cuimhin liom an dán álainn sin de chuid Mhic Cuarta as *Sraith na Craoibhe Rua*:

Fáilte don éan is binne ar chraobh,
Labhras ar chionn na dtor le gréin
Domhsa is faide tuirse an tsaoil
Nach bhfeiceann í le teacht an fhéir.

Cluinim gí nach bhfeicim a gné,
Guth an éin darb ainm cuach;
Amharc uirthi i mbarra géag
Mo thuirse géar nach mise fuair.

Gach neach dá bhfeiceann cruth an éin,
Amharc Éireann deas is tuaidh,
Bláth na dtulcha ar gach taobh
Dóibh is aoibhinn bheith dá lua.

Sin dán a d'fhoghlaim mé gan mórán moille agus nuair a bhí mé sna hardranganna mhínigh an máistir scéal Shéamais Dall Mhic Cuarta dúinn agus riamh ina dhiaidh sin bhí suim agam i gcuid ceoil fhilí móra dheisceart Ard Mhacha. Níl mórán cuimhne agam ar na leabharthaí Béarla agus is cosúil nár chuir mé an méid sin suime iontu ach amháin cé bith ceachtanna a dhéanamh as na 'Readers' (leabharthaí léitheoireachta) a bhí againn. Mar an gcéanna leis an uimhríocht – rinneadh cé bith ceachtanna a bhí le déanamh, agus is cuimhneach liom sna hardranganna gur tugadh ceisteanna deacra dúinn nach raibh ar ár gcumas a dhéanamh. Ba é an rud a rinne cuid againn ansin a dhul chuig fear cliste a bhí ar an bhaile, Peadar Bhell, agus b'iomaí ceacht crua uimhríochta a mhínigh sé go cruinn dúinn.

Déarfainn go bhfuair muid measarthacht oideachais sna ranganna suas go dtí an 5ú rang, agus ba deacair sin a fháil i scoil a bhí ag dul thar maoil, agus cúig rang i seomra amháin. Bhí muid cuid mhaith ama inár seasamh, cuid de na scolairí agus leabharthaí acu ag foghlaim ceachtanna taobh amuigh den tseomra, i seomra na gcótaí. Clós garbh clochach a bhí taobh amuigh an áit ar imir muid peil. Ní raibh páirc ar bith ann. Bhíodh achrann ó am go ham idir pháistí ach ní dheachaigh sé as a riocht. Bhíodh na cailíní ag damhsa i seomra na gcótaí agus amanta ag cleachtadh ceoil. Bhí dhá leithreas nach raibh uisce ann agus droch-chaoi orthu go minic.

An tAirneál sa Bhaile

Taobh amuigh den scoil nuair a bhí ceachtanna déanta agam bhí orm cuidiú le m'uncail le hobair feirme, buachailleacht bó agus go leor eile spidireachta. Bhíodh comharsanaigh ag críochanacht liom agus bhíodh muid ag coimhéad na mbó agus ag imirt peile. San am sin nuair a bhí bó ag súil le gamhain gheibheadh muid bainne i dtithe na comharsan. Bhain mise an-sult as a dhul go dtí na tithe sin agus tamall airneáil a dhéanamh a fhad agus a bhí bean an tighe ag blí na bó. Chuala mé mórán seanchais sna tithe sin ó lucht an airneáil a bhí istigh. Is cuimhin liom oíche amháin éisteacht le Annie Bhán Ní Ghrianna, deirfiúr scríbhneoirí Mhic Grianna, ag inse scéal fada. Chuir mé suim ann agus ar mo theacht 'na bhaile d'inis mé cnámha an scéil do m'aint. Bhí a fhios aicise ainm an scéil, *Gadaíocht Inis Duáin* is dóigh liom, agus d'aithris píosa de agus d'inis domh gur scéalaí ar dóigh Annie Bhán, agus chuir sí in iúl domh gur bean ghaoil domh féin í.

I measc na scéalaithe eile a chuala mé an t-am sin bhí dearthráir Annie, Seán Bán, a chuala mé ag canadh a chuid amhrán féin agus ag seinm ar an fhidil, Micí Sheáin Néill agus a dheartháir Padaí Sheáin Néill, áit a mbínn fá choinne bainne, agus ar chuala mé ar dtús fá Jimmy Fheilimí a bheith ag scríobh leabhar. Ba é sin Séamas Ó Grianna nó 'Máire', agus bhí siad ag súil leis an leabhar *Rann na Feirste* i 1942. Chuir sé iontas orm go raibh fear as mo bhaile féin ábalta leabhar a scríobh, leabhar cosúil le *Sraith na Craoibhe Rua* a bhí againn ar scoil. Ní raibh mise ach a hocht nó a naoi de bhlianta ag an am agus ní dóiche go mbeinn ábalta í a léamh ach bhí mé ag tuar leis an leabhar seo le fear mo bhaile, agus ba mhaith liom bheith ábalta í a léamh.

Teach Johnny Shéimisín

I dtaca le gaolta dó, míníodh domh sa bhaile cérbh iad mo mhuintir féin agus i m'óige chaith mé cuid mhór ama ag airneál tigh Johnny Shéimisín a bhí gaolmhar do mo mháthair. Teach mór airneáil teach Johnny, agus chuala mé Johnny é féin ag inse scéal cúpla uair ach bhí mé iontach óg ag an am sin agus níl cuimhne agam orthu. Tá cuimhne agam ar an scéalaí mhór a theacht a chomhrá liom agus mé ag buachailleacht bó, eisean ar a chosán siar go Coláiste Bhríde a scéalaíocht. Chuir a mhac Niall Ó Domhnaill cnuasach dá chuid scéalta i gcló *Scéalta Johnny Shéimisín* a bhfuil cúpla eagrán curtha amach ag Comhaltas Uladh. D'éist mé lena mhac, Joe, ag scéalaíocht agus ag inse fá scríbhneoirí an bhaile ina dhiaidh sin, fear a bhí chomh maith ar fhoireann teagaisc Choláiste Bhríde.

Is cuimhneach liom cúpla oíche a raibh thart fá dhá chloigeann déag ag airneál tigh Johnny Shéamaisín (Ó Baoighill 2007: 9–38). Cibé ar bith, bhí beirt acu sin a tháinig achan oíche, Frainc Sheáin 'Ac Grianna agus

Tarlach Bhriainidh Óig Mac Gairbheith. Sin an Tarlach céanna ar dhúirt Séamas Ó Grianna faoi gurbh fhearr leis ina chuideachta féin agus cuid eile de sheanfhondúirí an bhaile i dtábhairne Mháire Bhriainidh in Anagaire ná a bheith sna ceantair thurasóireachta ba solasmhaire i nDeisceart na Fraince.

Bhí na fir seo uilig ag obair in Albain sna tríochaidí agus sna daichidí agus b'fhiú éisteacht leo ag ársaí scéalta fá Aonach na Reithí i Kelso, Clann Eoin Phadaí ag troid i Carnwath, daoine as an bhaile a bhí ina gcónaí i Lanark agus muintir an bhaile ag tarraingt orthu a dh'airneál mar a bheadh siad sa bhaile, agus fán obair chrua ag tanú tornaipí ó mhaidin go hoíche ar dhíolaíocht shuarach. Bhí saibhreas Gaeilge ag an bheirt acu agus éirim an ghrinn i Frainc Sheáin má bhí sé in aon fhear riamh.

Chuala mé ráite agus focail ansin nár chuala mé riamh roimhe agus fuair mé eolas ar éirim an ghrinn agus ar chuid den diabhlaíocht fosta. Níor phós Tarlach riamh cé go raibh mná a bhí geallmhar air. Le theacht thart ar chúrsaí cánach in Albain, líon sé isteach páipéir go raibh ochtar clainne aige agus chuir sé síos dátaí a mbreithe. Ach nuair a rinneadh suimiú ar na dátaí sin fuair na cléirigh chánach amach go raibh sé dodhéanta ag a bhean chéile leath an méid sin páistí a bheith aici. B'éigean do Tharlach bád Dhoire a bhaint amach agus a theacht ar ais go Rann na Feirste. Ba mhac Frainc Sheáin don tseanchaí mhór, Sorcha Chonaill, a dtearn mé féin agus Máirtín Ó Cadhain taifead di agus ar thaitin a stíl scéalaíochta go mór le Máirtín. Má bhí sise ciúin béasach, bhí Frainc garbh graosta ach bhí cumas inste iontach aige ar scéal, agus féith an ghrinn fite fuaite síos fríd.

Cé nach raibh mé ach sna luathdhéaga ag an am sin thaitin na scéalta go mór liom agus mheas mé gur dheas a bheith ábalta scéalta mar sin a aithris mé féin. Faraor ní raibh an tuigbheáil agam ag an am sin leabhar nótaí a bheith agam agus cuid dá n-aithris a scríobh síos. D'ainneoin sin chuimhnigh mé ar chuid mhaith agus d'úsáid mé sin i mo chuid scríbhinní. Amanta tig focal nár chuala mé b'fhéidir ón am sin ar ais chugam agus bíonn orm a dhul chuig an fhoclóir le feiceáil a raibh a leithéid d'fhocal ann ar chor ar bith. In amanna ní bhínn ábalta a theacht ar an fhocal mar a bhí litrithe agamsa. Ansin a chuirfinn glaoch ar mo sheanchara Aodh Mag Eoin, a d'imigh uainn faraor i Samhain 2011 agus bhí seisean le hé á fháil i gcruth úr litrithe.

Clann Eoin

Ba dream eile, Clann Eoin, i Rann na Feirste a raibh tionchar ag an tsaibhreas cainte a bhí acu orm i m'óige. Bhí Peadar agus Padaí Eoin Phaidí, daoine muinteartha domh, ina gcónaí in aice liom agus bhínn sa teach acu go minic. Scríobh Aodh Ó Duibheanaigh síos scéalta ó Pheadar Eoin fá na Mollie Maguires (dream rúnda), fán Táin agus fán Tairngireacht, scéalta a bhí sa Roinn Bhéaloideasa agus a chuir mise i gcló ar *An tUltach*. Bheadh níos mó scríofa ag Ó Duibheanaigh ó Pheadar ach fuair Peadar bás go luath sna daichidí. I dtaca le Padaí Eoin dó chaith mé mo shaol aige agus diomaite do shaol na himirce a aithris mar dá mbeifeá ag breathnú air os comhair scannáin, bhí eolas iontach farraige aige agus é ábalta na heachtraí éagsúla a aithris go drámatúil. Bhí bád iascaireachta ag m'uncail Peadar Tharlaigh agus a chol ceathair Cathal Ó Baoighill agus bhíodh Padaí Eoin linn go minic a dh'iascaireacht chun na farraige. Idir an triúr acu d'fhoghlaim mé go leor agus bhí a shliocht ag an tréimhse sin orm ina dhiaidh sin agus mé ag tabhairt faoin scríbhneoireacht. Dúirt seanduine liom uair 'ní bhuailfidh tú amach eolas farraige'.

Ní raibh raidió i mórán tithe ag an am sin ach nuair a bhínn ag tógáil bainne ó chomharsanach eile dár gcuid, d'iarradh sí orm fanacht le héisteacht le clár ceoil ar Raidió Éireann, 'Round The Fire' agus Din Joe á chur i láthair. Bhí dúil mhór agam sa chlár sin agus mar go raibh mé ag freastal ar rang rince céilí i gColáiste Bhríde bhí mé ag cur an-spéis sna rincí. Ba í an bhean sin (nach maireann) Siún Uí Ghrianna (Siún Mhicí Hiúdaí), aint cheoltóirí aitheanta an lae inniu, Tríona, Mairéad agus Micheál Ó Domhnaill. B'iomaí ailleog a chan sí féin nuair a bhí fonn meidhreach ar an raidió. Dúirt sí go raibh na hamhráin sin uilig ag a deirfiúr, Nellie Ní Dhomhnaill (Nellie Mhicí Hiúdaí), óna bhfuair Mairéad mórán dá cuid amhrán. Ba í Siún fosta máthair Jimí Mhicí Jimí Uí Ghrianna a chum amhráin é féin, ceann an-deas 'Méilte Glas Cheann Dubhrann' agus a scríobh leabhar *Idir Dhá Cheann Stoirme* (2009) agus máthair Joe Mhic Grianna a bhfuil ceirníní déanta aige ar an fheadóg stáin.

An Scéalaíocht

Sin anois cuid den tsaol a bhí ag gasúr óg de mo chineálsa, taobh amuigh do na ranganna bunscoile i Rann na Feirste na ndaichidí. Seo mar a chuir Bidí Sheáin Néill Uí Bhaoighill síos ar an tréimhse sin agus í in agallamh le Cathal Poirtéir sna hochtóidí:

> Bhí an scéalaíocht in achan teach i Rann na Feirste, an chuid is mó, agus ceol agus fidiléireacht, an bhfuil a fhios agat, bhí am ar dóigh acu féin nuair a smaoiníonn tú ar anois … bheadh siad ag airneál ó dhul ó sholas dó ann go dtí a dó dhéag nó a haon a chlog agus scéalaíocht agus ceol agus amhráin agus fidiléireacht agus damhsa (Poirtéir 1993: 44–45).[1]

Bhí na deiseanna cultúir sin againne i Rann na Feirste nach mbeadh i mórán áiteacha eile agus gan amhras mheall sé mise i dtreo na litríochta. D'ainneoin an saibhreas cultúir sin a bheith ar an bhaile againn, ní raibh na háiseanna againn atá ag óige an lae inniu. Ní raibh comórtais dánta nó scéalaíochta againn, ní raibh an Fhleá Ceoil ann, ní raibh Gael Linn ann, ní raibh Slógadh ann, ní raibh Ógras ann, ní raibh féilte drámaíochta, ní raibh Raidió na Gaeltachta nó TG4 ann ná nuachtáin mar *Inniu, Amárach, Anois, Foinse, Lá* agus *Gaelscéal*. Bhí rang céilí sa choláiste ag múinteoir as Doire a bhí an-mhaith ach ní raibh comórtas peile idir scoltacha ann agus bhí an fhoireann a ba deise dúinn sé mhíle ar shiúl. Chuir mé isteach m'am sa 3ú agus 4ú rang faoi threoir Phádraig Uí Bhaoighill (Padaí an Máistir), fear a chuir an-bhéim ar an cheol do na hardranganna ar fad. Ní cuimhin liom na leabharthaí Béarla a bhí againn, ach bhí *Tusa a Mhaicín, Sraith na Craoibhe Rua* agus *An Dílidhe* le hAindrias Ó Baoighill á léamh i nGaeilge agus cinn le Seán Bán Mac Meanman as Baile na Finne againn chomh fada agus is cuimhin liom.

Na hArdranganna

Ansin tháinig mé isteach sa chuigiú rang chuig an phríomhoide, an Máistir Dónall Ó Baoighill. Sin an fear a bhí ansin nuair a d'eagraigh an Roinn Oideachais Bailiúchán na Scol 1935–37, nuair a bhailigh páistí Rann na Feirste an-chuid scéalta ón tsaibhreas a bhí ag scéalaithe an bhaile. Ní ó na scéalaithe aitheanta amháin a fuair siad na scéalta seo ach ó mhórán scéalaithe gan iomrá ar fud an bhaile.[2] Ní raibh mise ar an scoil i 1937 ach dá mbeadh a leithéid de bhailiúchán ann nuair a bhí mise sna hardranganna nach orm a bheadh an lúcháir ag tabhairt cuairt ar thithe an bhaile.

Bhí an Máistir Ó Baoighill ina chónaí i Loch na nDeorann, lena bhean chéile Nappy as Árainn Mhór agus teaghlach mór acu i dTeach an Mháistéara. Ba acusan a d'fhan sagairt as Tuaisceart Éireann, mar an tAthair Ó Brolacháin agus an tAthair Mac Luaidh, nuair a chuir siad Coláiste Phádraig ar bun i 1924. Rinne an Sagart Ó Muirí socrú ina dhiaidh sin an Choláiste a thabhairt isteach faoi stiúir Choláiste Bhríde agus bíonn ranganna i gColáiste Phádraig sa tsamhradh go fóill. Scríobh Mícheál Ó Baoighill, as Teach an Mháistéara, a bhí ina dhochtúir sna Cealla Beaga, altanna do *An tUltach*.

Ní raibh mise i bhfad ag an Mháistir Dónall Ó Baoighill. Bhí sé ag éirí sean agus d'éirigh sé as. Ag an deireadh nuair a smaointím air anois, bhí scaifte i bhfad rómhór sa tseomra amháin scoile sin agus bhí buachaillí móra cúig bliana déag nach raibh mórán suime acu i scolaíocht ag diabhlaíocht de shíor ar an mháistir. Ba ansin a tháinig máistir úr ar rothar as Cionn Caslach, Séamas Ó Domhnaill, a chuala go raibh bobaireacht ag dul ar aghaidh agus a raibh slatacha saileoige leis le deireadh a chur le bligeardacht ar bith. Bhí an mhórchuid de na gasúraí móra imithe anois agus ní raibh sé i bhfad ag déanamh cinnte go raibh smacht i réim.

Séamas Ó Domhnaill

Ón tús bhí sé soiléir gur máistir maith a bhí ann agus is maith mo chuimhne ar na ceachtanna spéisiúla staire agus tíreolais a chuir sé os ár gcomhair. Ní raibh i bhfad go raibh eolas againn ar phríomhchathracha thíortha na hEorpa ach eolas chomh maith ar bhailte, cnoic is aibhneacha i ngach contae sa tír. Chruthaigh sé dúinn an tábhacht a bhí le heolas a chur ar do cheantar féin agus mar a bhí sé riachtanach a bheith eolach ar thíortha thar lear mar go raibh an deoraíocht tuartha leis na Gaeil. Mar an gcéanna d'fhoghlaim sé an fhíorstair dúinn agus mar dhaoine óga bhí muid brodúil as an Bhinn Bhorb agus Cluain Tarbh, as Niallaigh Thír Eoghain agus Dálaigh Thír Chonaill, agus go leor eile. Chothaigh sé spiorad ionainn i dteanga ár dtíre, mhínigh sé fá mar a d'éirigh cuid de na Normannaigh níos gaelaí ná na Gaeil iad féin agus fán bhuille uafasach a fuair an teanga Ghaeilge i ndiaidh an Ghorta Mhóir. Lean sé leis an chlár suas go dtí na Fíníní. Chomh fada agus is cuimhneach liom níor tugadh níos faide é.

Theagasc sé uimhríocht, ailgéabar agus triantánacht go maith agus chuir sé an-bhéim ar an Bhéarla agus an Ghaeilge, a raibh spéis ar leith aige inti. Ní dóigh liom go bhfuil duine dá raibh sna hardranganna liomsa nach cuimhneach leo mar a theagasc sé an ghramadach Ghaeilge dúinn. Bhí na tuisil uilig i gcailc aige ar an chlár dubh agus ansin thugadh sé míniú comair ar chúis úsáide gach ceann acu le béim láidir ar an ghinideach. Bhí struchtúr na gramadaí go grinn againn. Ó thaobh cur chun cinn na Gaeilge sna bunscoltacha measaim go bhfuil sé an-tábhachtach go múintear an stair agus go dtuigeann na páistí cén fáth ar chóir daofa bheith dílis dá dteanga dhúchais. Seo píosa ó Tharlach Ó Raifeartaigh, iar-rúnaí na Roinne Oideachais fá thábhacht na staire don litríocht:

> Le casadh ar ais ar an stair, níl sé d'réir fealsúnachta, nó eagraíochta, nó cá bith is mian leat a thabhairt air, a bheith chomh dian sin fá mhúineadh na Gaeilge ins na scoltacha agus gan stair ar bith gur fiú caint ar a dhéanamh. Tá an stair chóir a bheith chomh tábhachtach leis an Ghaeilge í féin (Ó Raifeartaigh 1928: 6).

Ar na leabharthaí a bhí ar chlár na scoile sna hardranganna bhí *Indé agus Indiú* le Seán Bán Mac Meanman, *Maicín* agus *Sé Dia an Fear is Fearr* le Fionn Mac Cumhaill, *Mo Dhá Róisín* le 'Máire', cúpla scéal le Pádraic Ó Conaire agus scéal staire leis an Ard-

Deagánach Pádraig Mac Giolla Cheara, *Scéal na hÉireann* (1924), a raibh an-spéis agam ann.

Leabharlann

Ba mhinic a thrácht Séamas Ó Domhnaill ar scríbhneoirí Rann na Feirste agus chuir sé an dlaíóg mhullaigh ar chúrsaí nuair a d'fhoscail sé leabharlann sa scoil. Bhí leabhrán déanta amach aige a mbeadh ort d'ainm a scríobh agus an dáta agus an leabhar a ghlac tú amach. Ní raibh mórán sna hardranganna nár ghlac amach na leabharthaí Gaeilge seo. Tá cuid acu sin ag léamh leabharthaí Gaeilge go fóill agus ag freastal ar sheoltaí leabhar sa Ghaeltacht. Stad cuid eile den léitheoireacht nuair a tháinig an cló rómhánach agus an litriú caighdeánach agus chuaigh mórán thar lear nach raibh an deis acu ina dhiaidh sin. Cailleadh cuid mhór léitheoirí sna ceantair Ghaeltachta s'againne le linn an athrú litrithe agus caighdeáin.

Cibé ar bith tá cuimhne mhaith agam ar an chéad dá leabhar a thóg mé amach as an leabharlann *Ceannrachán Cathrach* agus *Ór Inis Tor* le Seán Mac Maoláin. Ba iad seo na chéad leabharthaí Gaeilge a léigh mé sa bhaile amach ó cheachtanna a dhéanamh ar na leabharthaí a bhí ar chlár na scoile. Thaitin siad go mór liom agus chuir sin tús le ré leitheoireachta sa leabharlann. Léigh mé na leabharthaí sa bhaile do mo mhuintir agus chuir siad in iúl domh gur fear as Glinnte Aontroma a bhí i Seán Mac Maoláin a bhí pósta ar Anna Phadaí Sheonaidh as Doire na Mainséar. Ba eisean a mhol don Athair Ó Muirí Coláiste Bhríde a bhunú i Rann na Feirste – buaidh mhór don bhaile. Déarfainn gur léigh mé ar a laghad thart fá trí scór leabhar sular fhág mé an bhunscoil. Bhí an méid seo le rá ag Seán Mac Maoláin sa réamhrá do *Ór Inis Tor*:

Thall i Nua-Eabhrac a hinsíodh an scéal seo, 'Ór Inis Tor'. Ba
as Inis Tor an té a d'inis é, mar bhí Pádraig Mór Ó Fríl, agus
ní raibh sé ach ina ghasúr nuair a chuaigh sé anonn go
Meiriceá. Ní hionann agus go leor dá ndeachaigh anonn,
d'éirigh an saol go breá leis. Pósadh thall é agus thóg sé a
theaghlach; agus chan ea amháin sin, ach chonaic sé a chuid
ua ag éirí aníos ina mbuachaillí agus ina gcailíní sula
bhfuair sé bás. Do mhac iníne dó a d'inis sé an scéal seo. Níl
mé á rá nár chuir sé giota beag leis thall agus abhus; ach, má
chuir féin, ní bhfuair an gasúr lá loicht air dá thairbhe sin.
Agus cad chuige a bhfaigheadh? Gasúraí Gael – nó
seandaoine ach oiread – níor mhiste riamh leo scéal eachtraí
bheith claon beag áibhéalach (Mac Maoláin 1963: réamhrá).

Thar aon rud eile ba é an tairbhe a bhain mé as an
leabharlann sin a spreag mise chun scríbhneoireachta.

Na Scríbhneoirí

Cé gur chuala mé fá leabharthaí Shéamais agus
Sheosaimh Mhic Grianna i dtithe an airneáil ba sa
leabharlann seo a fuair mé *Mo Dhá Róisín* agus *Caisleán
Óir* ar dtús. Is dóigh liom go raibh mé i gColáiste
Adhamhnáin i Leitir Ceanainn nuair a bhí *An Grá agus
an Ghruaim* Sheosaimh Mhic Grianna ar chlár na
méanteiste ach bhí a chuid aistriúchán sa leabharlann
agus cuirfidh mé síos orthu sin ar ball.

Bhí mé an-bhródúil go raibh beirt fhear as mo bhaile,
daoine muinteartha domh féin, ábalta leabharthaí mar
seo a scríobh a bhí le fáil ag pobal uile Éireann. Ba
mhaith liom bheith ábalta a leithéid a dhéanamh ach shíl
mé go gcaithfeadh duine bheith ina scoláire mhór le
leabhar chomh mór le sin a chur le chéile. Cibé ar bith,
sular fhág mé an scoil agus mórán leabhar léite agam
scríobh mé leabhrán beag cúig chéad focal nó mar sin.
Cheartaigh an máistir é, rinne roinnt moltaí agus d'iarr
orm leanstan don scríbhneoireacht. Measaim go bhfuil
cnámha an tseanscéil scoile sin san úrscéal de mo chuid

Gasúr Beag Bhaile na gCreach a d'fhoilsigh Coiscéim i 2004 agus a dtáinig an dara heagrán dó amach i 2006.

An Raidió

Rud eile a spreag mé ag an am sin chun scríbhneoireachta, mé a bheith ag teacht as an phortach leis an chapall agus lód mónadh lá galánta samhraidh agus glór fir as Rann na Feirste a chluinstin ag teacht ar an raidió ó theach de chuid na comharsan. Mheas mé gur glór Shéamais Uí Ghrianna a bhí ann nó bhí aithne agam air. Bhíodh sé féin agus a chlann i dteach samhraidh Joe Shusan achan samhradh agus bhínn amuigh sa teach ar cuairt acu go minic. Nuair a tháinig an ghirseach as teach na comharsan, Nóra Frainc, amach a dh'inse domh gur Jimí Fheilimí a bhí ann, stop mé an carr agus d'éist an bheirt againn leis an scéal uilig. Bhí sé iontach soiléir. Is dóigh liom gurbh é an gearrscéal 'An Bhean nach gcuirfeadh Cloch i mo Leacht' as *Cith as Dealán* a bhí ann agus ní thiocfadh linn a thuigbheáil gur seo fear a raibh muid ag caint leis an samhradh sin, ag caint go caithréimeach ar Raidió Éireann.

An Dráma

An fómhar sin d'fhreastail mé ar ghné eile do Litríocht na Gaeilge a chuaigh i bhfeidhm orm. Ba é sin dráma de chuid Sheosaimh Mhic Grianna, *Lag an tSean-Tighe*, fá thrioblóidí na bhfichidí a bhí ag Aisteoirí Rann na Feirste i gColáiste Bhríde. Bhí dúil mhór agam féin agus mo chairde sa dráma agus ba mhaith linn bheith páirteach ann. Faraor ní raibh drámaí sa scoil náisiúnta nó sa mhéanscoil ach saghas coirm bhliantúil. Ba é an deis amháin eile a fuair mé ag an am Aisteoirí Ghaoth Dobhair a fheiceáil oíche amháin ag déanamh dráma fá Phadaí Mhíchíl Airt agus mheas mé go raibh siad ar fheabhas. Sna caogaidí bhí mé gníomhach i bhféile lán-

Ghaelach drámaíochta, Féile Drámaíochta Dhún Geanainn, agus d'fhoghlaim mé ansin caidé chomh tábhachtach agus a bhí an drámaíocht do chur cinn na Gaeilge i measc na hóige. Chomh maith thug sé uchtach agus misneach daofa a theacht amach os comhair an tsaoil. Agus an duine a raibh ealaín na haisteoireachta ann ba tús maith é le dul ar aghaidh leis an cheird sin níos moille ina shaol. Bhíodh freastal an-mhór ar na féilte scoildrámaíochta sin i nDún Geanainn.

Dul i bhFolach ón Scoil (Mitseáil)

Ní dóiche go gcreidfí mé dá ndearfainn go raibh 'dul i bhfolach ón scoil' (mitseáil) ina spreagadh do scríbhneoireacht. Dea-thréithe atá léirithe agam anseo do shaol na scoile náisiúnta, ach le linn an ama sin bhíodh corrdhuine thall agus abhus ag dul i bhfolach ón scoil. Bhí an máistir dian go leor ar dhaoine nach raibh tugtha don fhoghlaim agus ba deas, lá breá samhraidh, ceachtanna deacra uimhríochta nó a leithéid a sheachaint. Bhí dúil agam féin sa scoil ach bhí an eachtraíocht ann fosta agus chaith mé cúpla lá breá fá chladaigh Charraig an Choill le mo chara Francie Agnes ag cuartú neadracha fríd bheanna eascairdeacha an chladaigh. Ní raibh uaireadóir againn ach bhí a fhios ag mo chara cá huair a bhí fear an phoist thall trasna an deáin ar Mhachaire Loiscthe. Bhí orainn a bheith an-chúramach ag tarraingt 'na bhaile don trí a chlog. Bhí muid amhrasach fosta fiú an t-am sin go mbeadh spíodóirí ag faire. Ba istigh i measc na gcrann ag Coláiste Bhríde ag imirt chártaí a chaith mé féin agus Niall Sonny cúpla lá agus muid ábalta na scoláirí a fheiceáil amach fríd na crainn ag teacht ón scoil. Chaith mé cúpla lá eile le Jimmy Mhary Hughie i nGleann Eoghain Mhuiris, gleann ciúin os cionn an chladaigh ar lorg coiníní agus ag sleamhnú amach 'na trá a bhaint sliogán agus ruacán agus a thógáil breallach. Thug muid dhá chnuasach do sheanduine de chuid na comharsan a bhí iontaofa, dar linn.

Bhí sin ceart go leor lá thall is abhus ach is dóiche gur éirigh muid ródhóchasach. Tháinig scaifte againn le chéile tráthnóna amháin agus shocair muid go gcaithfeadh muid cúpla lá i gColáiste Bhríde agus sa choláiste bheag in aice leis. Bhí seo gar go leor do mo theach cónaithe féin ach bhí a fhios agam go raibh m'uncail ag obair ar an phortach agus chuaigh mé sa tseans. Bhí fuinneoga foscailte sa dá choláiste agus d'éalaigh seachtar againn isteach go fáilí sa choláiste bheag ar tús in aice an locha, gan an scoil ach cúpla céad slat ar shiúl. De réir an bhéaloideasa i Rann na Feirste léadh aifreann anseo le tús maith a chur ar an lá. Bhí na héadaí altóra ansin agus an corn fíona ach ní raibh fíon ar bith ann. An duine a deirtear a bhí ina cheannaire ar an eachtra a léigh an t-aifreann, agus tugtar 'Fr Deveney' ar an fhear chéanna ó shin. Deirtear gur mise a rinne an friothálamh mar go mbínn ag friothálamh do shagairt na coláiste sa tsamhradh. Níl a fhios agam caidé an teanga a d'úsáid an Sagart Ó Duibheanaigh nó Laidin an teanga amháin friothálaimh a bhí agamsa.

Nuair a chonaic muid go raibh cúrsaí ciúin amuigh d'éalaigh muid anonn go dtí an choláiste mhór agus bhí lá ar dóigh againn ansin. Bhí muid ag imirt peile ar fud na coláiste agus cúpla fear eile thiar faoin stáitse ag imirt chartaí. D'imigh an lá go gasta agus de bharr ar an diabhal tháinig a dó a chlog agus bhí lead óg ó na naíonáin agus deartháir dó linn. Bhí ar an lead óg a dhul 'na bhaile ar a dó. Chuaigh muid i gcomhairle fá seo. Bhí mé féin agus Ó Duibheanaigh den bharúil gurbh fhearr dó fanacht, gurbh fhurast leithscéal a dhéanamh do lá amháin. Ach bhí a dheartháir féin den bharúil go rachadh a mháthair as a céill muna dtigeadh sé 'na bhaile mar ba ghnách. Ligeadh leis agus chuir sin deireadh le saol na heachtraithe agus na folaithe. Cé acu a bhí sí in amhras agus a cheistigh sí é nó a bhí an lead óg chomh tógtha fá lá mór scoile a bheith aige, tháinig an mháthair láithreach a chuartú an dearthára. Bhí an dearthair chomh scanraithe sin nuair a scairt sí isteach gur dhúirt sé – 'Níl mé anseo, a mháthair!'

D'inis sí don mháistir é agus an Luan ina dhiaidh sin chuir sé i leith Uí Dhuibheanaigh agus mé féin gur muid na treoraithe agus fuair muid ceithre bhuille slaite. Fuair an cúigear nó b'fhéidir seisear eile dhá bhuille, agus cé gur léirigh an máistir fearg ag an tús bhí draothadh gáire air agus é ag caitheadh na slaite a raibh slisneacha ag teacht amach as síos ar an tábla. Tráchtar go minic ar an eachtra sin i Rann na Feirste. Sílim go raibh trácht air ar Raidió na Gaeltachta ó Áislann Rann na Feirste anuraidh. Tá an scaifte uilig a bhí san eachtra sin beo go fóill agus ba mhaith liom a dtabhairt le chéile arís, féacháil le fírinne an scéil ina iomlán á fháil, más féidir, agus píosa eile seanchais a chur le béaloideas Rann na Feirste.

Coláiste Bhríde

Ní fhéadfainn gan trácht ar an tábhacht a bhí i gColáiste Bhríde do Rann na Feirste ó bhunaigh an tAthair Ó Muirí an choláiste sin i 1926, agus ar an tionchar a bhí aige ar fhorbairt na litríochta i mo shaol féin. Chuir sé beocht san áit, agus fostaíocht ar fáil do mhúinteoirí, scéalaithe, amhránaithe agus ceoltóirí. Ba mhór an cuidiú é do na daoine óga mar mé féin nach raibh an méid sin do chaitheamh aimsire an lae inniu againn. Ní raibh sé mar scoil. Bhí céilithe ann go minic agus an múinteoir rince Séamas 'Ducky' Ó Mealláin ag scairtigh amach na ndamhsaí i nGaeilge. Gaeilge a bhí ag na sagairt, na múinteoirí as gach cearn agus na scolairí, suas le 600 ann in am amháin. Bhí go leor scríbhneoirí ag múineadh ann fosta mar Eoghan Ó Domhnaill, Niall Ó Domhnaill, Pádraig Mac Cnáimhsí, Tomás Ó Gallachóir, Pádraig Mac Suibhne, Seán Bán Mac Meanman agus scéalaithe agus amhránaithe an bhaile, Seán Bán Mac Grianna, Mící Sheáin Néill, Neidí Frainc Joe Johnny Shéimisín, Aodh Ó Duibheanaigh, John Phadaí Hiúdaí agus daoine eile. Bhíodh buaireamh mór orainn nuair a bhí siad ag imeacht. Níl dabht ar bith ach go raibh tionchar mór ag an choláiste orainn uilig. Bhuail muid le buachaillí agus cailíní as contaetha eile agus fuair muid níos mó eolais fá na ceantair sin. Mhair caradas le cuid acu ar feadh i bhfad. Bhí mo chlann féin ann ina dhiaidh sin agus bhain siad tairbhe as. Faraor tá tionchar mór ag mórphoiblíocht an Bhéarla ar choláistí an lae inniu, ach tá go fóill tábhacht le coláistí Gaeilge i gceantair iargúltacha Gaeltachta.

Scoltacha Eile

Níor chuir an lá folaithe sin isteach nó amach ar chúrsaí na scoile. Mar a dúirt mé ba sármhúinteoir é an Máistir Ó Domhnaill ach bhíodh sé amuigh tinn agus níor chuidigh sin le clár na scoile. Mar sin ní raibh clár do scrúduithe déanta chomh mion aige agus a bhí ag múinteoirí Ghaoth Dobhair, Seán Mac Fhionnlaoich, Ned Ó Gallchóir agus Séamas Mac Giolla Bhríde a raibh Cumann na Múinteoirí Náisiúnta sa tóir orthu siocair go raibh siad ag teagasc páistí i ndiaidh am scoile. D'ainneoin sin tháinig níos mó múinteoirí as Gaoth Dobhair ná a tháinig as mórán áiteacha eile.

Le linn do Shéamas Ó Domhnaill a bheith ar shaoire tinnis tháinig múinteoir óg as Ard an Rátha, Clement Mac Suibhne, ar feadh sé mhí agus ba mhúinteoir den scoth é. Eisean a mhúin Laidin domhsa a chuir ar mo chumas bheith ar seirbhís i gColáiste Bhríde. Spreag sé go mór muid ó thaobh na léitheoireachta agus scríbhneoirí Rann na Feirste agus d'fhoghlaim sé mórán amhrán dúinn. Eisean a bhí ina dhiaidh sin ina Chathaoirleach ar Cumann Lúthchleas Gael Dhún na nGall agus ina Uachtarán ar Chomhaltas Ceoltóirí Éireann. Bhí cónaí air féin agus a theaghlach i gCluain Maine agus fuair sé bás i 2010.

Aistriúcháin

Thrácht mé cheana ar na haistriúcháin a rinne Seosamh Mac Grianna a bhí sa leabharlann i Scoil Náisiúnta Rann na Feirste. Le linn domh a bheith i gColáiste Ollscoile Bhaile Átha Cliath i 1953 fuair mé sraith do na leabharthaí seo ó Oifig Dhíolta Foilseacháin Rialtais mar an ceann a d'aistrigh Seosamh Mac Grianna go healaíonta *Ivanhoe* (1937), leabhar stairiúil de chuid an scríbhneora iomráitigh as Borders na hAlban Sir Walter Scott, *Teach na Saighde* (1936), leabhar de chuid A.E.W. Mason a d'aistrigh Pádraig Mac Giolla Bhríde as Loch an Iúir agus *Néall Dearg* (1935) le W.F. Butler a d'aistrigh Niall Mac Suibhne as Mín na Manrach. D'aistrigh Séamas Ó Grianna mórán leabhar fosta agus bhíodh sé féin agus Niall Ó Dónaill an fhoclóra ag iomaíocht le chéile i mBaile Átha Cliath ag aistriú oícheanta fada don Ghúm ar dhíolaíocht £1 an míle focal. Obair chrua agus díolaíocht shuarach a bhí ann ach is mór an feabhas atá ar Ghúm an lae inniu agus leabharthaí fiúntacha don óige á bhfoilsiú acu.

Bhí dearthár eile de Chlann Mhic Grianna, Domhnall, a bhí ina chónaí i mBéal Feirste ag aistriú don Ghúm agus tháinig mé ar leabhar mhór thoirteach dá chuid *Gadaíocht le Lámh Láidir* a bhí sa leabharlann ag an am. Tá cruinneas iontach focal sa leabhar seo. D'aistrigh Niall Ó Domhnaill (Niall Johnny Shéimisín) ceithre leabhar agus bhí *Muintir Chois Locha* (1934) agus *Eadar Muir is Tír*

(1935) againn sa leabharlann, leabhair a scríobh Shan F. Bulloch agus Standish O'Grady. I measc na scríbhneoirí Ultacha eile a léigh mé ag an am sin bhí Proinsias Ó Brógáin as an Fhál Carrach, agus Niall Ó Dónaill (fear an fhoclóra) as Loch an Iúir. Léigh mé *Scéal Hiúdaí Sheáinín* (1940) a scríobh Eoghan Ó Domhnaill as Rann na Feirste fána fhear muinteartha as na Cnoic. Ba mhór an spreagadh domh na scéalta sin agus an saibhreas iontach Gaeilge a bhí iontu ar fad, ní fiú fá mo bhaile féin, ach fán Lagán, fá Albain agus áiteacha eile. Ina iomláine, suas go dtí m'am féin bheadh thart fá chéad leabhar scríofa ag daoine a tháinig as an bhaile bheag seo cois cladaigh, céad teach go háirid má chuirtear an méid a scríobh daoine ón taobh amuigh fá Rann na Feirste, mar atá Diarmaid Ó Doibhlin, Maoleachlainn Mac Cionnaoth, Nollaig Mac Congáil, Seán Mac Corraidh agus daoine eile.

Is ón chúlra sin a thosaigh go hóg, a lean mé féin le níos mó spéise a chur i litríocht na Gaeilge. Fuair mé an spreagadh céanna i gColáiste Adhamhnáin, Leitir Ceanainn nuair a thug an tAthair Aodh Ó Cnáimhsí as Gort an Choirce (an tOllamh le Gaeilge) agus an tUachtarán an tAthair Art Mac Giolla Eoin (Ollamh le Gréigis) an-chuidiú domh. Ba ansin a d'fhoghlaim mé fá amhráin mhóra dheisceart Ard Mhacha mar *Úr-Chill an Chreagáin* agus *Úr-Chnoc Céin Mhic Cáinte* agus fán Fhiannaíocht. Faoi threoir Aodha Mhic Cnáimhsí chuir muid leabhar teagaisc ar na hamhráin, agus na dánta agus Laoithe Fiannaíochta le chéile, leabhar a bheadh inchurtha le hábhar ollscoile ar bith. Ba ghnách linn *Inniu* a fháil achan seachtain agus bhuaigh mé duaiseanna d'aistí sa nuachtán sin. Ní mórán airgid a bhí againn ar coláiste agus ba mhór an bród a bhí orm mo chéad duais airgid a fháil. Ag an am sin san Ard-Teastas, bhí orainn ceithre leabhar Gaeilge eile a léamh chomh maith leis na cinn a bhí ar an chlár agus ba mhór an cuidiú seo do na scrúduithe. An spreagadh sin a fuair mé chun scríbhneoireachta agus léitheoireachta sa bhunoideachas agus sa mhéanoideachas fuair mé fosta é ag an tríú leibhéal. In Ollscoil Bhaile Átha Cliath fuair mé an spreagadh céanna ón Ollamh Tomás de Bhaldraithe. Mhol sé leabharthaí áirid domh gur chóir domh a léamh, mhol sé domh scríobh d'irisí Gaeilge agus an oíche dheireanach a bhuail mé leis ag duaiseanna liteartha an Oireachtais tháinig sé chugam le comhghairdeas a dhéanamh liom as duais a bhuaigh mé. Sula ndeachaigh mé chun na hollscoile chaith mé seal leathbhliana ag múineadh i mbunscoil i mBun Cranncha mar ionadaí do mhúinteoir a bhí tinn agus fuair mé an-eolas ar shaol agus ar mhianta na bpáistí sin. Ba scoil tuaithe í a raibh páistí múinte macánta ann agus an-suim acu san oideachas agus i nósanna Gaelacha. Thaitin an tréimhse go mór liom agus níl aon dabht ach gur chuir sé le mo mhian scríbhneoireachta.

Conclúid

Tá súil agam go bhfuil roinnt leideanna san aiste seo le litríocht na hóige a chur chun cinn i measc na hóige. Níl mise eolach ar churaclam na Roinne Oideachais do scoltacha Gaeltachta an lae inniu ach is dóigh liom nach bhfuil mórán béime á chur ar an léitheoireacht nó ar an stair agus go bhfuil na páistí millte ag an teilifís sa bhaile. Tá meas agam féin ar achan chanúint ach nuair a bhí mé ag taisteal thart ar Ghaeltacht Thír Chonaill bhí mórán gearán fá théacsanna sna scoltacha nach raibh tuismitheoirí ábalta a léamh. Dúradh liom nach raibh mórán béime á chur ar an stair a mhúineadh. Bhí neamart mór déanta chomh maith i dteacsanna Gaeilge don Ard-Teastas gan mórán ábhar Ultach ann, rud ba chóir a chur i gceart. Ach mar atá luaite cheana féin tá mórán áiseanna anois leis an teanga Ghaeilge a chur chun cinn. Tá leabharthaí *Séideáin Sí* a thig ón Ghúm go maith agus cé go bhfuil feabhas ar chúrsaí scríbhneoireachta go ginearálta, níl cuid de na heagrais a bhfuil sé de dhualgas orthu an litríocht a neartú ag tabhairt aird air sin. Tá tionchar mór an Bhéarla áfach ag cur isteach ar scoltacha agus ar choláistí achan áit, ach tá mé bródúil as an obair atá Club Óige Rann na Feirste a dhéanamh i mo bhaile féin.

Caithfear a chur san áireamh fosta go bhfuil laghdú de 9.3% i ndíolaíocht leabhar agus irisí ó 2009 do réir thuairisc Chomhar na Scríbhneoirí Feabhra 2011 agus le gairid gur dhruid dhá shiopa leabhar Waterstones i mBaile Átha Cliath. Caithfear níos mó béime a chur ar an léitheoireacht sa chóras oideachais, an stair a mhúineadh níos fearr sa Ghaeltacht agus measaim go bhfuil an mianach in óige na Gaeltachta go fóill tairbhe a bhaint daofa féin as na suáilcí sin agus gan a bheith faoi smacht ag nósanna claonta nua-aimseartha.

Nótaí

1   Ba í an Bidí Sheáin Néill sin níon don scéalaí Annie Sheáin Néill agus máthair Bhríd Anna Ní Bhaoill a bhfuil an-obair déanta aici le Club Óige Rann na Feirste. Bhí thart ar 200 páiste in Áislann Rann na Feirste i mbliana ag aithris filíochta ó Scoil Náisiúnta Rann na Feirste agus as na scoltacha Gaeltachta sna ceantair máguaird (Poirtéir 1993: 44–45).

2   Tá na scéalta a bhailigh páistí Rann na Feirste sa leabhar mhór thoirteach a chuir Conall Ó Grianna le chéile, *Rann na Feirste – Seanchas ár Sinsear* (Ó Grianna 1998).

Saothair a ceadaíodh

Bullock, Shan F. *Muintir Chois Locha.* Aist. Niall Ó Domhnaill. Baile Átha Cliath: Oifig an tSoláthair, 1934.

Butler, W.F. *Néall Dearg.* Aist. Niall Mac Suibhne. Baile Átha Cliath: Oifig an tSoláthair, 1935.

Mac Grianna, Séamus. *Idir Dhá Cheann Stoirme.* Baile Átha Cliath: Coiscéim, 2009.

Mac Maoláin, Seán. *Ór Inis Tor*. Baile Átha Cliath: Oifig an tSoláthair: atheagrán 1963.

Mason, A.E.W. *Teach na Saighde*. Aist. Pádraig Mac Giolla Bhríde. Baile Átha Cliath: Oifig an tSoláthair, 1936.

Ó Baoighill, Pádraig. 'Scéalaíocht agus Scéalaithe Rann na Feirste'. *Bliainiris 7*. Eag. Ruairí Ó hUiginn agus Liam Mac Cóil. Rath Cairn: Carbad, 2007: 9–38.

Ó Domhnaill, Eoghan. *Scéal Hiúdaí Sheáinín*. Baile Átha Cliath: Oifig an tSoláthair, 1940.

O'Grady, Standish. *Eadar Muir as Tír*. Aist. Niall Ó Domhnaill. Baile Átha Cliath: Oifig an tSoláthair, 1935.

Ó Grianna, Conall. *Rann na Feirste – Seanchas ár Sinsear*. Áth na gCoire: Cló Cheann Dubhrann, 1998.

Ó Raifeartaigh, Tarlach. 'An Ghaeltacht agus Stair ins na Scoltacha'. *An tUltach*. Uimhir 5. Aibreán 1928: 6.

Poirtéir, Cathal. *Micí Sheáin Néill, Scéalaí agus Scéalta*. Baile Átha Cliath: Coiscéim, 1993: 44–45.

Scott, Sir Walter. *Ivanhoe*. Aist. Seosamh Mac Grianna. Baile Átha Cliath: Oifig an tSoláthair, 1937.

IV

AN LEANBH IONAINN GO LÉIR:
NA HAISTRIÚCHÁIN GHAEILGE AR LITRÍOCHT DO DHAOINE ÓGA

Alan Titley

Bhí tráth ann nuair a bhíomar go léir inár leanaí. Nó sin a cheaptar de ghnáth, bíodh is nár dhóigh leat é ar dhaoine thall is abhus. Saolaítear daoine áirithe ina seandaoine lándéanta (féasóg san áireamh), faraoir, agus tá daoine eile ann nach ngabhann in aois go brách. Is iad na daoine a bhfanann smut éigin den leanbaíocht iontu a scríobhann scéalta do dhaoine óga. Dúirt Picasso uair éigin gur thóg sé na blianta air a bheith ina leanbh arís, agus is é a dhála céanna ag scríbhneoirí do dhaoine óga é. Bíonn ort baois na haoise a chaitheamh uait agus gaois na hóige a chur umat chun rud ar bith a chur síos ar pháipéar a thuigfeadh an léitheoir óg.

Ina choinne sin thall, b'fhéidir nach bhfuil deighilt chomh mór sin idir litríocht an duine fhásta agus litríocht na hóige. Ar shlí shaonta éigin tuigeadh gur bhain an béaloideas le daoine gan puinn oideachais, nó neachtar acu, le daoine óga. Chuir Peig Sayers suim dhiabhalta sna scéalta a chuala sí faoi chois an bhoird agus í ina leanbhán beag, ach is daoine fásta a bhí á n-aithris agus is daoine fásta a bhí ag éisteacht leo. Fearann mór amháin is ea an tsamhlaíocht agus is mó sin doras ar féidir dul isteach inti, nó amach aisti. Is chuige an aiste seo spleáchadh a thabhairt ar a bhfuil de litríocht iasachta do dhaoine óga ar fáil sa Ghaeilge.

Ta clasaicí an domhain againn cheana féin do dhaoine fásta. Pé rud is a déarfá faoi fhiúntas na gclasaicí céanna (agus meas ar an ársaíocht ar son na hárseolaíochta is ea cuid mhaith de) tá siad ar fáil sa Ghaeilge. Tá an Bíobla againn le fada, sna trí theangacha Gaeilge, agus *An Odaisé* (sa Ghaeilge agus sa Ghàidhlig), agus *An Choiméide Dhiaga,* nó codanna móra de faoi thrí sa Ghaeilge, agus *Parthas Caillte* Milton sa Ghaelg nó i nGaeilge Mhanann, agus *Don Cíochótae* i nGaeilge an Athar Peadar bíodh sé ciorraithe go maith, agus sa Ghaeilge arís, An t*Iliad,* agus aistí Montaigne, agus greann Rabelais, agus comhráití Phlató, agus go leor de Shakespeare, agus beagán de Tholstoi, agus breis agus míle leathanach de Dickens, agus Turgenev ar chúis nach dtuigtear, agus smuit den Chóran, agus de scríbhinní diaga na mBahai, agus cé nach bhfuil an Maharabata fós againn, tá ráfla ann go bhfuil Gabriel Rosenstock ag obair air. Mura mbeadh ach an Ghaeilge féin agat, an bhféadfá oideachas liobrálach a rochtain a mbeadh leathchois aige san domhan liobrálach, mar dhea, a mairimid ann?

Ní hé a mhalairt chéanna ag an litríocht do dhaoine óga é ach an oiread. Go fiú is má dhéantar an deighilt, tá fós againn scéalta Grimm (murab ionann agus Grinn), agus Hans Christian Andersen, agus an Bharuich Munhausen, agus *Harry Potter* agus *Artemis Fowl* agus *An Scoth Dubh* agus *Éilís i dTír na nIontas* (cúig leagan difriúla de i nGaeilgí éagsúla), agus *An Hobad* (go díreach foilsithe), agus *Eachtraí Phinocchio* agus *Rip Bhan Bhincil* agus *Púiscín* agus *An Prionsa Beag* agus Enid

Blyton féin. Is í an mhórcheist lándáiríre ná cad é go díreach nach bhfuil againn? Is cinnte nach bhfuil go leor, mar cá bhfaighfeá 'go leor' i scéal ar bith do dhaoine óga?

Ina choinne sin, is í an mhórcheist ná cé mhéid de na clasaicí seo atá inléite inniu? Seans go raibh go leor acu inbhlasta nuair a bhí an Ghaeilge in airde láin sa Ghaeltacht, agus gan leaganacha Béarla de na scéalta céanna a bheith in aice láimhe. Déarfá é sin i gcás *An Scoth Dubh* Niocláis Tóibín, ar leagan Gaeilge é de *Black Beauty*. Bhí an Tóibíneach féin oilte ar an teanga ó dhúchas, ach murab ionann agus cách a chéile eile bhíodh scéalta an Athar Peadar, *Aesop* agus *Séadna* á léamh aige as a óige. Ní fíor nár chuaigh scríbhneoireacht na Gaeilge do dhaoine óga i bhfeidhm ar scríbhneoirí eile.

Bhí brath aige ar Ghaeilge a chur ar *What Katy Did* agus *What Katy Did at School* fág gur mó an spéis a bheadh ag léitheoirí áirithe in *What Katy Did After School* – ach nach raibh sé i gceist ag Gúm na d30í drannadh lena leithéid sin. Ritheann liom go bhfuil leabhair áirithe nach bhfuil ag teastáil sa Ghaeilge. Gheobhadh an Ghaeilge bás tur te tapaidh dá gcuirfí úrscéalta Jane Austen ar fáil inti. Níl aon fhianaise agam air seo, ach ní lúide mar fhírinne í. Ba é an Tóibíneach, leis, a chuir Gaeilge ar *Mná Beaga* (*Little Women*) nár leabhar mar a thuairisc é nuair a dhein mic léinn gúgláil in aois óige an idirlín air. Tá na *Mná Beaga* céanna ar scaradh gabhail idir an litríocht do dhaoine óga agus an litríocht d'aosaigh, agus réiteach ar bith níl ag aon duine air sin.

San áit a bhfeiceann tú pictiúir, áfach, tá seans gur mhó atá dírithe ar an óige ná ar an gcríonna atá. Is mar sin atá, mar shampla, do *Tailc Tréanmhór an Rí-Bhéar* a d'aistrigh Mícheál Ó Siochfhradha ó Bhéarla Ernest Thompson Seton, agus a d'fhoilsigh an Gúm sa bhliain

1931. Údar ba ea Thompson a scríobhadh scéalta eachtraíochta agus seilge do dhaoine óga, agus go háirithe do bhuachaillí. Ní fios an iad an Gúm féin a mhol an leabhar seo nó an t-údar, ach is dócha gurbh é an t-údar é. Thugadh an Gúm saoirse mhór dá gcuid scríbhneoirí a rogha rud a rá is a dhéanamh in ainneoin an bhéaloidis a d'fhás ina thimpeall ar ball. I gcomhrá teileafóin a bhí agam féin le Niall Ó Dónaill go gairid roimh a bhás, d'fhiafraigh mé de cén polasaí a bhí ag an nGúm i dtaca le haistriúcháin de. 'Ní rabh de pholasaí acu', ar seisean liom go séimh, 'ach go rachfá isteach i seomra a rabh tábla ann. Bhí mórán leabharthaí ar an tábla. Chuirfeá do chrág amach agus breith ar leabhar. B'in an polasaí a bhí ag an Ghúm!'

Má tá sin pas dian, is é is dóichíde gur lig siad dá gcuid scríbhneoirí ábhar a thaitníodh leo féin a chur sa mheá. Samhlaítear go bhfuil suim faoi leith ag daoine óga in ainmhithe, toisc gur geall le hainmhithe beaga iad féin go minic; agus san eachtraíocht mar gur eachtra mhór amháin is ea an saol. Tá rud éigin san ainmhí, leis, a mhúsclaíonn an t-iontas ionainn, agus a scaoileann leis an tsamhlaíocht in éineacht. Tugaimid gean faoi leith go fíochmhar d'ainmhithe a bhfuil clúmh nó fionnadh orthu; is mó an grá atá againn do choiníní ná do ghráinneoga, ar chúis éigin. Is maith linn béir chomh maith, go háirithe nuair is teidí béir iad; ní thugaimid an taitneamh céanna dóibh agus iad ag siúl na sráide síos ag alpadh leo as an gciseán bruscair.

Tá na támhchodanna go léir, dá réir sin, in *Tailc Tréanmhór*. Peata béir atá ann i dtús an scéil ionas gur féidir linn trua a bheith againn dó, agus é a pheataíocht inár meon istigh. Díoltar le brúid é, brúid a chuireann an t-olc ar fáil. Éalaíonn ón mbrúid, mar cad eile a dhéanfadh sé? Bítear á sheilg ar fud na gcnoc, ach is é is cliste agus is glice díobh go léir. Cloítear le cleas é as a dheireadh, ach tá saghas deireadh sona ann mar sin féin, mar chaithfeadh réiteach a bheith ann idir an duine maith agus an béar soineanta. An tráchtaireacht tá bíogúil agus bríomhar, agus tá mórán comhairle ann don té a bheadh ag dul i mbun seilge in iarthuaisceart Mheiriceá.

Fós féin tá cnú sa chúis agus cuach san nead agus péist san adhmad: an teanga féin. B'fhéidir go raibh seo inláimhsithe ag daoine áirithe le linn aoise móire léitheoireachta, nó go deimhin roimh theacht na teilifíse agus gach áis splanc aireachta, ach ba dhóigh leat go dtachtfadh an t-aoibhneas an ghluaiseacht sa phíosa seo féin:

> Do bhí Ósta na Ráinse suidhte díreach in ísle Sléibhte Siérra mar a leathnuigheann na gaortha péinneacha anuas ar mhéithbháinsigh mhín-órdha na Sacramentó. Ní raibh seod d'ilsheodaibh na haicne nár spréachnuigh ar leathan-bhrághaid na dúthaighe sin. Bhí iliomad na mbláth mbreagh ann, mór-raidhse na meas mblasta, deagh-sgáth ó nóinghréin agus leathan-mhágh dreach-álainn. Bhí aibhnte réimneacha ann agus geal-ghlaisí crónánacha. Ba bhárr maise ar aoibhne an radhairc go léir na bilí arda maordha agus na mór-bheanna Siérra féin ins an aird ba thoir faoi ghlasmhuing foraoise duilliúrdha fíor-áilne agus carraigeacha cruadh-dhealbhtha gorma. Thar chúl an ósta thiar do ghaibh abhann uasal uisce ó chian-chnocaibh anuas, abha do cosgadh 's do staonadh ag clochaibh 's ag coraibh ó chéad-gheiniúin di 'na seilteán silteach as cruadh-shleasaibh Sean-Tallac cian-ársa ach níor lughaide uaisleacht na habhann san (Seton/Ó Siochfhradha 1931: 42–3).

Ní i gcás cur síos ar thaobh tíre amháin é, gan amhras, ach caoi ar bith a bhí ag an údar cur leis an ngaisciúlacht, is amhlaidh a dhein. Ní haon bhéar é seo a dhéanfaí cuimilt mhuirneach air go saoráideach:

> Bhí sé de theist air – adh, bhítheas cinnte dhe, gurbh é an Béar ba mhó ar marthain é; brúid allmhurdha amplach ag a

raibh ciall na seacht suadh. Do mhairbh sé eallach agus do sgaip sé tréada agus do bhasc sé tarbhaí tréana – chun caitheamh aimsire! Bhí sé de ráfla thart nár dheimhnighe grian na maidne d'éirghe ná Tréanmhór do thabhairt cuaird ar an ndúthaigh 'na raibh an tarbh ba mhó le fághail d'fhonn dul chun spairne le gleacaidhe a dhiongbhála. B'é sladaire an eallaigh é, sladaire na gcaorach, sladaire na muc 's na gcapall agus, 'na dhiaidh san is uile, ní raibh de thuairisc air ach rian a bhonn (Seton/Ó Siochfhradha 1931: 126–7).

Ní foláir nó bhain a leithéid go rábach le nós na linne. Dúlra is ea an dúlra agus más ag trácht ar ainmhithe amuigh san fhiántas atá tú tá sé deacair éalú ón ngaiste. I gcás *Bambi*, nach ionann in aon chor mar leabhar é agus an leagan Disneyúil a deineadh níos déanaí, is geall le pearsa an dúlra céanna. Is beag file Rómánsúil a bhreacfadh a leithéid seo:

Istigh anseo bhí na scáilí ag crónadh go raibh sé beagnach ina dhorchadas. Bhí seordán bog na coille le cloisint. Ó am go ham hairíodh bíogarnach na Meantán nGorm, anseo is ansiúd bhí scolgháire glé an Snag Daraí le cloisint nó grág glonnmhar an Phréacháin. Cé is moite díobh seo bhí an ciúineadas ann ar fud na bhfud. Ach bhí an t-aer ar suanbhruith ag teas an mheán-lae agus dob fhéidir é sin a mhothú dhá n-éistí go haireach. Istigh anseo chuirfeadh sé lagachar ar neach a mheirbhe is a bhí sé (Salten/Ó Cléirigh 1950: 28).

Is deimhneach nach gcomhairleofaí d'údar an saghas sin friotail a chleachtadh inniu; bheadh amhras air san úrscéal lánfhásta do dhaoine lánfhásta féin. Tráth dá raibh b'éigean dom roinnt ranganna a thabhairt ar litríocht do dhaoine óga d'ábhair mhúinteoirí. Sna laethanta sin fadó roimh ghaois an ghúgail, b'éigean dom mo chuid taighde a ghoid ó fhoinsí éagsúla. Thugainn liosta dóibh do na tréithe a shamhlaigh mo chuid saineolaithe le litríocht do pháistí. Ní féidir liom a rá le lánchinnteacht an é seo an liosta, ach ba é a amhlachas seo é:

Chaithfeadh caint ghonta shimplí a bheith sa scéal.
Ba cheart gur comhrá is mó a bheadh ann.
Níorbh fholáir leanbh nó leanaí a bheith i gceartlár na heachtra.
Chaithfeadh eachtraí agus eachtraíocht a bheith ann ó thús go deireadh
Ba chóir an scéal a shuíomh i dtimpeallacht inaitheanta an pháiste.
Chaithfí gan focail nua a thabhairt isteach, ná focail aduaine a cheapadh.
Ní fhéadfadh gan deireadh sona a bheith air.

Is dóigh liom go raibh níos mó ná sin ann, mar ba cheart go mbeadh deich gcinn d'aitheanta in aon leabhar rialacha ar bith. Toisc go raibh uimhreacha ceangailte leo, scríobhtaí síos gach aon cheann díobh go fonnmhar, arae, is beag rud is mó a thugann soiléire don mhac léinn ná liosta a bhfuil uimhreacha leis. Is le craobhacha a théadh siad nuair a d'iarrainn orthu an liosta a scrios bun barr mar nach bhfuil aon rialacha ag baint leis an litríocht, ní áirím an litríocht do pháistí.

Ní hé nach bhféadfadh feidhm a bheith le cuid acu sin ó am go chéile, ach ba é a theastaigh uaim a bhualadh isteach ina n-aigne gur fearann saoirse is ea an litríocht, go bhfuil sí ar cheann de na disciplíní léinn nach bhfuil disciplín ar bith ag baint leis, nó gurb í an disciplín ab fhearr ná dul ó smacht ar fad. Cibé saoirse atá an duine fásta ina aigne istigh, ba í an tsaoirse a bhí agat i d'intinn leanbaí an tsaoirse ba mhó ar fad. Is é an cleas ná cuid éigin de sin a cheapadh.

Chuir sé iontas riamh orm go bhféadfá scéal a insint do pháiste ar bith dá óige é, agus bhainfeadh sé tuiscint as. Tuigeann páistí scéalta sula mbíonn caint acu. Ceapaim go bhfuil seo ar cheann de mhistéirí móra na cruinne nach bhfuil míniú ar bith ag an síceolaí is mó tástáil amuigh. Tá rud éigin bunúil diamhair ag baint leis amhail is gurb é an scéal cloch tuisceana na meabhrach.

De réir is mar a thagann na blianta, áfach, sairsingítear orainn na nithe páistiúla a chaitheamh uainn agus aghaidh a thabhairt ar an saol mór réadach, an saol a bhfuil an gabh-i-leith ag tabhairt cuireadh dúinn ó na ceithre hairde. Na tuismitheoirí deasa a thug isteach sa siopa leabhar tú maidin Sathairn le leabhar daite scéalaíochta a cheannach is iad is túisce a threoróidh i dtreo an dorais thú. Na leabhair dhraíochta sin i leabharlann i gcúinne an tseomra ranga bunscoile, tugtar faoi deara nach ndranntar níos mó leo de réir ar a dhruidtear le geataí na meánscoile. Cúngaítear an focal agus bronntar brí chrua fhoclóra air. Cuirtear an draíocht chun báis go laethúil de réir is mar a shleamhnaíonn blianta na ndéaga suas leat.

Slí shleamhain timpeall air sin is ea an oiread sin litríochta a bheith ann gur droichead í idir saol an pháiste agus saol an duine chríonna. Ní fiú méirín coise a chur arís sa tseandíospóireacht maidir le cad is litríocht do dhaoine óga ann, ach is léir slua mór údar a bhfuil an deighilt idir sean agus óg ina gcuid saothar modartha go leor. De na húdair ar aistríodh leabhair leo go Gaeilge tá, mar shampla, H. Rider Haggard a sheasann ar an droichead sin idir dhá aois. Agus H.G. Wells, agus Arthur Conan Doyle, agus Robert Louis Stevenson, agus Jack London, agus Louise M. Alcott agus Anna Sewell, agus Walter Scott féin.

Is é atá á mhaíomh ná gur féidir saothar do dhaoine óga a dhéanamh as leabhair leis na húdair thuas. Ní shamhlaím go léifeadh leanbh Gaeltachta ar bith *Ivanhoe* as Gaeilge, seachas b'fhéidir Seosamh Mac Grianna, agus ní bheinn cinnte de sin féin, bíodh is gurbh é a chuir Gaeilge air. Tá leaganacha ciorraithe ar uaire ar fáil de chuid de shaothar na scríbhneoirí eile, *Scéal Fá Dhá Chathair* Charles Dickens, mar shampla amháin. Dhein Gabriel Rosenstock *Dracula* Sheáin Uí Chuirrín a chiorrú, an t-aistriúchán Gaeilge is fearr ar fad ó thaobh stíle agus éirime de dár chuir an Gúm amach riamh.

Ceist a fhadaítear as sin ná cad iad na leabhair agus cé hiad na húdair *nach féidir* leagan do dhaoine óga a dhealbhú astu. Arbh fhéidir leagan do dhaoine óga a dhéanamh as saothar mór Proust, mar shampla? Nó *Ulysses* Joyce? Nó úrscéalta Gunther Grass? Nó *Athbheochan?* Nó *An Choiméide Dhiaga*? Arbh fhéidir *Tales from Dostoievski* a bheith agat, mar atá *Tales from Shakespeare*? Dá bhféadfaí an cheist sin a fhreagairt agus cúis an fhreagra a bheith agat, bheadh réiteach agat ar cad é go díreach a dhealaíonn litríocht do dhaoine óga ó litríocht do dhaoine fásta.

Níl aon iomrascáil leis an anam i litríocht do dhaoine óga. Ar an mórchóir ní thagann reiligiún i gceist, cé go mbíonn taibhsí agus púcaí agus sprideanna anall. Níl aon déithe dorcha D.H. Lawrence ag gnáthú na slí, nó má tá, is pearsana inaitheanta fola agus feola iad. Ní phléitear cad is brí leis an mbeatha, mar tá an bheatha róbheoga agus róbheithíoch le go bpléifí í. Ní phléitear na ceisteanna tromaí sin ar caitheamh aimsire don intinn spadánta iad. Tá an bheatha fós ró-iontach le go stopfadh sí don intinn lasta. Ní féidir le leanbh teoiric a bheith aici, mar is í an teoiric cónra an tabhairt faoi deara. Is ann don teoiric nuair a thiteann íor na spéire, nuair a ghabhann an ghealach i bhfolach go buan agus nuair a thagann deireadh leis an bhfantaisíocht, mar don óige, is í an fhantaisíocht bradán na beatha féin.

Ceann de na leabhair don óige is táscúla agus is mó riamh a raibh éileamh air ná *Alice in Wonderland* Lewis Carroll. Mar a tharlaíonn, rud nach eol dá lán, tá cúig leagan éagsúla de le fáil sa Ghaeilge. Ní dóigh liom gur féidir linn é sin a rá mar gheall ar aon saothar eile. Is dócha gur mar sin atá de bhrí nach bhfuil duine ar bith cinnte cad is brí leis agus tá an cumann sin idir an diablaíocht, an bhuile, an gliceas agus an tsaoirse nach mór slán ann.

Is é an chéad leagan de a foilsíodh ná ceann le Pádraig Ó Cadhla sa bhliain 1922, tamall maith sular tháinig an Gúm ar an bhfód. Tá sé dílis go maith i nGaeilge ghlan na nDéise, agus ar nós mórán eagrán eile is cuma cén teanga atá sa treis, tá sé breac le léaráidí oiriúnacha. Ina choinne sin, is í an deacracht is mó a leanann duine ar bith a rachadh ag broic leis an téacs seo a aistriú ná an amaidí, an imirt le focail, agus na dánta i gcorp an tsaothair. Éiríonn leis an gCadhlach cuid mhaith den amaidí a thabhairt leis, ach seachnaíonn sé na dánta. Dá réir sin nuair a thagaimid ar an rann cáiliuil:

> *Twinkle, twinkle, little bat!*
> *How I wonder what you're at!'* agus a leanann de, faighimid:
> 'Bó, bó, bó na leathadhairce,
> Bó dhruimfhionn dhearg a's ní fheadar cá bhfuighfinn í'
> (Carroll/Ó Cadhla 1922: 84).

In áit na haoire 'You are old, Father William', ar aoir cheana féin é ar dhán le Robert Southey, scaoileann sé chugainn leagan Déiseach den amhrán bréagach. Is fíor go dtugann sé faoi 'You are old Father William' ina shlí féin, ach is amhráin thraidisiúnta Ghaeilge siar amach a thugann sé in ionad aistriúcháin ar fud an leabhair, agus go deimhin, tá de dhánaíocht ann *Na Connerys* a scaoileadh chugainn ina lánleamhas mar mhalairt ar 'Tis the voice of the Lobster/I heard him declare ...' Ní fhágann sin nach bhfuil an t-iomlán taitneamhach agus inléite, ach ar éigean is féidir a rá gur aistriúchán cruinn é sa tslánchruinne.

Ó thaobh am a fhoilsithe de, is é *Tubaistean Alice 'n Tír na Miorbhaile* le hIsabel Graham an dara ceann. Ar mhíámharaí na cruinne, áfach, is leagan ciorraithe é a foilsíodh go príobháideach uair éigin sna 1970í san Astráil.[1] Is míshásúla ó thaobh na ndánta de ná leagan Uí Chadhla, mar is amhlaidh a fhágtar ar lár ar fad iad, seachas na cinn is giorra.

Is chuige nach raibh leagan dílis sásúil ar fáil a chuir Nicholas Williams a thiontó féin ar fáil sa bhliain 2003. Murab ionann agus an bheirt a chuaigh roimhe ní sheachnaíonn sé na fadhbanna grinn ná véarsaíochta, ach gabhann i ngleic leo le fuinneamh. D'aistrigh sé *Through the Looking Glass and what Alice found there* mar *Lastall den Scáthán agus a bhfuair Éilís ann roimpi* bliain ina dhiaidh sin. Is ann atá an dán Jabberwocky, ar dán den chéadscoth atá ann, toisc gan tuairim a bheith ag duine ar bith cad is brí leis. Is iad na fuaimeanna agus a gcomharthaíonn siad a shocraíonn an bhrí nó an neamhbhrí, agus déarfaí gur mar seo a fhoghlaimítear teanga go minic. Na fuaimeanna ag marcaíocht ar an aer go dtí go mbeirtear orthu agus go mbronntar brí éigin orthu.

Fara leagan Nicholas Williams a bhfuil teacht go saoráideach fós air, tá leagan den dán céanna le fáil ó pheann (agus peann a bhí ann ag an am) Chaoimhín Uí Dhanachair, fear nár samhlaíodh an saghas seo neamhdháiríreachta leis. Cad déarfá le:

> Tráthbhriollaigh agus sliocht na dtaobh
> Ag gíor a's ag gimeal ar an bhfáb
> Ba mhímseach meon na mbarragaobh
> Chun mómarath d'asgráb.
>
> 'Seachain an Plabarbhoc, a mhaoin!
> Na crúba crua, an giallan gruamach.
> Seachain an t-éan seosiúb, a's séan
> An baindearsnaoisín fruamach'.
> (Ó Danachair 1971: 53)

Is é an cíoná ar fad, gan amhras, ná go bhfuil dhá leagan Gaelg againn, nó dhá leagan sa Ghaeilge Mhanannach. Tá *Ealaish ayns Cheer ny Yindyssyn* a foilsíodh sa bhliain 1990, agus *Contoyrtyssyn Ealish ayns Cheer ny Yindyssen* a tháinig amach sa bhliain 2010. Is é Brian Stowell a d'aistrigh an dá cheann acu, ach go bunúsach is beag atá eatarthu, seachas athruithe ar an litriú agus ar chorrphonc eile teanga. Sa mhéid is go bhfuil oscailt an scéil ar eolas ag go leor, is é seo an leagan Manannaise:

> Va Ealaish cheet dy ve feer skee liorish soie marish e shuyr er y vroogh as veg eck ry-yannoo; keayrt ny ghaa v'ee er speeikey sy lioar va'n chuyr ec lhaih, ach cha row jallooyn ny co-loayrtyssyn ayn, 'as cre'n feeuid t'ec lioar,' smooinee Ealish, 'fegooish jallooyn ny co-loayrtsysn?' (Carroll/Stowell 2010: 7).

> Bhí Eilís ag teacht do bheith fíor scíth ag suí maidir lena deirfiúr ar an bhruach agus bheag aici le déanamh; cuairt nó dhó bhí sí ag féachaint sa leabhar a bhí an deirfiúr á léamh, ach cha raibh dealbhan (léaráidí) ná comhlabhairtí (comhrá) ann, 'is cén mhaith atá ag leabhar,' smaoinigh Eilís, 'in éagmais dealbhan nó comhlabhairtí?'

Is de shuimiúlacht siar amach gur mian le páistí dul le fantaisíocht. Ba dhóigh leat gurb é a mhalairt a bheadh ann, gur ag iarraidh tumadh sa saol réadach a bheidís, in ionad bheith ag léim amach as. Ach is é is dóichíde nach léir dóibh go bhfuil na fearainn go léir ar deighilt agus go bhfuil sreang dheilgneach nimhe timpeall ar gach aon cheann acu.

Is beag saothar eile a chuaigh i bhfeidhm ar shamhlaíocht na n-óg le blianta anuas ná scéalta Harry Potter. Tá ar a laghad ceann amháin de na scéalta aistrithe go breis agus 70 teanga éagsúla. Tá ag breith suas ar an mBíobla agus ar leabhar dearg Mhao Tse Tung araon. Deir Réics Carló liom gur ceannaíodh tuairim is 10,000 cóip den leagan Gaeilge, rud a d'fhágfadh go bhfuil sé ar cheann de na leabhair mhóréilimh is mó riamh sa Ghaeilge, fág leabhair scoile as an áireamh (Rowling/Nic Mhaoláin 2004). Deirtear gur gearánadh go raibh an t-aistriú ródheacair, rud ab ionann is a rá go raibh sé ródhílis don bhunleagan. Ní bhíonn aon saoirse ag aistritheoirí dul amach ar a rámha féin i gcás leabhair Harry Potter, mar is cosúil go bhfuil rialacha dochta i bhfeidhm maidir le cad is féidir a dhéanamh agus cad nach féidir. Ní bheadh aistritheoirí chéadghlúin an Ghúim róshásta leis na cuingí sin. Thiocfadh, leis, gur léiriú é ar an easpa taithí léitheoireachta sa Ghaeilge agus sa Bhéarla i measc na ndaoine is liteartha; níl aon amhras, an té is mó léamh sa Ghaeilge féin, go nglacfaidh sí le dúshláin sa Bhéarla ar dris chosáin agus bac iad sa Ghaeilge.

Cás eile ar fad is ea *Artemis Fowl*, ach ní ar fad. Déantar talamh slán de gur i gcomhair buachaillí den chuid is mó iad scéalta an Fhowlaigh, agus gur cúis amháin é sin nach bhfuil an ráchairt chéanna orthu le Harry Potter. Ina choinne sin, an té a bhfuil an dúil sin air, ghabhfadh sé tríothu mar a rachadh seabhac trí mhionéin, nó ollscairtire trí chruach gainimh. Ní léir gur éirigh mórán astu toisc nár thuig siad an Béarla. An té a thógfaí le Gaeilge, áfach, is a gheobhadh an Ghaelscolaíocht ab fhearr amuigh, níl aon amhras ná go mbeadh sé as raon go leor den fhoclóir nár mhór a chumadh d'fhonn eachtraí Artemis Fowl a ríomh:

> D'oibrigh sí na troitheáin stiúrach faoina cosa agus d'ainligh an cochall tríd an gciorcal soilse agus isteach sa chlampa ar an bplás tuirlingthe. Chas na nóid thart agus shocraigh ina gcuid eitrí. Slán (Colfer/Nic Mhaoláin 2006: 57).

San fhoclóir téarmaíochta féin, ba dheacair teacht tar 'aimsitheoir rosta', 'líneáil scragaill leaistiméireach', 'creatlach snáthghloine ilinseach', 'suaimhneaseán clóirídbhunaithe sucsainiolcóilín', 'úmacha poiliméaracha', 'uathsháiteoirí seachtracha' …

Níl aon amhras ná go bhfuil a gcuid filíochta féin ag gabháil leo sin. Abair duit féin iad cúpla dosaen uair sa chithfholcadh nó ar éirí dhuit ar maidin. Is iad atá glic agus cliste, agus inleanta. Ach oiread le Jabberwocky, tugtar le tuiscint dúinn gur féidir le daoine ciall a bhaint as nithe lasmuigh dá raon cleachtaidh féin. Gluaistear daoine ar aghaidh leis an scéal, agus má leanann greim an scéil, leanfaidh an chiall na focail. Tá an baol i gcónaí ann, agus baol na Gaeilge níos mó ná riamh, má tá an iomad focal agat go gcaillfidh tú an scéal; tá an baol eile an tslí eile timpeall, má tá an iomad den scéal agat go gcaillfidh tú na focail. Is í an chothromaíocht seo idir focail agus scéal a dhéanann litríocht, dá dtuigfí i gceart é.

Má tá Alice agus Harry agus Artemis againn sa Ghaeilge, tá sciar maith mór den litríocht chomhaimseartha a chuaigh i bhfeidhm, agus a rachaidh i bhfeidhm ar aos óg na tíre againn. Foilsíodh *An Hobad* i mí an Mhárta 2012, rud a chuireann go mór le clasaicí na n-óg atá ar fáil dúinn. Is é atá i gcoiteann idir na saothair mhórthaibhseacha seo ná go gcruthaíonn siad domhan eile, nó saol eile, nó cruinne eile, amhail is dá mbeidís ag rá gur mhó í an draíocht ná an saol. Agus féach sin! An amhlaidh gur cogadh idir an draíocht agus an saol is ea an chuid is mó den saol intleachtúil? Ullmhaíonn saol na fantaisíochta gach saol eile dúinn. Is fíor gurb iontaí cuid den fhisic agus mórán den astraifhisic ná síscéal ar bith, ach mura mbeadh síscéalta riamh ann, ní bheadh an astraifhisic anois.

Ar feadh tamaill bhig, is mó í an draíocht ná an saol. Tugann an chuid is fearr de litríocht na n-óg léargas duit ar conas mar a bhí sé nuair nach raibh tú beo ar fad, dar leis an saol, ach gur bheo ná beo tú dar leat féin. Níl aon ghaois i bhfoirm pacáiste inláimhsithe dheastadhaill sa chuid is fearr den litríocht seo. An í an chuid is fearr den litríocht seo a réitíonn an bóthar? Níl anseo ach ceist, níl mé cinnte faoi cad a réitíonn an bóthar.

Lá de na laethanta, go minic gan fhógra, nuair is lú a bhfuil coinne agat leis, nuair atá gach plean eile déanta agat, tosaíonn tú ar bheith ag fás suas. Ceann de thubaistí an tsaoil, a déarfadh daoine áirithe. Más buachaill tú tosaíonn teastastearón ag fás as codanna díot nárbh eol duit iad a bheith ann go dtí sin; más cailín tú (b'fhearr domsa gan aghaidh a thabhairt air sin!).

Seo é an t-am a dtagann an aimsir láithreach isteach in airde lain; is é *carpe diem* an t-aon riail amháin, agus gabhann peirspictíocht an lae inné agus fad an lae amárach as radharc ar fad. Nuair is déagóir tú is é an lá inniu an réaltacht is mó. Níl uair ar bith is mó gur tusa tú féin ná i do dhéagóir duit. Ar éigean gurb ann do do chuid tuismitheoirí, ach amháin mar chonstaic, daoine nach raibh riamh beatha dá gcuid féin acu. Níorbh ann dóibh romhatsa. Daoine aineolacha, cé go mbíonn go leor foghlamtha acu faoin am a shroicheann tú bliain is fiche d'aois. Is tusa tú féin tús agus lár agus bun agus barr agus deireadh agus tuisme agus nóin oíche agus deireadh lae agus an t-iomlán dearg siar amach.

Is dual don óige, mar sin, an réabhlóid. An té nach bhfuil dalba ní folair dó bheith ina phlubaire. Feictear é seo go minic sa litríocht do dhaoine óga, agus ar shampla léir de Pinocchio. Tá trí eagrán éagsúla de *Eachtra Phinocchio* na Gaeilge againn, an bunaistriúchán a dhein Pádraig Ó Buachalla air don Ghúm, athchló air sin le déanaí agus cóiriú nua ar fad ar an leabhar céanna sa bhliain 2003.

Is é is aoibhne don léitheoir ná gur bligeard cruthanta é an laoch féin. Cuireann sé suas dá dhéantúsóir agus dá úinéir an chéad lá riamh, mar nach mian leis dul ar scoil. Is mó páiste a thuigfeadh an méid sin gan a thuilleadh righnis:

Airiú, tiomáin leat is bí ag seinnt do phoirtín duit féin fé mar is maith leat!' arsa Pinocchio, 'ach tá's agamsa go dianmhaith cad a dhéanfad. Bead ag fágaint na háite seo amáireach mar, má fhanaim anso, imeoidh orm an rud a imíonn ar an aos óg go léir. Beidh orm dul ar scoil agus caithfead 'bheith ag foghlaim mar 'bhíonn cách. Agus ba mhaith liom a ínsint 'na rún duit ná fuil aon dúil agamsa i léann; is mó go mór an caitheamh aimsire a bheadh agamsa ag rith i ndiaidh na bpeidhleacán nó 'bheith ag dreapadóireacht suas ins na crannaibh chun breith ar na gearrcaigh sa nid (Collodi 2003: 17).

B'fhéidir gurb é oighear an scéil, gan amhras, ná gur daoine gur maith leo dul ar scoil a léifidh an scéal sa chéad áit, ach ina choinne sin thall, bíonn ball bog don reibiliúnaí i gcónaí sa chroí ag daoine agus meas dá réir. Deir Milton in *Paradise Lost* gur dhiúltaigh an tríú cuid de na haingil do Dhia, miotas a léireodh go bhfuil a bheag nó a mhór den chiotrúntacht agus den bhotúnacht agus den stuaic neamhghéilliuil ginte ionainn ó bhroinn. Aithníonn an óige é sin, thar aon dream eile.

Réamhtheachta clasaiceach is ea *Pinocchio* den saghas litríochta a mbíonn éileamh uirthi i measc déagóirí go coitianta, is é sin, an eachtra ina bhfuil aighneas nó teannas idir an laoch óg agus a mhuintir féin. An teacht in inmhe sin in aghaidh stoith nach foláir a bheith sa duine d'fhonn teacht slán. Faigheann leabhair mar seo greim ar shamhlaíocht an léitheora ar shlí níos daingne ná leabhar eachtraíochta amháin, leabhair a bhfuil a léithéidí againn as tír isteach.

Sampla de sin is ea, cuirimis i gcás, *Fuadach Juventus* le Carlo Moriondo curtha i nGaeilge ag Dónall Ó Cuill (Moriondo/Ó Cuill 1998). Leabhar maith eachtraíochta atá ann, ach is beag thairis sin é. An baol a bhaineann le hábhar ar bith atá sa nuacht i rith bliana amháin, ná go mbíonn sé chomh seanfhaiseanta le tobar fuar an bhliain dár gcionn. Níl Juventus chomh mór le rá is a bhíodh agus tá seans go mbeadh ar dhuine tarraingt ar leabhar a bhaineann le Barcelona nó le Real Madrid i láthair na huaire. Tá de bhuntáiste ag leabhar mar é sinn a thabhairt ar thuras go tír eile i gcéin, agus sa chás is nach í an tsamhlaíocht neamhréadach is treise ina leithéid, fós tá taisteal aigne i gceist. Is é a dhála céanna ag *Mo Chroí san Afraic* le Victor Mora é, ach amháin go bhfuil cúram shábháil na ngoraillí móra ina lúb istigh (Mora/Mac Gabhann agus Mac Síomóin 1996). Cuid den diamhracht agus den eachtraíocht agus den ghaisciúlacht a thuigfeadh buachaill óg ar bith a bhaineann leis an gclasaic *Emil agus na Bleachtairí* le hErich Kastner, agus a d'aistrigh Nicholas Williams go Gaeilge. Cathair ghríobháin Bheirlín roimh an gcogadh mór idir na Faisistigh agus na Gearmánaigh is ionad agus is log dó, ach tá an scáil sin i leataobh formhór an ama, ach amháin lenár gcuid iareolais féin (Kastner/Williams 2004).

Tá leabhair eile againn ón iasacht, áfach, agus ráineodh gur in Éirinn a tharla na heachtraí iontu, nó neachtar acu, b'fhéidir gur carachtair dár gcuidne iad ar a meon agus ar a n-iompar. Ceann suaithinseach díobh sin is ea *Sarah Eile*, atá suite, mar a tharlaíonn, in Éirinn, cé gur Breatnach í an príomhcharachtar agus gur i mBreatnais a scríobhadh. Aighneas idir cailín óg agus a tuismitheoirí, a máthair go háirithe, atá ann. Cailín í Sarah a bhfuil aineiréicse uirthi ach nach mian léi é a admháil. Cloiseann sí i dtaobh Sarah eile, nó Sorcha eile, a fuair bás le linn an ghorta, agus priocann sin a cuid fiosrachta mar nach ngéilleann sí go bhfaigheann daoine bás den ocras. Is amhlaidh, gan amhras, nach mian léi féin blas ar bith a ithe. Tá scata carachtar fiáin i gcroí an leabhair ar dhóigh leat orthu gur amach as úrscéal le Micheál Ó Conghaile nó le Pádraig Standún a tháinig. Tá a céad eachtraí gnéis ann chomh maith:

Bhí sé ag cogarnach faoina cuid gruaige. Rudaí graosta a bhí á rá aige. Rudaí seafóideacha chun í a mhúscailt. Bhí neart ag teacht inti le cur ina aghaidh go mór. Ach bhí na lámha ag baint an éadaigh dá craiceann. An phluid gharbh á priocadh. Na lámha ag brú. Splanc i súile na beirte sa dorchadas. Solas faoi leith ina súile féin. Súile aduaine. Agus súile mo dhuine. Bhí sé ag stiúradh an bháidín ar an sruth. An ciseán sa luachair. Bhí na préacháin i ngarraí na heornan go deo (Islwyn/Johnson 2005: 131).

Ní léir an dánacht seo a bheith lom oscailte ar fáil in úrscéalta bunaidh don óige sa Ghaeilge féin. Ach is dána fós, b'fhéidir, dhá leabhar a d'aistrigh Alex Hijmans ón Dúitsis. Ceann acu is ea *Maistín* le Peter Jan Rens atá bunaithe ar an tuiscint shimplí nach bhfuil an buachaill i gceartlár an scéil sásta géilleadh dá ainm féin, agus socraíonn ar 'Maistín' a thabhairt air féin (Rens/Hijmans 2001). Gabhann a thuismitheoirí go mór i bhfeirg leis agus teitheann sé ón mbaile, an chathair mhór os a chomhair amach. Scaoileann sé na laincisí agus tugann an saol air féin, agus tugann an saol faoi. D'fhéadfadh gur óganach as Iarthar Mhaigh Eo atá ann agus aghaidh á tabhairt aige ar an mbaile mór i mBaile an Róba nó i mBaile Átha Cliath. Casann seó carachtar air, agus ní hiontas, má tá imir bheag den chlísé ann go gcasann uime cailín sráide a dtiteann sé i ngrá léi, más grá neamhurchóideach go maith atá ann. Láimhseáiltear an t-iomlán go híogair agus go tuisceanach, más trí shúile an mhearbhaill a fheictear go leor dá bhfuil ar siúl.

Ar an gcuma chéanna is úrscéal diamhair é *Cén chaoi a bhfuil tú? Go maith* (Kranendonk/Hijmans 1999). Ní thuigimid cad is brí leis an teideal seo go ceann i bhfad, ach nochtar chugainn é de réir a chéile. Is i bhfoirm comhrá a insítear an scéal seo mar gheall ar scátálaí óg a dtarlaíonn timpiste dó, agus aighneas ar chúiseanna éagsúla i measc a chairde féin. Ní chneasaíonn a lot go furasta, agus tuigtear de réir a chéile go bhfuil SEIF nó

AIDS air. Leanbh uchtála atá ann agus bhí an galar air ó dhúchas. Leanann teannas an scéil mar a ghlactar agus mar nach nglactar leis. Scéal daonna intuigthe inchreidte atá ann, agus nach bhfuil aon réiteach simplí éasca ach an oiread as a dheireadh.

Dá mbeadh deacrachtaí móra ag Tomás Ó Criomhthain agus Amhlaoibh Ó Loingsigh agus ag Máire agus ag an Athair Peadar Ó Laoghaire le *hArtemis Fowl*, agus bheadh gan aon agó, níor cheart go mbeadh fadhb ar bith acu leis na haistriúcháin seo Alex Hijmans ó thaobh na Gaeilge de, pé ní mar gheall ar an ábhar.

An fiontar a raibh an Gúm ina bhun i bhfichidí, i dtríochaidí agus i ndaichidí na haoise seo caite, bhí sé ar cheann de na beartais ba réabhlóidí dár dhein an stát riamh. Cad a d'fhéadfadh a bheith níos réabhlóidí ná litríocht an domhain mhóir a chur ar fáil i dteanga na hÉireann? Cé go raibh drochmheas air ar feadh i bhfad de bharr fíoch scríbhneoirí áirithe ina choinne, mar sin féin cuireadh cuid den scríbhneoireacht is fearr a deineadh sa Ghaeilge ó fhichidí déanacha na haoise seo caite go dtí lár na linne sin ar fáil i scéim an aistriúcháin. Mura raibh ar cuireadh ar fáil do dhaoine óga chomh héiritheach le hábhar na ndaoine fásta, tharlódh gur bhain sin le mianach na scríbhneoirí féin agus a raibh suim acu ann. Tá feabhas mór air sin le suim blianta anuas, agus bíodh a bhuíochas sin ar an nGúm arís, ar Chló Iar-Chonnachta agus ar Choiscéim, go háirithe.[2] Mura bhfuil do chuid scríbhneoirí féin agat, cuirtear aistriúcháin ar fáil, ba ea an mana riamh a bhí ag tíortha a bhí ag iarraidh ábhar léitheoireachta a chur ar fáil dá bpobal féin.

Bíodh is gur chóir tús áite a thabhairt don bhunscríbhneoireacht, tá de bhua ag an litríocht don óige go bhfuil páistí ar fud an domhain a bheag nó a mhór mar a chéile. Is ionann plé le litríocht don duine óg i dteanga ar bith agus plé leis an duine óg ar fud an domhain. An chuid de litríocht do dhaoine óga sa Ghaeilge atá againn is cuid de litríocht an domhain í, agus a bhfuil aistrithe de litríocht an domhain isteach, is cuid den Ghaeilge í. Níl aon chontrárthacht eatarthu. Óir, níl neach ar bith is idirnáisiúnta ná leanbh.

NÓTAÍ

1   Tá fótachóip de *Tubaistean Alice 'n Tír na Miorbhaile* i seilbh an údair.

2   Is ceart a rá gur dhein foilsitheoirí eile a gcion féin chomh maith. Leabhar éagsúil ar fad is *Poll & a Mhac* le Frode Grytten & Marvin Hallraker, leagan Gaeilge le Treasa Ní Bhrua & Magnus Vestvoll a d'fhoilsigh Cois Life sa bhliain 2005, mar shampla amháin.

SAOTHAIR A CEADAÍODH

Alcott, Louisa May. *Mná Beaga*. Aist. Nioclás Tóibín. Baile Átha Cliath: Oifig an tSoláthair, 1948.

Alighieri, Dante. *An Choiméide Dhiaga*. Aist. Pádraig de Brún. Eag. Ciarán Ó Coigligh. Baile Átha Cliath: An Clóchomhar, 1997.

Carroll, Lewis. *Eachtradh Eibhlís i dTír na nIongantas*. Aist. Pádraig Ó Cadhla. Baile Átha Cliath: Maunsel & Roberts, 1922.

Eachtraí Eilíse i dTír na nIontas. Aist. Nicholas Williams. Baile Átha Cliath: Coiscéim, 2003.

Tubaistean Alice 'n Tír na Miorbhaile. Aistrithe go Gaeilge na hAlban ag Isabel Graham. Melbourne: I. Graham, 1990.

Ealish ayns Cheer ny Yindyssyn. Aistrithe go Gaeilge Mhanannach ag Brian Stowell. Douglas: 1990.

Contoyrtyssyn Ealish ayns Cheer ny Yindyssen. Aistrithe go Gaeilge Mhanannach ag Brian Stowell. Cathair na Mart: Evertype, 2010.

Lastall den Scáthán agus a bhfuair Éilís ann roimpi. Aist. Nicholas Williams. Baile Átha Cliath: Coiscéim/Evertype, 2004.

Colfer, Eoin. *Artemis Fowl*. Aist. Máire Nic Mhaoláin. London: Puffin Books, 2006.

Collodi, Carlo. *Eachtra Phinocchio*. Aist. Pádraig Ó Buachalla. Baile Átha Cliath: Oifig Díolta Foillseacháin Rialtais, 1933.

Eachtra Phinocchio. Aist. Pádraig Ó Buachalla. Athchóirithe ag Seán Ua Súilleabháin agus Dáibhí Ó Cróinín. Baile Mhic Íre: Coiste Litríochta Mhúscraí, 2003.

Coolidge, Susan. *What Katy Did: A Story*. Boston: Roberts Brothers, 1872.

What Katy Did at School. Boston: Roberts Brothers, 1873.

de Cervantes, Miguel. *Don Cíochótae*. Aist. Peadar Ó Laoghaire. Baile Átha Cliath: Cló Thalbóid, 2002.

de Saint-Exupéry, Antoine. *An Prionsa Beag*. Aist. Breandán Ó Doibhlin. Béal Feirste: Lagan Press, 1997.

Dickens, Charles. *Scéal Fá Dhá Chathair*. Aist. Seán Mac Maoláin. Baile Átha Cliath: Oifig Díolta Foillseacháin Rialtais, 1933.

Homer. *An Odaisé*. Aist. Pádraig de Brún. Eag. Ciarán Ó Coigligh. Baile Átha Cliath: Coiscéim, 1990.

Islwyn, Aled. *Sarah Eile*. Aist. Diarmuid Johnson. Indreabhán: Cló Iar-Chonnachta, 2005.

Kästner, Erich. *Emil agus na Bleachtairí*. Aist. Nicholas Williams. Baile Átha Cliath: Coiscéim/Evertype, 2004.

Kranendonk, Anke. *Cén chaoi a bhfuil tú? Go maith*. Aist. Alex Hijmans. Indreabhán: Clo Iar-Chonnachta, 1999.

Mora, Victor. *Mo Chroí san Afraic*. Aist. Carl Mac Gabhann agus Tomás Mac Síomóin. Baile Átha Cliath: An Gúm, 2002.

Moriondo, Carlo. *Fuadach Juventus*. Aist. Dónall Ó Cuill. Baile Átha Cliath: Cló Chaisil, 1998.

Ó Danachair, Caoimhín. 'Plabarbhocaigh'. *Nua-Aois*. Baile Átha Cliath: An Cumann Liteartha, Coláiste na hOllscoile, 1971: 53.

O'Leary, Peter. *Aesop a Tháinig go h-Éirinn/Aesop's Fables in Irish with English Translation*, Eag. Norma Borthwick. Baile Átha Cliath: The Irish Book Company, 1900.

Rens, Peter Jan. *Maistín*. Aist. Alex Hijmans. Indreabhan: Cló Iar-Chonnachta, 2001.

Rowling, J.K. *Harry Potter agus an Órchloch*. Aist. Máire Nic Mhaoláin. Londain: Bloomsbury, 2004.

Salten, Felix. *Bambi*. Aist. Mícheál Ó Cléirigh. Baile Átha Cliath: Oifig an tSoláthair, 1950.

Scott, Sir Walter. *Ivanhoe*. Aist. Seosamh Mac Grianna. Baile Átha Cliath: Oifig Díolta Foillseacháin Rialtais, 1937.

Seton, Ernest Thompson. *Tailc Tréanmhór an Rí-Bhéar*. Aist. Mícheál Ó Siochfhradha. Baile Átha Cliath: Oifig Díolta Foillseacháin Rialtais, 1931.

Sewell, Anna. *An Scoth Dubh*. Aist. Nioclás Tóibín. Baile Átha Cliath: Oifig an tSoláthair, 1944.

Stoker, Bram. *Dracula: Eagrán do Dhéagóirí*. Aist. Gabriel Rosenstock. Baile Átha Cliath: An Gúm, 1997.

Dracula. Aist. Seán Ó Cuirrín. Baile Átha Cliath: Oifig Díolta Foillseacháin Rialtais, 1933.

Tolkien, J.R.R. *An Hobad, nó Go Ceann Scríbe agus Ar Ais Arís*. Aist. Nicholas Williams. Cathair na Mart: Evertype, 2012.

Ua Laoghaire, Peadar. *Séadna*. Baile Átha Cliath: The Irish Book Company, 1904.

V

AN MARGADH LÉITHEOIREACHTA I GCÁS AISTRIÚCHÁN GAEILGE DO LEANAÍ

Lydia Groszewski

Ní hionann an margadh léitheoireachta i gcás leabhar do pháistí agus an margadh léitheoireachta i gcás leabhar do dhaoine fásta. Ar an gcéad dul síos, mar a mhaíonn Riita Oittinen ina haiste in *Children's Literature in Translation: Challenges and Strategies*, '[c]hildren's books need to conform to adult tastes and likes and dislikes' sula dtéann siad i gcion ar an bpáiste ar chor ar bith (Oittinen 2006: 36). Ní cheannaíonn an pobal léitheoireachta féin, is é sin na páistí, leabhair ná aistriúcháin. Ceannaíonn a dtuismitheoirí dóibh iad. Dá bharr sin, deir Oittinen go ndíríonn foilsitheoirí, scríbhneoirí agus aistritheoirí leabhair nó aistriúcháin ar dhaoine fásta, seachas ar pháistí. D'fhéadfaí a rá, mar sin, gur minic a dhéantar dearmad ar an bhfíorléitheoir, is é sin an páiste, le linn don aistritheoir an leabhar a aistriú agus le linn don fhoilsitheoir margaíocht a dhéanamh ar aistriúcháin. San aiste seo déanfar plé ar an tábhacht a bhaineann leis an spriocléitheoir a shamhlú agus leabhair do pháistí á n-aistriú. Beidh solas á chaitheamh freisin ar cad iad na torthaí má chuirtear aistriúchán ar fáil gan aird a thabhairt ar an margadh léitheoireachta.

Mar a léiríonn Oittinen 'children's books also have a dual audience, children and adults' (Oittinen 2006: 35) ach is léir gur dírithe ar dhaoine fásta atá an mhargaíocht a dhéantar ar aistriúcháin Ghaeilge do leanaí. Ar chlúdach an aistriúcháin *Harry Potter agus an Órchloch* le Máire Nic Mhaoláin, cuir i gcás, tá greamán air a léiríonn gur 'Irish Language Edition' é. Is léir gur dírithe ar dhaoine fásta atá an mhargaíocht a dhéantar ar aistriúcháin Ghaeilge do leanaí. Sa chás seo is léir go bhfuil na foilsitheoirí ag díriú an aistriúcháin ar an tuismitheoir, ar an aintín nó ar an daideo gan Ghaeilge a cheannódh an leabhar agus ní ar an bpáiste a léifeadh as Gaeilge é.

D'fhéadfaí a rá, mar sin, go bhfuil an páiste ina thost i bpróiseas an aistrithe – níl urlabhra tugtha don pháiste agus níl aon neart aige ar an téacs atá á aistriú nó ar an gcaoi a n-aistrítear an téacs sin. Déanann an foilsitheoir agus an t-aistritheoir gach aon chinneadh maidir leis na téacsanna a aistrítear. Ní féidir leis an bpáiste a rá go dtaitneodh leabhar nó aistriúchán ar leith leis, óir roghnaítear na téacsanna agus na haistriúcháin ar a shon. Déanann daoine fásta cinneadh faoi na leabhair atá 'oiriúnach', mar dhea, do pháistí agus ní mór é sin a iniúchadh. An bhfuil cinsireacht de shaghas ar bun ag aistritheoirí agus ag foilsitheoirí i gcás aistriúchán do leanaí agus má tá, an bhfuil sin le sonrú ar aistriúcháin Ghaeilge?

Ar ndóigh, d'fhéadfaí a rá nach bhfuil in aistriúchán ach cinsireacht de chineál ar leith. An é go bhfuil aistritheoirí ag déanamh cinsireachta ar shaothar na mbunúdar agus iad á n-aistriú nuair is féidir le léitheoirí na bunsaothair a fháil mar a bhí siad ar an gcéad dul síos? Tá ceist na cinsireachta i gcomhthéacs an aistriúcháin á plé níos minice anois ná riamh. Mar a léirítear sa chnuasach *Translation and Censorship: Patterns of Communication and Interference*, tá 'self-censorship'(Ní Chuilleanáin et al. 2009: 19) coitianta go leor i measc aistritheoirí:

> While translators may be constrained, and these constraints may be external, often it is the translator her/himself who modifies the text in the course of 'rewriting' – for that is what a translation necessarily is – and the borderline between translation and adaptation is fluctuating and uncertain[.] (Ní Chuilleanáin et al. 2009: 17).

An é go bhfuil an chinsireacht shuibiachtúil neamhaitheanta seo níos treise in aistriúcháin do leanaí ná mar atá sí in aistriúcháin do dhream ar bith eile toisc nach bhfuil páistí in ann troid ina coinne? Má tá sleachta fágtha ar lár in aistriúchán, má tá an t-aistriúchán ródheacair nó má tá an t-aistriúchán lochtach ar aon bhealach is féidir le duine fásta litir a scríobh chuig nuachtán, drochléirmheas a scríobh in alt nó go deimhin an t-aistriúchán a fhágáil ar an tseilf sa siopa. Níl an chumhacht sin ag leanaí, áfach.

Más amhlaidh an scéal, léiríonn Michael Cronin go bhfuil an chinsireacht seo mar dhlúthchuid de cheird an aistrithe a mhaireann idir dhá theanga nó sa 'tríú spás' (Cronin 2008: x). Is minic a bhíonn an t-aistritheoir Gaeilge ar thóir na dofheictheachta agus é ag saothrú an aistriúcháin dhúchasaigh atá go mór chun cinn in aistriúcháin Ghaeilge do leanaí:

> Translation, too, is about the concealment of difficulty but the audience, unless the translators are interpreters, tend not to be impressed by verbal conjuring tricks ... [F]or translators, there is a constant, unenviable *censorship of experience*. Customers and readers want product, they are bored by process (Cronin 2003: 94).

Is léir go bhfuil an dúchasú nó 'domestication', mar a ghlaonn Lawrence Venuti air, go mór chun tosaigh in aistriúcháin do leanaí agus aistritheoirí ag feidhmiú sa ról dofheicthe sin (Venuti 1995: 23). Tá an dúchasú le sonrú ar cheird an aistriúcháin Ghaeilge ó na haistriúcháin is luaithe a rinneadh do pháistí mar chuid de scéim an Ghúim. Má bhreathnaítear ar *Tír na Deó*, an t-aistriúchán a rinne Máiréad Ní Ghráda ar *Peter and Wendy* le J.M. Barrie le linn na dtríochaidí, léirítear gur leagan dúchasaithe é de bhuntéacs Barrie seachas aistriúchán: 'Tír na Deó: *Leagan* Gaeilge ar Peter Pan and Wendy' (liomsa an bhéim) (Ní Ghráda 1938: 6).

Tuigtear don léitheoir láithreach go bhfuil léamh an aistritheora ar an mbuntéacs i lár báire sa leagan seo agus go bhfuil abairtí athraithe agus sleachta fágtha ar lár anseo agus ansiúd aici de réir mar ba chuí léi. Má chuirtear an chéad alt den chéad chaibidil 'Peter Breaks Through' de *Peter and Wendy* i gcomparáid leis an gcéad alt sa leagan Gaeilge, léirítear an dúchasú atá mar dhlúthchuid den leagan seo:

All children, except one, grow up. They soon know that they will grow up, and the way Wendy knew was this. One day when she was two years old she was playing in a garden, and she plucked another flower and ran with it to her mother. I suppose she must have looked rather delightful, for Mrs Darling put her hand to her heart and cried, 'Oh, why can't you remain like this for ever!' This was all that passed between them on the subject, but henceforth Wendy knew that she must grow up. You always know after you are two. Two is the beginning of the end (Barrie 1991: 69).

Bhí cailín beag ann, uair amháin, agus sé ainm a bhí uirthe ná Bláithín. Bhí sí ina comhnuidhe i dtigh mór árd i lár na cathrach, í féin agus a hathair agus a máthair agus a beirt driothár. Seán agus Mícheál na hainmheacha a bhí ar na driotháireacha, agus dob óige iad ná Bláithín (Ní Ghráda 1938: 15).

Is cinnte go n-aithnítear an líne cháiliúil sin 'All children, except one, grow up' ar fud an domhain le Peter Pan féin – an buachaillín óg nár fhás suas riamh (Barrie 1991: 69). Is amhlaidh, áfach, nár cheap Ní Ghráda go raibh an tábhacht chéanna ag baint leis an gcéad líne, ná leis an gcéad sliocht fiú sa leagan Gaeilge agus dá réir sin, feictear go bhfuil gnéithe lárnacha de bhunscéal Barrie fágtha ar lár sa leagan dúchasaithe seo.

Ní rómhinic a fhaightear aistriúcháin Ghaeilge focal ar fhocal ar scéalta do pháistí agus is leaganacha athchóirithe dúchasaithe iad an chuid is mó díobh atá curtha in oiriúint do chultúr an pháiste Ghaelaigh. Cén fáth a bhfuil drogall orainn nithe atá difriúil óna gcultúr féin nó tagairtí d'ainmneacha éagsúla, do thíortha eachtrannacha nó do dhaoine difriúla a léamh in aistriúcháin Ghaeilge do leanaí?

D'fhéadfadh sé go mbaineann ceist seo na dofheictheachta san aistriúchán dúchasach do pháistí le stádas íogair iarchoilíneach na hÉireann. Mar atá ráite ag Louis de Paor '[d]roichead neamhbhuan idir an Ghaeilge agus an Béarla [atá] san aistriúchán' (de Paor 2008: 6). Ina haiste 'Cuimhne na ndaoine agus aistear an aistriúcháin i saothar Michael Hartnett: "Gósta Garbh-Bhéarla"', pléann Róisín Ní Ghairbhí teoiric Lawrence Venuti gur minic a bhíonn 'fluent strategies' nó 'straitéis líofachta' ag an aistritheoir agus é ag feidhmiú go dofheicthe mar idirghabhálaí iarchoilíneach idir an Ghaeilge agus an Béarla (Ní Ghairbhí 2000: 50). Tugann Ní Ghairbhí le fios gur minic a dhéantar gníomh an aistrithe a cheilt go hiomlán leis na straitéis seo agus an t-aistritheoir Gaeilge/Béarla ag iarraidh aistriúchán dofheicthe a sholáthar.

An bhfuil na straitéis líofachta seo níos lárnaí in aistriúcháin dhúchasaithe dhofheicthe do pháistí? Is sampla an-soiléir é cur chuige Nicholas Williams san aistriúchán *Eachtraí Eilíse i dTír na nIontas* den straitéis líofachta sin:

> Tríd is tríd rinneadh iarracht sa leabhar seo na tagairtí do chultúr na Sasanach a ghaelú chomh fada agus ab fhéidir. Tá an bunleabhar lán le himeartas focal freisin. Nuair nárbh fhéidir Gaeilge a chur orthu sin, féachadh lena macasamhla Gaeilge a chur ina n-áit (Williams 2003: Réamhfhocal).

Ina réamhfhocal luann Williams go raibh tionchar ag na hainmneacha dúchasaithe a bhí ag Pádraig Ó Cadhla in *Eachtradh Eibhlís i dTír na nIongantas* (1922) ar a aistriúchán féin. Is aistriúchán dúchasaithe é leagan an Chadlaigh. Ní mór, áfach, na cúinsí polaitíochta agus sóisialta a bhí thart timpeall ar an gCadhlach a chur san áireamh agus plé á dhéanamh ar *Eachtradh Eibhlís i dTír na nIongantas*. Léiríonn Louis de Paor gur féachadh ar an aistriúchán ag tús an chéid seo caite mar réiteach sciobtha ar easpa na litríochta Gaeilge ach 'chomh luath is a bheadh muintir na hÉireann tar éis filleadh ar a ndúchas féin, ní bheadh aon ghá leis [an aistriúchán]' (de Paor 2008: 8). An bhfuil an gá céanna leis an dúchasú láidir in aistriúchán Williams agus a bhí in aistriúchán an Chadlaigh nuair atá borradh ag teacht faoi litríocht dhúchasach na Gaeilge sa lá atá inniu ann?

An bhfuiltear ag ceilt eolais agus eispéiris eile ar pháistí leis an dearcadh dúchasaithe seo? Glactar leis, in amanna, nach féidir téarmaí, imeartas focail agus tagairtí cultúrtha a aistriú ó theanga amháin go teanga eile agus caithfidh an t-aistritheoir teacht ar shlí chliste chun an smaoineamh a léiriú ina theanga agus ina chultúr féin. Mar sin féin is cinnte go bhfuil leanaí an aonú haois agus fiche in ann glacadh le meascán de chultúir éagsúla in aistriúcháin ach é a bheith déanta go tuisceanach agus go spreagúil. Tá bua na samhlaíochta an-láidir i bpáistí agus d'fhéadfaí a rá go bhfuil ar an aistritheoir dul i dtreo na samhlaíochta agus é ag aistriú seachas i dtreo an tsimplithe. Más rud é gur féidir le páiste *Ag Taisteal le Tarlach sa Pholainn* agus *Ag Taisteal le Tarlach sa tSeapáin* le Laoise Ní Chomhraí a léamh agus taitneamh a bhaint as na tagairtí éagsúla do chultúir dhifriúla, ba cheart go mbeimis níos oscailte don eachtrannú nó 'foreignization', mar a ghlaonn Venuti air, in aistriúcháin Ghaeilge do leanaí (Venuti 1995: 24).

Mar sin, d'fhéadfaí a áiteamh go n-éiríonn le haistritheoirí aistriúcháin mhaithe a chur ar fáil nuair is í an tsamhlaíocht an chloch is mó ar a bpaidrín ach cruthaítear na haistriúcháin is fearr agus is ildánaí nuair a shamhlaíonn an t-aistritheoir an páiste, is é sin, spriocléitheoir an aistriúcháin. An t-aistriúchán *Eachraí Eilíse i dTír na nIontas* a rinne Nicolas Williams ar *Alice in Wonderland* le Lewis Carroll is sampla é den saghas aistriúcháin nach bhfuil go hiomlán dírithe ar an margadh léitheoireachta cuí.

Léiríonn an t-aistritheoir seo gur 'seoid de litríocht na bpáistí an leabhar Béarla *Alice's Adventures in Wonderland*' (Williams 2003: Réamhfhocal) ach d'fhéadfaí a rá nár shamhlaigh an t-aistritheoir an páiste agus é ag aistriú. An bhféadfaí a áiteamh gur aistriúchán don lucht léinn agus don phobal acadúil é seo seachas aistriúchán do pháistí? Is léir go bhfuil an saghas seo aistrithe coitianta go maith i measc aistritheoirí acadúla. Agus Gillian Lathey ag plé an aistriúcháin Bhéarla a rinne Ann Lawson Lucas ar an saothar Iodálach *Pinocchio*, cuir i gcás, léiríonn sí gur tharla an rud céanna do Lucas, is é sin, gur aistrigh sí don lucht acadúil seachas do na páistí ar a raibh an bunleabhar dírithe:

A tension between adult and child interests is a particular feature of translations or retranslations of children's classics, where a concern for scholarly accuracy may compromise the translator's approach to the child reader or, indeed, to the text's read-aloud qualities for listeners of any age (Lathey 2006: 14).

An bhfuil an t-aistriúchán *Eachtraí Eilíse i dTír na nIontas* soléite ag páiste? Tá an ghramadach dúshlánach agus is dúshlánaí fós an chomhréir agus an foclóir atá ann. Féach an dá shampla thíos:

> D'fhán sí ag féachaint ar an teach go ceann cúpla nóiméad agus í ag fiafraí di féin cad ba chóir di a dhéanamh. Go tobann rith giolla gléasta i libhré amach as an gcoill (cheap sí gur giolla a bhí ann toisc libhré a bheith air: mura measfaí é, áfach, ach ar a aghaidh amháin, déarfaí gur iasc a bhí ann) – agus bhuail go tréan lena ailt ar an doras. Bonnaire eile i libhré a d'oscail é, aghaidh chruinn agus súile móra ar nós froig a bhí air siúd; agus thug Eilís faoi deara go raibh peiriúicí catacha púdracha ar chloigeann na beirte (Williams 2003: 57).

> 'Níos aistíocha agus níos aistíocha!' a dúirt Eilís de bhéic (bhí an oiread sin iontais uirthi go ndearna sí dearmad glan dá cuid dea-Ghaeilge). 'Anois táim ag oscailt amach ar nós an teileascóip ba mhó dá raibh riamh ann! Slán agaibh, a chosa!' nuair a d'fhéach sí ar a cosa, cheap sí gur bheag nach raibh siad imithe as amharc, bhí siad chomh fada sin uaithi) (Williams 2003: 16).

An bhfeadfaí a rá go bhfuil an t-aistriúchán ag comhlíonadh na feidhme a bhaineann leis mar aistriúchán má tá sé ródheacair don mhargadh léitheoireachta a shamhlaigh an bunúdar dó? Is anseo a thagann ceist thábhachtach Lathey chun solais; 'Should the translator make a clear choice between the academic and the child reader?' (Lathey 2006: 15).

D'fhéadfaí a rá go ndearna an t-aistritheoir cinneadh sa chás seo gan bacadh le páistí mar mhargadh léitheoireachta ar mhaithe le Gaeilge shaibhir bhinn bhlasta a úsáid ina aistriúchán. Is cumasach an t-aistriúchán é má bhreathnaítear air sa chaoi seo – mar shaothar ealaíne don lucht léinn seachas mar shaothar liteartha do pháistí. Ní fheadar, áfach, an ceart an t-aistritheoir a cháineadh as an gcinneadh a rinne sé samhail an mhargaidh a athrú. Le cúpla bliain anuas, tá an margadh léitheoireachta ar a bhfuil *Alice's Adventures in Wonderland* dírithe ag athrú agus anois d'fhéadfadh aon duine an argóint a dhéanamh gur saothar liteartha do dhaoine fásta agus do pháistí araon é. Ardaíonn Oittinen an pointe tábhachtach seo:

> If an adult finds something for her/himself in a so-called children's book, is it not an adult book, too? [...] Is *Alice's Adventures in Wonderland*, in this case, a children's book or a book for adults? And should it be translated for children or adults? (Oittinen 2000: 62).

D'fhéadfadh duine fásta an-taitneamh go deo a bhaint as *Alice's Adventures in Wonderland*, ach ní hé sin le rá go raibh scéal Carroll dírithe ar dhaoine fásta ar an gcéad dul síos. Tá a fhios againn gur scríobh Carroll an leabhar do pháistí amháin agus rinne sé teagmháil lena phobal léitheoireachta féin ón 'Easter Greeting to every *child* who loves Alice' (is liomsa an bhéim) a chuir sé ag deireadh an scéil (Carroll 1994: 150). An ceart d'aistritheoir féachaint ar an mbunmhargadh léitheoireachta a bhí ag údar an bhunscéil agus é sin a úsáid mar spriocmhargadh don aistriúchán féin, áfach? Sa chás seo, ba iad na páistí bunmhargadh léitheoireachta Carroll agus mar sin, ba cheart iad a bheith i gcónaí i gcroílár *Eachtraí Eilíse i dTír na nIontas*.

D'fhéadfadh sé, áfach, nach dtiocfadh na ceisteanna atá pléite san aiste seo faoin aistriúchán acadúil agus an aistriúchán páiste-lárnach chun tosaigh murach gur aistriúchán ar théacs clasaiceach é *Eachtraí Eilíse i dTír na nIontas*. Tá roinnt mhaith leabhar clasaiceach do leanaí aistrithe go Gaeilge, ina measc *Pinocchio, Le Petit Prince, Peter Pan and Wendy, Bambi* agus *Little Women*. D'fhéadfaí a rá go bhfuil sé in am d'aistritheoirí éirí as na leabhair chlasaiceacha seo a aistriú do leanaí má tá siad ag iarraidh freastal ar an margadh léitheoireachta atá againn sa lá atá inniu ann. Ní mór dúinn leanaí a mhealladh i dtreo na léitheoireachta Gaeilge le haistriúcháin nua-aimseartha bunaithe ar théacsanna comhaimseartha.

An méid sin ráite, áfach, an gá go mbeadh an deighilt seo idir an léitheoir acadúil agus an léitheoir óg agus an chontrárthacht idir an téacs clasaiceach agus an téacs nua-aimseartha chomh géar sin? D'fhéadfaí réiteach a fháil ar na fadhbanna seo dá ndéanfaí leaganacha Gaeilge d'aistriúcháin Ghaeilge ar shaothair chlasaiceacha. Ar an mbealach sin, bheadh saibhreas teanga an aistriúcháin fós le léamh ag an léitheoir aibí agus bheadh leagan oiriúnach Gaeilge ar fáil don pháiste. Chomh maith leis sin, d'fhéadfaí scéalta clasaiceacha a dhéanamh níos oiriúnaí don am atá i láthair. Tá leaganacha do pháistí de scéalta ar fáil go fairsing sa Bhéarla, cuir i gcás leaganacha de scéalta Charles Dickens agus Emily Brontë. Ar ndóigh, rinne Carroll féin leagan níos simplí de *Alice's Adventures in Wonderland* do pháistí faoi bhun cúig bliana d'aois agus ba é *The Nursery Alice* toradh na hoibre sin. Má táthar chun a leithéid a dhéanamh, áfach, ní mór an baol a bhaineann le leaganacha a dhéanamh d'aistriúcháin a aithint. Ar ndóigh, leaganacha a bheadh sna téacsanna sin agus ní aistriúcháin. Mar a léiríodh cheana le leagan Mháiréad Ní Ghráda de *Peter Pan and Wendy*, bíonn suibiachtúlacht an chumadóra go mór chun tosaigh sa leagan athchóirithe agus bíonn an claonadh ann i gcónaí dul i dtreo an dúchasaithe. Réiteach conspóideach a bheadh ann ar cheist chasta an aistriúcháin do leanaí.

Mar a deir Alan Titley ina aiste 'Turning inside and out: Translating and Irish 1950–2000' is é Gabriel Rosenstock 'our translator of poetry *par excellence*' (Titley 2005: 317) agus níl aon dabht ach go bhfuil an t-aistriúchán a rinne sé ar *The Gruffalo* (*An Garbhán*) dírithe go hiomlán ar an margadh léitheoireachta atá againn inniu. Is léir gur smaoinigh Rosenstock ar an bpáiste a léifeadh an t-aistriúchán, ar na mothúcháin a bheadh aige agus ar na smaointe a rithfeadh leis agus é ag léamh faoi eachtraí an Gharbháin scanrúil úd.

Tháinig *The Gruffalo* le Julia Donaldson agus Axel Scheffler ar an margadh sa bhliain 1999 agus bhí an-tóir air ón gcéad lá riamh. Is iomaí duais atá buaite ag *The Gruffalo* agus tá na milliún cóip de díolta ar fud na cruinne. Is léir gur thuig Gabriel Rosenstock go raibh an-ráchairt ar an leabhar agus go dtaitneodh a Gharbhán féin le páistí chomh maith céanna leis an Gruffalo cailiúil. Tháinig an t-aistriúchán sin amach bliain i ndiaidh an bhunleabhair. Ba mhaith liom blaiseadh a thabhairt de shliocht as an *Gruffalo* agus ansin de shliocht as *An Garbhán*. Nuair a léitear an dá shliocht seo le hais a chéile is dóigh liom go léirítear go bhfuil an greann céanna agus an draíocht chéanna ag baint le haistriúchán Rosenstock agus atá ag baint leis an mbunleabhar:

A mouse took a stroll through the deep dark wood.
A fox saw the mouse and the mouse looked good.
"Where are you going to, little brown mouse?
Come and have lunch in my underground house."
"It's terribly kind of you, Fox, but no –
I'm going to have lunch with a gruffalo."
"A gruffalo? What's a gruffalo?"
"A gruffalo! Why, didn't you know?"
"He has terrible tusks, and terrible claws,
And terrible teeth in his terrible jaws."
"Where are you meeting him?"
"Here, by these rocks,
And his favourite food is roasted fox."
"Roasted fox! I'm off!" Fox said.
"Goodbye, little mouse," and away he sped.
"Silly old Fox! Doesn't he know,
There's no such thing as a gruffalo?" (Donaldson 1999: 7–9).

Chuaigh luch ar strae isteach sa choill
Is bhuail le sionnach gan aon rómhoill.
'Ar strae atá tú? Ó mo bhrón!
Tar liom abhaile is íosfaimid lón.'
'Nílim ar strae agus nílim ar fán –
Tá coinne agam leis an nGarbhán.'
'Garbhán? Saghas éigin amadáin, an ea?'
'Amadán? An Garbhán? Ní hea, ní hea!'
'Tá starrfhiacla géara ann, is docht é a ghreim,
Is scanrúil é a gháire ... scanrúil, go deimhin.'
'Cá mbuailfidh tú leis?'
'Anseo anois go luath!
Agus an béile is blasta leis ná madra rua.'
'Dar mo ruball is dar mo chluas!'
Theith an sionnach faoi lánluas.
'Níl sa sionnach sin ach amadán!
Níl a leithéid de rud ann agus Garbhán' (Rosenstock 2000:
7–9).

Tá an t-aistriúchán seo simplí, níl aon chastacht ann, tá
rithim ag baint leis agus tá sé fileata agus tarraingteach.
Is sárshampla é *An Garbhán* den chineál aistriúcháin is
féidir le haistritheoir a thairiscint don pháiste má
thuigeann sé an saghas ábhar léitheoireachta atá á
éileamh ag páiste a bhaineann le haoisghrúpa ar leith
agus má dhíríonn sé ar an bpáiste sin go hiomlán agus é
ag roghnú focal, nathanna cainte agus cora cainte.

Tá daoine a deir nach litríocht atá i leabhair do pháistí
agus nár cheart dúinn féachaint ar fhicsean na n-óg mar
sheánra liteartha ann féin. Léiríonn Gillian Lathey go
bhfuil 'low status' ag baint le leabhair do pháistí i measc
lucht an léinn (Lathey 2006: 1) agus feictear dom go
bhfuil an ceart ag Michael Cronin nuair a deir sé '[that]
many people had and have a poor opinion of translation'
anseo in Éirinn (Mac Síomóin et al. 1993: 61). D'fhéadfaí
a rá, áfach, go bhfuil stádas níos ísle fós ag baint le
haistriúcháin Ghaeilge do leanaí. An é go bhfuil níos mó

measa ar leabhair a scríobhtar i nGaeilge as an nua do leanaí ná ar leabhair a aistrítear go Gaeilge do leanaí?

Mar shampla, tá ar a laghad trí dhuais á dtairiscint i gcomórtas liteartha de chuid Oireachtas na Gaeilge i mbliana dóibh siúd a scríobhann ficsean do pháistí, is iad sin 'Ficsean do Dhaoine Óga: Aoisghrúpa naoi mbliana/deich mbliana go dhá bhliain déag d'aois', 'Ficsean do Dhaoine Óga: Aoisghrúpa trí bliana déag d'aois go cúig bliana déag d'aois' agus 'Gearrscéal do Dhaoine Óga idir deich mbliana d'aois agus dhá bhliain déag d'aois'. Cé go nglactar le haistriúcháin sa chéad dá chomórtas tá coinníoll ag baint leis na haistriúcháin, is é sin, go nglacfar le '[h]Aistriúchán ó theanga eile ar bith seachas an Béarla'.[1]

Cé go bhfuil ciall áirithe ag baint le rialacha an chomórtais má táthar ag iarraidh aird páistí a dhíriú ar chultúir éagsúla, léiríonn coinníollacha agus rialacha den chineál sin nach bhfuiltear ag tabhairt aon aird ar an margadh léitheoireachta i gcás aistriúchán Gaeilge do pháistí agus nach bhfuiltear ag freastal ar riachtanais an mhargaidh sin i gceart. Bhí an-tóir ar na haistriúcháin *Harry Potter agus an Órchloch*, *Artemis Fowl* agus *Faoin Sceach Gheal* a d'aistrigh Máire Nic Mhaoláin le blianta beaga anuas, cuir i gcás, agus mheall na haistriúcháin chumasacha sin ó bhunleabhair Bhéarla roinnt mhaith páistí, déagóirí agus mac léinn Ollscoile fiú i dtreo na léitheoireachta Gaeilge. I gcás aistriúchán Gaeilge inniu d'fhéadfaí a áiteamh go bhfuil sé thar am teacht ar an tuiscint go bhfuil an margadh léitheoireachta dátheangach agus go bhfuil Béarla ag an léitheoir óg Gaeilge chomh maith. Má tá an tsraith *Harry Potter* nó an tsraith *Twilight* á léamh ag gach uile dhalta ar scoil bí cinnte de go mbeidh dúil ag an bpáiste le Gaeilge sna leabhair sin. Is é an dualgas atá ar aistritheoirí agus ar fhoilsitheoirí ná aistriúcháin chumasacha Ghaeilge a chur ar fáil chomh sciobtha agus is féidir leo ionas go mbeidh an rogha ag an bpáiste an leabhar sin a léamh i nGaeilge nó i mBéarla. Is minic a chuireann páistí an oiread sin suime i leabhair áirithe go léann siad arís agus arís iad. Ba cheart iarracht a dhéanamh an páiste a mhealladh chun tabhairt faoin dara nó faoin tríú léamh as Gaeilge.

Ní féidir neamhaird a thabhairt ar rath na leabhar Béarla i measc léitheoirí óga na tíre seo – bheadh sé soineanta, agus contúirteach go deimhin, a leithéid a dhéanamh. Níltear ag iarraidh aistriúcháin, a shásódh caomhnóirí na teanga, a chur ar fáil ach aistriúcháin a mheallfadh páiste an lae inniu i dtreo na Gaeilge. Lena chur go simplí – táthar ag iarraidh freastal ar an margadh léitheoireachta atá ann anois agus ní ar mhargadh léitheoireachta samhailteach idéalach de chuid bhrionglóidí na dtraidisiúnaithe.

Tá sé thar am féachaint ar an aistriúchán mar uirlis chumhachtach le leanaí a ghríosú chun na léitheoireachta Gaeilge agus ní mar bhagairt ar litríocht dhúchasach na Gaeilge. Caithfear aghaidh a thabhairt ar riachtanais an mhargaidh léitheoireachta agus ní mór a bheith cúramach gan luachanna an aistritheora, an fhoilsitheora agus luchta acadúil a bhrú ar leanaí. Má tá an margadh léitheoireachta ar thóir aistriúchán ar leabhair ó chultúir eile (cultúr an Bhéarla san áireamh) ní mór dúinn é sin a cheiliúradh. Mar a dúirt Tomás Mac Síomóin in *Poetry Ireland Review*:

> Translation into Irish is important to enrich the literature and provide new ideas ... When translations are made from other languages and from other human experiences, they must broaden the language, exercise it and allow it express and encompass a different range of experience, one not already available (Mac Síomóin 1993: 62–63).

Tá deis iontach ann tríd an aistriúchán eispéireas difriúil spreagúil agus suimiúil a thabhairt do pháistí ilchultúrtha ach iad a spreagadh i dtreo léitheoireacht na Gaeilge ag an am céanna. Ní mór tuilleadh aistriúchán cumasach a chur ar fáil do pháiste an aonú haois is fiche a bhaineann leis an domhan ilchultúrtha. Tá aistritheoirí ag freastal ar léitheoirí óga atá níos eolaí i dtaobh cultúr éagsúil agus tíortha éagsúla anois agus ní mór do na haistritheoirí an t-aitheantas sin a thabhairt do na léitheoirí óga sna haistriúcháin. Má tá cultúr an Bhéarla i measc na gcultúr sin, ní mór é sin a aithint agus a cheiliúradh chomh maith. Ach fágaim faoin scríbhneoir, faoin aistritheoir agus faoin eagarthóir é.

NÓTA

1   Tá treoirlínte agus rialacha do chomórtais liteartha de chuid an Oireachtais ar fáil ag an suíomh idirlín seo a leanas: www.antoireachtas.ie

SAOTHAIR A CEADAÍODH

Barrie, J.M. *Peter Pan in Kensington Gardens – Peter and Wendy.* Oxford: Oxford University Press, 1991.
    Tír na Deó: Leagan Gaeilge ar Peter Pan and Wendy. Aist. Máiréad Ní Ghráda. Baile Átha Cliath: An Gúm, 1938.

Carroll, Lewis. *Alice's Adventures in Wonderland.* London: Penguin Popular Classics, 1994.
    Eachtraí Eilíse i dTír na nIontas. Aist. Nicholas Williams. Baile Átha Cliath: Coiscéim, 2003.

Colfer, Eoin. *Artemis Fowl.* Aist. Máire Nic Mhaoláin. London: Puffin Books, 2006.

Collie, Jan Van agus Walter P. Versuchueren. Eag. *Children's Literature in Translation: Challenges and Strategies.* Manchester: St Jerome Publishing, 2006.

Conlon-McKenna, Marita. *Faoin Sceach Gheal.* Aist. Máire Nic Mhaoláin. Dublin: O'Brien, 2000.

Cronin, Michael. 'Brollach'. *Aistriú Éireann*. Eag. Charlie Dillon agus Ríona Ní Fhrighil. Béal Feirste: Cló na Banríona, 2008: ix–xi.

Translation and Globalization. Oxon: Routledge, 2003.

de Paor, Louis. 'Cumhacht an Aistriúcháin'. *Aistriú Éireann*. Eag. Charlie Dillon agus Ríona Ní Fhrighil. Béal Feirste: Cló na Banríona, 2008: 1–15.

Donaldson, Julia agus Alex Scheffler. *The Gruffalo*. London: Macmillan Children's Books, 1999.

An Garbhán. Aist. Gabriel Rosenstock. Baile Átha Cliath: An Gúm, 2000.

Dillon, Charlie agus Ríona Ní Fhrighil. Eag. *Aistriú Éireann*. Béal Feirste: Cló na Banríona, 2008.

Lathey, Gillian. 'The Translator Revealed: Didacticism, Cultural Mediation and Visions of the Child Reader in Translators' Prefaces'. *Children's Literature in Translation: Challenges and Strategies*. Eag. Jan Van Collie agus Walter P. Versuchueren. Manchester: St Jerome Publishing, 2006: 1–18.

Mac Síomóin, Tomás, et al. 'Thoughts on Translation'. *The Poetry Ireland Review*. No. 39. *Contemporary Poetry in Irish*. Autumn 1993: 61–71.

Meyer, Stephenie. *Twilight*. New York: Little, Brown and Co., 2005.

Ní Chomhraí, Laoise. *Ag Taisteal le Tarlach sa Pholainn*. Baile Átha Cliath: An Gúm, 2009.

Ag Taisteal le Tarlach sa tSeapáin. Baile Átha Cliath: An Gúm, 2007.

Ní Chuilleanáin, Eiléan, Cormac Ó Cuilleanáin agus David Parris. 'Introduction'. *Translation and Censorship: Patterns of Communication and Interference*. Dublin: Four Courts Press, 2009.

Ní Ghairbhí, Róisín. 'Cuimhne na ndaoine agus aistear an aistriúcháin i saothar Michael Hartnett: "Gósta Garbh-Bhéarla"'. *Aimsir Óg 2000: Cuid a Dó*. Eag. Mícheál Ó Cearúil. Baile Átha Cliath: Coiscéim, 2000: 141–159.

Oittinen, Riita. *Translating for Children*. New York: Garland Publishing Inc., 2000.

'No Innocent Act: On the Ethics of Translating for Children'. *Children's Literature in Translation: Challenges and Strategies*. Eag. Jan Van Collie agus Walter P. Versuchueren. Manchester: St Jerome Publishing, 2006: 35–45.

Rowling, J.K. *Harry Potter agus an Órchloch*. Aist. Máire Nic Mhaoláin. Londain: Bloomsbury, 2004.

Titley, Alan. 'Turning inside and out: translating and Irish 1950–2000'. *The Yearbook of English Studies: Irish Writing Since 1950*. Vol. 35. 2005: 312–322.

Venuti, Lawrence. *The Translator's Invisibility: A History of Translation*. Oxon: Routledge, 1995.

VI

TOSAÍOCHTAÍ AN AISTRIÚCHÁIN AR LITRÍOCHT NA NÓG GO
GAEILGE: AN STAID REATHA

Órla Ní Chuilleanáin

Bíonn méid áirithe teannais i gceist idir aidhmeanna
éagsúla an aistritheora ar an litríocht. An bhfuil sé níos
tábhachtaí gach tréith sa bhuntéacs a chaomhnú nó an
téacs a chur in oiriúint do chomhthéacs liteartha na
sprioctheanga? (Oittinen 2006: 39; 42). Cé mhéad de
chúlra cultúrtha an bhuntéacs is féidir a oiriúnú don
spriocphobal gan róshimpliú a dhéanamh air? Ar chóir
tosaíocht a thabhairt do luach oideachasúil agus
luachanna morálta an bhuntéacs, nó don tsiamsaíocht
agus don tsamhlaíocht sa scéal? Ceist mhór eile, ach go
háirithe i gcás mionteanga, ná conas ábhar cuí
léitheoireachta a chur ar fáil do phobal a bhfuil
deacrachtaí móra litearthachta sa teanga sin ag a
bhformhór (Hickey agus Ó Cainín 2003: 25–6).

I: Mionteangacha agus Aistriúchán ar Litríocht na nÓg
Tá éifeacht ag stádas na Gaeilge mar mhionteanga ar an
aistriúchán. Go hiondúil, aistrítear níos mó de litríocht
na n-óg go mionteangacha. Sna mórtheangacha, ní

thugtar mórán airde ar an méid atá á scríobh sna mionteangacha, mar ní aistrítear mórán litríochta go mórtheangacha (Hunt 2001: 21). Mar sin, tá tionchar níos láidre ag litríocht na n-óg a scríobhtar i mórtheangacha ar thuiscintí agus ar thosaíochtaí litríocht na n-óg ar leibhéal idirnáisiúnta. Ní hamháin go bhfuil níos mó eolais ag léitheoirí ar na scéalta agus na carachtair a eascraíonn ón litríocht sin, ach tá éifeacht ag na scéalta is cáiliúla ar an saghas téamaí atá faiseanta ag pointe ama ar leith.

Ach ní féidir an milleán a chur ar thionscadal an aistriúcháin mar gheall ar an éagothroime idir theangacha. Níl cúrsaí aistriúcháin neodrach ná neamhspleách ó struchtúir chumhachta. Leanann aistriúcháin éileamh an phobail, agus is amhlaidh nach bhfuil éileamh mór ar aistriúcháin ó mhionteangacha. Níl ó fhormhór na gcuideachtaí foilsitheoireachta ach leabhair tharraingteacha a dhíol do pháistí. Más féidir leo go leor litríochta a sholáthar don phobal óg sa mhórtheanga, níl aon ghá le haistriúcháin chun an sprioc sin a chomhlíonadh.

Ach is minic a bhíonn gá le haistriúcháin i mionteanga leis an sprioc chéanna a chomhlíonadh: go leor leabhar a sholáthar don aos óg. Bíonn aistriúcháin ó theangacha eile an-tábhachtach do shláinte mionteanga (Ghesquiere 2006: 27; 30). Áitíonn Titley go raibh ríthábhacht le tionscadal aistriúcháin an Ghúim, sna tríochaidí agus ag tús na ndaichidí, toisc gur thug sé oiliúint do ghlúin nua scríbhneoirí agus eagarthóirí (Titley 2005: 313). Measann Cronin freisin go raibh an tionscadal aistriúcháin sin an-tábhachtach don teanga toisc gur léiríodh go bhféadfaí scríobh trí Ghaeilge in an-chuid seánraí éagsúla, agus toisc gur tháinig ardú suntasach ar líon na leabhar a foilsíodh trí Ghaeilge (Cronin 1996: 158–9).

Tá buntáiste eile i gceist le haistriúcháin go mionteanga seachas líon na leabhar a ardú. Is féidir léargas níos leithne agus níos saibhre a fháil ar an domhan tríd an aistriúchán, má roghnaítear meascán leathan bunscéalta le haistriú. Tagann an bhéim sin ar shaibhreas ilchultúrtha an domhain le ceann de na cúiseanna a bhfuiltear ag iarraidh mionteangacha a chosaint: ní hamháin le hoidhreacht ar leith a chosaint, ach ionas go mbeidh éagsúlacht chultúrtha ar fáil sa domhan. Mar a deir Titley:

> Irish is on the one hand a resource for getting at what is going on in the greater world, and on the other a means of entering our own tradition (Titley 2000: 104).

Is ag aistriú saothar nach bhfuil ar fáil go héasca, nó nach bhfuil tóir orthu sa teanga sin, atá glúin nua aistritheoirí Gaeilge. Agus aistrítear iad níos mó agus níos mó ón mbunteanga, seachas ón mBéarla (Titley 2005: 316). Sa chomhthéacs sin, ceannródaí ba ea an t-aistritheoir Breandán Ó Doibhlin a d'aistrigh neart saothar ón bhFraincis, *Le Petit Prince* le Saint-Exupéry (*An Prionsa Beag*) san áireamh, agus ar theastaigh uaidh an Ghaeilge a fhorbairt trí thús a chur le haistriúcháin ó theangacha eile seachas an Béarla (Cronin 1996: 188–9).

Mar sin, cé nach féidir le haistritheoirí ná le foilsitheoirí atá ag obair trí mhionteanga athrú a dhéanamh ar an éagothroime idir theangacha agus ar threo an aistriúcháin, is féidir iarracht a dhéanamh éagsúlacht chultúrtha a cheiliúradh laistigh den mhionteanga, trí chinneadh a dhéanamh bunsaothair a roghnú le haistriú nach bhfuil teacht orthu sna mórtheangacha. Ní bhraitheann na cinntí faoi aistriúcháin go mionteanga ar cheisteanna faoi shaibhreas ilchultúrtha amháin, áfach. Is gá d'fhoilsitheoirí iarracht a dhéanamh díriú ar an spriocphobal léitheoireachta, agus iarracht á déanamh acu daoine óga a mhealladh i dtreo na léitheoireachta sa mhionteanga.

II: Spriocphobail Litríocht Ghaeilge na nÓg

Spriocphobail Éagsúla

Is suaithinseach na castachtaí a bhaineann le litríocht na n-óg a chur in oiriúint do phobal na sprioctheanga, toisc go bhfuil an-chuid spriocphobal éagsúil i gceist: leanaí, tuismitheoirí, múinteoirí, foilsitheoirí, maisitheoirí, agus araile. Maíonn Shavit go bhfuil níos mó páirtithe éagsúla i gceist i gcás litríocht na n-óg ná in aon chineál litríochta eile (Desmidt 2006: 87). Ní mór d'aistritheoirí smaoineamh ar an-chuid daoine eile, de bhreis ar an bpáiste féin, agus iad ag cur aistriúchán ar shaothar ar fáil don aos óg. Samhlaíonn Hans-Heino Ewers na leabhair a scríobhtar do dhaoine óga mar theachtaireachtaí litríochta, nach sroichfidh na leanaí féin mura bhfuil tuismitheoirí, foilsitheoirí agus an tsochaí i gcoitinne sásta leis na leabhair sin (Ewers 2009: 25; 28).

Dá bhrí sin, ní féidir a mhaíomh go mbaineann aidhmeanna an aistritheora a bhíonn ag aistriú litríocht na n-óg go mionteanga le caomhnú teanga amháin. Ó thús an tseánra sin, is follas go mbíonn an claonadh ann i ngach sochaí luachanna ar leith a chaomhnú agus a chur chun cinn i litríocht na n-óg. Bíonn ar an aistritheoir dul i ngleic leis na mianta sin, nó ina n-aghaidh, agus bíonn tionchar ag an gcomhthéacs socheolaíoch ar na seánraí litríochta a aistrítear agus a fhoilsítear ag am ar leith. Mar shampla, luaigh Celia Keenan gnéithe áirithe den leabhar *Pinocchio* i measc na gcúiseanna ar fáiltíodh roimh an aistriúchán a rinne Pádraig Ó Buachalla ar an scéal go Gaeilge sna 1930í in Éirinn. Ba shiombail d'fhorbairt an tsaoránaigh iarchoilínigh é an puipéad, a léirigh neart tréithe steiréitipiciúla na suibiachta coilíní ag tús an scéil. Ba bholscaire ar son Stát nua na hIodála é an t-údar, agus ina theannta sin, d'oir an bhéim a leagtar sa leabhar ar fhéinsmacht agus ar urraim a thabhairt do dhaoine níos sine, do shochaí choimeádach na hÉireann sna tríochaidí (Keenan 2007: 14–5).

Ní leor don aistritheoir ná don chomhlacht foilsitheoireachta bheith ag smaoineamh ar dhaoine óga a shásamh. Tá luachanna agus aidhmeanna tuismitheoirí, múinteoirí agus na sochaí i gcoitinne tábhachtach freisin. Is léir ón margaíocht a dhéantar ar litríocht na n-óg go mbíonn cuideachtaí foilsitheoireachta ag smaoineamh ar thuismitheoirí chomh maith le daoine óga. Mar shampla, luann Groszewski go bhfuil greamán ar chlúdach an aistriúcháin *Harry Potter agus an Órchloch* le Máire Nic Mhaoláin a léiríonn gur 'Irish Language Edition' é. Is léir go bhfuil na foilsitheoirí sa chás seo ag díriú an aistriúcháin ar an tuismitheoir, ar an aintín nó ar an daideo gan Ghaeilge a cheannódh an leabhar agus ní ar an bpáiste a léifeadh as Gaeilge é (Groszewski 2012: 110).

Leagann Groszewski béim ar easpa cumhachta na ndaoine óga, agus í ag plé na gcinntí a dhéantar maidir le hábhair léitheoireachta atá 'oiriúnach' do pháistí. Measann sí go bhfuil:

> an chinsireacht shuibiachtúil neamhaitheanta seo níos treise in aistriúcháin do leanaí ná mar atá sí in aistriúcháin do dhream ar bith eile toisc nach bhfuil páistí in ann troid ina coinne [...] Má tá sleachta fágtha ar lár in aistriúchán, má tá an t-aistriúchán ródheacair nó má tá an t-aistriúchán lochtach ar aon bhealach is féidir le duine fásta litir a scríobh chuig nuachtán, drochléirmheas a scríobh in alt nó go deimhin an t-aistriúchán a fhágáil ar an tseilf sa siopa. Níl an chumhacht sin ag leanaí, áfach (Groszewski 2012: 111).

Tá níos lú cumhachta ag daoine óga agus iad ag léamh aistriúchán. Is ar éigean a thabharfaí aird ar ghearán páiste faoi chaighdeán aistriúcháin, agus is cinnte nach dtabharfaí ardán poiblí don pháiste ná don déagóir nach raibh sásta leis. Cé go bhfuil méid áirithe tionchair ag páistí ar na leabhair a cheannaítear dóibh, tá an chumhacht lárnach ag daoine fásta maidir le leabhair a roghnú le haistriú laistigh de chuideachtaí foilsitheoireachta, agus a cheannach sna siopaí.

D'fhéadfaí rud mór a dhéanamh de chumhacht an léitheora fásta, áfach, nó róshimpliú a dhéanamh ar na codarsnachtaí idir léitheoirí óga agus léitheoirí aosta. Níl neart ag gnáthléitheoirí fásta ar thosaíochtaí an tionscadail fhoilsitheoireachta, ach amháin ag leibhéal an-ghinearálta. Níl an stádas ag gach léitheoir fásta go n-iarrfaí orthu léirmheas a scríobh. I gcás an aistriúcháin, is minic nach mbíonn go leor eolais ag an léitheoir fásta ar an mbunteanga le breithiúnas neamhspleách a dhéanamh ach an oiread. Ach is fíor go bhfuil níos lú cumhachta ag páistí ná ag léitheoirí fásta maidir le tionscal an aistriúcháin ar an litríocht. Arís, níl cúrsaí aistriúcháin neodrach ná neamhspleách ar struchtúir chumhachta.

Ach cé nach bhfuil neart ag an aistritheoir ar an éagothroime idir leanaí agus daoine fásta, is féidir socruithe áirithe a chur i bhfeidhm le héisteacht le tuairimí daoine óga. Nuair a ceistíodh déagóirí ag Fleá Leabhar agus Léitheoireachta ar an Spidéal i mí an Mhárta 2002, dúradar go mbíonn scríbhneoirí ag caint anuas leo faoi ábhair a shamhlaíonn siad siúd a bheith bainteach le gnáthshaol déagóra, agus go raibh siad bréan de scéalta faoi dhrugaí (Ní Mhianáin 2003: 206). In 2003, mhol an t-údar Joe Steve Ó Neachtain go gcuirfí comórtas ar siúl do dhaoine óga ionas go scríobhfaidís léirmheasanna ar mhéid mór leabhar Gaeilge. Mheas sé go mbeadh dhá thoradh dhearfacha air sin: chuirfeadh sé mórchuid daoine ag léamh agus bheadh 'toradh na léirmheastóireachta ina oscailt súl dúinn ar fad' (Ó Neachtain 2003: 52). Toradh dearfach eile ná go mbeadh daoine óga ag díriú ar chaighdeán na leabhar Gaeilge, seachas a bheith á léamh díreach ar mhaithe le Gaeilge a fhoghlaim.

Éagsúlacht i Measc Léitheoirí Óga

Fiú agus an t-aistritheoir ag smaoineamh ar dhaoine óga, seachas ar na spriocphobail eile atá i gceist le litríocht na n-óg, tá éagsúlacht mhór ann i measc daoine óga in aon tír amháin. Baineann cuid den éagsúlacht sin le cumas teanga. Bíonn réimse an-leathan cumais léitheoireachta i gceist sa Ghaeilge, fiú i measc cainteoirí dúchais (Hickey agus Ó Cainín 2003: 25–6), agus bearna idir cumas teanga léitheoirí óga agus na hábhair a gcuireann siad suim iontu (Nic a' Bhaird 1980: 51). Mar sin, ní féidir bheith ag súil gur cheart don aistritheoir castacht teanga an bhunleagain a choimeád. Áitíonn Seosamh Ó Murchú, Eagarthóir Sinsearach an Ghúim, gur féidir an dallamullóg a chur ar pháistí níos óige go pointe má chuirtear cuma leabhair do dhéagóirí/daoine fásta ar leabhar an-simplí. Ach éiríonn sé i bhfad níos deacra an dallamullóg a chur ar dhéagóirí (Ó Murchú 2003: 87).

Bíonn na gnáthdhifríochtaí i gceist freisin idir léitheoirí litríocht na n-óg maidir le haois, inscne, spéiseanna éagsúla, srl (Ó Murchú 2003: 88). Ar an gcúis sin, tá sé neamhréalaíoch a rá go bhfuil leabhar áirithe 'oiriúnach' d'aoisghrúpa ar leith, amhail is dá mbeadh gach páiste san aoisghrúpa sin mar an gcéanna. Mar atá luaite ag Ó Murchú, is coincheap réasúnta nua é i stair na litríochta bheith ag smaoineamh ar litríocht a sholáthar d'aoisghrúpa ar leith (Ó Murchú 2003: 86). Bhí údar na sraithe cáiliúla *Narnia*, C.S. Lewis, den tuairim nár chóir don fhíorléitheoir ligean d'aon duine a rá leis ná léi cén uair ba chóir dó nó di leabhar áirithe a léamh

(Hunt 2006: 21). Ní gá go mbeadh leabhar teoranta do dhaoine óga ná do dhaoine aosta.

Is féidir leis an spriocphobal athrú tar éis aistriúcháin agus is féidir le haistriúcháin éagsúla bheith ar fáil, mar atá i gceist i gcás *Alice's Adventures in Wonderland*, a scríobhadh ar dtús do pháistí, agus *Gulliver's Travels*, a scríobhadh ar dtús mar aoir pholaitiúil do dhaoine fásta (Oittinen 2006: 35–6). Cé gur scríobh Lewis Carroll *Alice's Adventures in Wonderland* do pháistí, tá ábhar réasúnta teibí, fealsúnach le fáil ann, nach dtuigfeadh gach cainteoir óg T1 sa Bhéarla ach an oiread. Mar sin, ní aontaím le dearcadh Groszewski go raibh sé de cheart ag Nicholas Williams díriú ar ghnáthpháistí seachas ar an lucht léinn san aistriúchán a rinne sé ar an leabhar sin (Groszewski 2012: 115–16), mar ní chuireann aistriúchán léannta aon bhac ar aistriúchán níos simplí do leanaí ar an scéal céanna. Bheadh deacracht ann dá mbeadh an maoiniú go léir do litríocht na n-óg á chaitheamh ar aistriúcháin do léitheoirí leis an ardchumas teanga sin acu, ach ní mar sin atá.

Le soláthar a chur ar fáil chun freastal ar na riachtanais éagsúla atá ag aos óg léitheoireachta na Gaeilge, bheadh maoiniú an-mhór ag teastáil, rud nach bhfuil ar fáil san earnáil mar atá (Nic Pháidín 2003: 128). Áitíonn Ó Murchú nach mbeadh sé réadúil bheith ag súil go mbeadh na seánraí éagsúla scríbhneoireachta atá ann sa Bhéarla ar fáil sa Ghaeilge gan scéim mhór aistriúcháin a chur ar bun, mar a dhéantar i dteangacha eile 'atá níos láidre ná an Ghaeilge ach nach mórtheangacha iad ach oiread – an tSeicis, an Ungáiris, an Danmhairgis, cuirim i gcás' (Ó Murchú 2003: 94). Toisc go bhfoilsítear líon beag leabhar i nGaeilge i gcomparáid leis na riachtanais atá ann i measc an phobail léitheoireachta – agus an pobal féideartha léitheoireachta – tá sé tugtha faoi deara ag Titley go bhfuil níos mó brú ar gach leabhar a fhoilsítear:

> [B]ooks in Irish have to encompass all genres, all categories, all types, so that each individual book in Irish carries a greater burden, a greater responsibility than its corresponding book in English (Titley 2000: 103).

Ceist na Straitéise agus an Margadh Foilsitheoireachta

Is léir nach féidir gach trá a fhreastal leis an maoiniú atá ar fáil, agus nach bhfuil aon leabhar amháin 'oiriúnach' do gach páiste in aon aoisghrúpa amháin. Ach ní hionann sin agus a rá nach féidir smaoineamh ar an saghas litríochta atá faiseanta agus mealltach do dhaoine óga. Níl cinneadh den sórt sin gan locht, mar d'fhéadfadh róbhéim ar leabhair a bheith 'faiseanta' cur isteach ar an gcruthaitheacht, ar an úrnuacht agus ar an ilchineálacht chultúrtha. Ach ní gá go dtarlódh sé sin, agus ní mór bheith pragmatach maidir le litríocht na n-óg i mionteanga, agus leanaí a mhealladh i dtreo na léitheoireachta Gaeilge le haistriúcháin nua-aimseartha, mar atá molta ag Groszewski (Groszewski 2012: 118).

Ós rud é gur íseal iad figiúirí díolacháin litríocht na n-óg i nGaeilge agus go bhfuil mórán deacrachtaí ann maidir le cúrsaí dáileacháin agus poiblíochta, tá sé níos tábhachtaí fós i gcás na Gaeilge ná i gcás mórtheanga go mbeadh fiontraíocht straitéiseach, atá bunaithe ar an margadh, ann. Is gá d'fhoilsitheoirí díriú ar an margadh agus cur chuige 'fiontraíoch nuálaíoch' a bheith acu, mar a d'áitigh Caoilfhionn Nic Pháidín, Stiúrthóir na cuideachta foilsitheoireachta Cois Life (Nic Pháidín 2003: 128). Is gá go mbeadh an straitéis bunaithe ar thaighde ceart freisin. Sa Bhreatain Bheag, mar shampla, forbraíodh leabhair a bhí bunaithe ar thaighde ar an teanga a úsáideann foghlaimeoirí óga. Molann Hickey agus Ó Cainín go ndéanfaí an rud céanna maidir leis an nGaeilge (Hickey agus Ó Cainín 2003: 33).

Mar chuid de thaighde ar an margadh léitheoireachta, b'fhiú ceist a chur ar dhaoine óga an léifidís aistriúchán Gaeilge ar leabhar comhaimseartha atá ar fáil go héasca i mBéarla, leithéidí *Harry Potter*. Cé go bhféadfaí breathnú ar fhigiúirí díolacháin na leabhar éagsúil, b'fhiú an cheist a chur ar dhaoine óga ar léigh siad na leabhair a ceannaíodh dóibh: d'fhéadfadh difríocht shuntasach a bheith ann idir na leabhair Ghaeilge a ceannaíodh do dhaoine óga agus na leabhair a léigh siad. Ní dócha go mbeadh aon fhreagra simplí ar a leithéid de thaighde, mar tá na ceisteanna an-chasta agus tá neart grúpaí éagsúla i gceist i measc léitheoirí óga na hÉireann.

Ós rud é go bhfuil gá le freastal ilchineálach ar dhaoine a bhfuil spéis acu in ábhair éagsúla agus cumas teanga idir ard agus íseal acu, is rídhócha nach bhfuil na hacmhainní ann le freastal ar an margadh iomlán, ach go háirithe sa timpeallacht eacnamaíochta atá ann faoi láthair. Ciallaíonn sé sin go mbeadh cinntí straitéiseacha ag teastáil faoin soláthar, agus go bhfuil comhoibriú idir na heagraíochtaí foilsitheoireachta an-tábhachtach le cinntiú go gclúdaítear an méid is mó catagóirí agus is féidir. Mura ndéantar sin, ní féidir talamh slán a dhéanamh de go bhfuil an freastal is fearr á dhéanamh ar dhaoine óga, ionas go meallfaí iad i dtreo na léitheoireachta Gaeilge.

Dar ndóigh, ní hionann an cur chuige atá ag teastáil agus fiontraíocht gnó a bheadh dírithe ar airgead amháin. Nuair atá caomhnú teanga i gceist, is gá a bheith straitéiseach faoi na léitheoirí a bhfuil leabhair ar chaighdeán níos airde teanga de dhíth orthu (nó ar a laghad intuigthe dóibh) freisin. Ní mór aird a thabhairt ar an bhfreastal ar chainteoirí dúchais T1 a bhfuil scileanna léitheoireachta níos fearr acu, ionas gur féidir leo na scileanna sin a fhorbairt. Cé gur mionlach iad i gcomparáid leis na foghlaimeoirí teanga, tá siad antábhachtach do thodhchaí na Gaeilge. Mar sin, is gá go mbeadh meascán ann agus roinnt leabhar níos dúshlánaí ar fáil, fiú má tá tromlach na ndaoine óga ag lorg leabhar atá scríofa ar bhealach simplí. Mar a dúirt Ó Murchú, is gá go mbeadh leabhair ar fáil d'aos óg na Gaeltachta:

> a mbeidh saibhreas teanga agus ábhair ann a spreagfaidh iad chun léitheoireacht agus a shínfidh a n-acmhainn teanga agus samhlaíochta araon má tá an Ghaeilge le bheith mar theanga a mbeadh meas acu uirthi (Ó Murchú 2003: 105).

Slata Tomhais Eile

Cé gur fiú taighde a dhéanamh ar réimsí spéise daoine óga, ar mhaithe le guth a thabhairt dóibh sa phróiseas foilsitheoireachta agus ar mhaithe le margaíocht éifeachtach, ní leor an t-iniúchadh sin agus níor chóir díriú air sin amháin. Mar a deir Ó Murchú:

> Nach ionann ábhar do dhéagóir seacht mbliana déag d'aois agus ábhar leabhair do dhuine fásta? Cad a chuirfeá ar fáil d'óganach dhá bhliain déag d'aois? [...] An féidir bunslat tomhais a úsáid chuige seo? Ní féidir. Chomh fada is a bhaineann leis an litríocht agus saothar cruthaitheach a fhoilsiú ní féidir ach aon slat tomhais amháin a bheith ann – an scéal a bheith suimiúil agus é inste ar bhealach mealltach cliste, an táirge liteartha a bheith críochnúil (Ó Murchú 2003: 88).

Chuige sin, is gá don aistritheoir agus don údar saoirse áirithe a bheith acu freisin, chun an scéal is mó a thaitníonn leo féin a insint. Mura dtaitníonn sé leo, nó mura gcreideann siad ann, is annamh a rachaidh sé i bhfeidhm ar an léitheoir. D'fhéadfadh an iomarca béime ar an margadh in aigne an údair nó an aistritheora bac a chur ar an bpróiseas cruthaitheach. Mar a dúirt C.S. Lewis, b'fhearr don údar a s(h)uim féin agus a luachanna féin a chur in iúl seachas ceachtanna a chumadh do 'leanaí' nó an rud atá ag teastáil ó 'leanaí' a thabhairt dóibh (Hunt 2006: 17). Tá cosúlacht idir an tuairim sin agus dearcadh Cronin maidir leis an aistriúchán: 'In concentrating on questions of audience in communicative translation, the imaginary dimension to translation practice can be forgotten' (Cronin 1996: 152–3).

III: An Aidhm Oideachasúil agus Aidhm na Siamsaíochta

Is féidir leis an aidhm oideachasúil maidir le litríocht na n-óg teacht salach ar aidhm na siamsaíochta. Nuair atá údar nó aistritheoir dírithe ar eolas, luachanna nó scileanna ar leith a thabhairt don léitheoir, seans go ndéanfaidh siad dearmad an scéal a insint ar bhealach bríomhar, taitneamhach. Agus é ag gearán mar gheall ar an róbhéim ar an aidhm oideachasúil i litríocht na n-óg in 1823, scríobh an t-aistritheoir Edgar Taylor an méid seo a leanas i mbrollach leabhair:

> Philosophy is made the companion of the nursery: we have lisping chemists and leading-string mathematicians: this is the age of reason, not of imagination; and the loveliest dreams of fairy innocence are considered as vain and frivolous (Lathey 2006: 8).

Ach ní gá go mbeadh teannas ann idir an aidhm oideachasúil agus aidhm na siamsaíochta. Is féidir a mhaíomh go bhfuil dlúthbhaint ag an tsiamsaíocht leis an aidhm oideachasúil i gcás na Gaeilge (agus i gcás mionteangacha eile), mar táthar ag iarraidh páistí a mhealladh agus a spreagadh chun breis léitheoireachta a dhéanamh. Mar sin, is gá go mbeadh na leabhair taitneamhach, nó ní éireoidh leis an aidhm oideachasúil. Fiú má tá an t-aistritheoir agus an foilsitheoir ag iarraidh cumas léitheoireachta i measc páistí óga a fhorbairt i nGaeilge, ní féidir bheith ag súil le toradh maith maidir le léitheoireacht trí bheith ag díriú ar scileanna léitheoireachta amháin (Hickey agus Ó Cainín 2003: 26).

Tá sé léirithe ag taighde nach leor scileanna léitheoireachta mura bhfuil fonn ar pháistí léamh go rialta as a stuaim féin, mar is ar son pléisiúir agus eolais a chleachtaímid an léitheoireacht (Hickey agus Ó Cainín 2003: 28). Mar sin, níor chóir sprioc na teanga 'a chur chun tosaigh ar spriocanna fiúntais, scéalaíocht ná eile' (Ó Murchú 2003: 89).

Feictear go bhfuil dlúthcheangal idir aidhm na siamsaíochta agus aidhm an oideachais i gcás rithim agus stór focal an scéil. Tá an-tábhacht ag baint le fuaimeanna, ceol agus rithim an scéil i leabhair do pháistí óga. Moltar gur chóir scéalta a léamh os ard do pháistí go minic ag an gcéim réamhléitheoireachta, rud a chuidíonn le scileanna éisteachta agus labhartha (Hickey agus Ó Cainín 2003: 28–9). Sampla álainn den aistriúchán do pháistí óga ina dtugtar aird ar rithim na teanga ná an leagan Gaeilge de *The Gruffalo*. Thug Groszewski ardmholadh don aistriúchán sin, toisc gur shamhlaigh Rosenstock an leanbh agus é i mbun phróiseas an aistriúcháin, agus gur éirigh le Rosenstock greann agus draíocht an bhunleagain a chur in iúl (Groszewski 2012: 120). Molann sí simplíocht an aistriúcháin freisin, bua atá luaite ag Alan Titley le Gabriel Rosenstock, leis (Titley 2005: 317). Tugann Groszewski na dea-fhuaimeanna san aistriúchán chun suntais chomh maith: 'tá rithim ag baint leis agus tá sé fileata agus tarraingteach' (Groszewski 2012: 120). Tá bua na rithime (mar aon leis an ngreann agus an tsimplíocht) le clos freisin san aistriúchán a rinne Rosenstock ar *Aliens Love Underpants* le Claire Freedman agus Ben Cort, *Seachain do Bhrístín!*:

Caith brístín ar do chloigeann
caith brístín ar do lámh
caith brístín is tú ag eitilt
ag rith, ag léim, ag snámh!

Suas is suas is suas
is anuas ar an mbrístín,
nach brístín é in aon chor
ach saghas éigin trampailín!

Ní chiallaíonn aidhm na siamsaíochta i litríocht Ghaeilge na n-óg nach gcuirfí aon dúshlán roimh an leanbh ach an oiread, dar ndóigh. Ach is gá é a thomhas i gceart. Más é is cuspóir don aistritheoir cumas litearthachta an linbh a fheabhsú, ní mór a stór focal a fhorbairt, ach dúshlán ró-ard maidir le caighdeán na teanga a sheachaint. Mar a dúirt Nic a' Bhaird, ba chóir go mbeadh an leibhéal teanga 'simplí go leor len iad a spreagadh chun tuilleadh léitheoireachta a dhéanamh, agus a gcumas léitheoireachta a fhorbairt' (Nic a' Bhaird 1980: 51). Feictear arís go bhfuil dlúthbhaint idir aidhm na siamsaíochta agus an aidhm oideachasúil sa chomhthéacs sin. Má tá an stór focal i bhfad Éireann ródheacair, ní bhainfear aon taitneamh as an scéal agus ní leanfar leis. Ach má tá go leor siamsaíochta ag baint leis an scéal, ní stopfaidh an léitheoir ag léamh toisc nach dtuigeann sé nó sí gach uile fhocal ar an gcéad léamh.

IV: Dílseacht don Bhuntéacs

Ba mhaith liom breathnú anois ar cheist na dílseachta don bhuntéacs, ceann de na buncheisteanna a mbíonn ar gach aistritheoir plé léi. Dar le Shavit go bhfuil sé níos éasca saoirse a ghlacadh maidir le haistriúcháin ar scéalta do pháistí óga, toisc go bhfuil litríocht do pháistí óga ar imeall an chultúir (Shavit 1981: 172–3). Ós rud é go bhfuil stádas réasúnta íseal ag litríocht na n-óg, ní bhíonn an pobal chomh buartha faoi éagsúlacht idir an buntéacs agus an leagan aistrithe. Seans go mbaineann sé sin freisin leis an easpa cumhachta atá ag daoine óga mar léitheoirí (Groszewski 2012: 111).

Tá easaontas mór ann i measc scoláirí maidir leis an méid saoirse ba chóir a ghlacadh i gcás litríocht na n-óg. Áitíonn saineolaithe ar nós Klingberg gurbh fhearr an buntéacs a athrú a laghad agus is féidir. Tá a mhalairt de thuairim ag Riita Oittinen, a mhaíonn gurbh fhearr labhairt faoi aistriúcháin ar son páistí, seachas aistriúcháin ar scéalta do pháistí, toisc nár chóir go mbeadh údarás faoi leith ag an mbuntéacs (Sullivan 2005: 77–8). Samhlaíonn Oittinen go bhfuil an léitheoir, an t-údar agus an t-aistritheoir i mbun comhrá i ndea-aistriúchán. Measann sí gur gá don aistritheoir bheith dílis don údar seachas don bhuntéacs, ach go bhfuil an t-aistritheoir dílis má ghlacann léitheoirí leis an aistriúchán agus má bhaineann siad taitneamh as (Oittinen 1993: 95).

Is féidir easaontú le dearcadh Oittinen gur bealach é le dílseacht don bhuntéacs a léiriú an léitheoir a shásamh. Seans gurbh fhearr a rá go bhfuil sprioc eile níos tábhachtaí don aistritheoir ag an bpointe sin ná dílseacht don bhuntéacs – an téacs a oiriúnú don léitheoir, nó an léitheoir a mhealladh i dtreo an scéil, mar shampla. Ach má bhreathnaítear ar an aistritheoir mar 'ambasadóir' don scéal, d'fhéadfaí a rá gur saghas dílseachta é don údar a chinntiú go mbeidh an scéal mealltach don léitheoir, cé go mb'fhéidir go léiríonn sé easpa muiníne gur thuig an t-údar féin conas an scéal a chur in iúl ar bhealach mealltach má athraítear príomhthréithe an scéil.

Is léir ón dearcadh spéisiúil atá ag Oittinen gur iomaí slí atá ann chun an focal 'dílseacht' a shainiú i ndáil leis an bpróiseas aistriúcháin. Díríonn Van Coillie ar mheas do stíl agus d'aidhm an údair mar chomharthaí sóirt na dílseachta. Ach admhaíonn sí gur féidir léirmhínithe éagsúla a dhéanamh ar aidhm an údair. Measann sí go léiríonn dílseacht d'aidhmeanna an údair dílseacht don léitheoir freisin, mar cruthaítear aistriúchán níos dúshlánaí, a fhorbróidh cumas cruthaitheach, intleachtúil agus aeistéitiúil an léitheora (Van Coillie 2006: 137). Is léir, mar sin, go bhfuil ceist na dílseachta don údar fite fuaite le ceist na dílseachta don léitheoir, agus nach luach simplí, neamhchonspóideach é.

I gcás litríocht na n-óg, ní féidir neamhaird a thabhairt ar chastacht na teanga ach an oiread, mar baineann sé sin le dílseacht don léitheoir. Murar féidir le léitheoir go leor den fhriotal a thuiscint sa sprioctheanga, níl freastal ceart á dhéanamh orthu. Ag an am céanna, mura bhfuil aon leabhar níos dúshlánaí ar fáil do leanaí óga T1 sa Ghaeilge, níltear ag freastal orthu siúd ach an oiread. Mar sin, deacracht eile a bhaineann le dílseacht do leanaí ná nach grúpa aonchineálach iad.

Go minic, má theastaíonn ón aistritheoir bheith dílis do rithim agus do stíl an bhunleabhair, is gá an bhrí a athrú chuige sin. Go minic b'fhearr mionathrú sa bhrí ná an rithim a chur as riocht. Mar shampla, san aistriúchán a rinne Nicholas Williams ar an véarsa seo a leanas, d'éirigh leis brí agus rithim an bhuntéacs a chur san áireamh, ach níl 'And yet' aistrithe aige ón mBéarla:

> "You are old, Father William," the young man said
> "And your hair has become very white;
> And yet you incessantly stand on your head—
> Do you think, at your age, it is right?"

> "Athair Liam", dúirt a mhac, "tá tú ársa 'gus críon
> 's is liath do chuid gruaige le haois;
> Ar do cheann a bhíonn tú 'do sheasamh de shíor
> An cuí duit a leithéid de bhaois?"

Sampla eile ná an t-aistriúchán le Gabriel Rosenstock ar *The Gruffalo*, ina n-athraítear brí an leagain Bhéarla i línte 4 go 6 thíos go pointe áirithe. Ní chuireann an t-athrú sin sa chomhrá an scéal as riocht, agus coimeádtar rithim na teanga. Chomh maith leis sin, tá sé níos éasca do leanaí óga é a thuiscint, toisc go bhfuil na línte mar an gcéanna leis an gcéad chomhrá idir an luch agus an sionnach (agus an comhrá a leanann é idir an luch agus an nathair nimhe). Tá an t-athrá sin ag teacht leis an stíl i gcoitinne sa bhunleabhar, atá lán d'athrá:

> On went the mouse through the deep dark wood.
> An owl saw the mouse and the mouse looked good.
> *"Where are you going to, little brown mouse?*
> *Come and have tea in my treetop house."*
> "It's frightfully nice of you, Owl, but no –
> I'm going to have tea with a gruffalo."
>
> Lean sé ar aghaidh isteach sa choill
> Agus bhuail le hulchabhán gan aon rómhoill.
> *'Ar strae atá tú? Ó mo bhrón!*
> *Tar liom abhaile is íosfaimid lón'.*
> 'Nílim ar strae agus nílim ar fán –
> Tá coinne agam leis an nGarbhán.'

In alt fíorspéisiúil, míníonn Máire Nic Mhaoláin roinnt de na cinntí a rinne sí le linn di bheith ag aistriú nithe draíochta áirithe sa scéal *Harry Potter agus an Órchloch* (*Harry Potter and the Philosopher's Stone* le J.K. Rowling). Is léir go ndearna sí iarracht bheith dílis do choincheapanna údar an bhuntéacs agus do riachtanais teanga na Gaeilge. Mar shampla, d'aistrigh sí 'the Put-Outer' go 'an Cuir-Astóir', mar shíl sí go raibh sé leathchosúil le 'lastóir'. Bhaist sí an 'Clóca Dorcha' ar an 'Cloak of Invisibility', ainm a d'aimsigh sí i bhfoinse béaloidis. Cé go raibh an clóca féin ar dhath an airgid, cheilfeadh sé thú 'mar a dhéanfadh an dorchadas' (Nic Mhaoláin 2006: 26).

Níor ceadaíodh di ainmneacha daoine ná ainmhithe a aistriú (Nic Mhaoláin 2006: 26), rud a léiríonn arís go mbíonn ar an aistritheoir ar litríocht na n-óg freastal ar ghrúpaí éagsúla de bhreis ar na léitheoirí óga. Ach ligeadh di ainmneacha Gaeilge a chur ar na taibhsí. Bhraith sí gur tugadh an cead sin di toisc go raibh leasainmneacha na dtaibhsí bunaithe ar ghnáthfhocail, agus toisc go raibh 'comhfhuaim i gceist go minic agus b'fhearr sin a choinneáil san aistriúchán' (Nic Mhaoláin 2006: 26). Mar shampla, an t-aistriúchán a bhí aici ar 'Fat Friar' ná 'Bráthair Beathaithe', mar ní dhéanfadh 'Ramhar' comhfhuaim le 'Bráthair'. 'Clás Cloigeann-ar-Éigean' a thug sí ar 'Nearly Headless Nick'. 'Ádhúil go leor, is giorrú ar Nioclás é Clás (agus é sórt coitianta i bPort Láirge)' (Nic Mhaoláin 2006: 26–7). Is léir, mar sin, go mbíonn ar aistritheoirí machnamh a dhéanamh ar an dílseacht ba chóir dóibh a léiriú do thosaíochtaí éagsúla (brí agus fuaim an bhuntéacs, mianta an údair, bunús focal/ainm sa sprioctheanga, srl.) agus an cinneadh is fearr i ngach cás a dhéanamh tar éis na tosaíochtaí éagsúla a mheá.

V: Cultúr an Bhuntéacs a Chur in Iúl sa Sprioctheanga

Ba mhaith liom breathnú anois ar cheist eile a bhfuil an-ghaol aici le ceist na dílseachta – is é sin, conas cultúr an bhuntéacs a chur in iúl ar bhealach éifeachtach sa sprioctheanga. Ní hionann an t-aistriúchán agus an rud díreach céanna a chur ar fáil. Is gá athscríobh a dhéanamh do léitheoirí nua sa sprioc-chultúr. Ach tá rogha ag an aistritheoir faoin méid a athraítear an téacs de réir luachanna cultúrtha agus luachanna teanga na sprioctheanga. Mar a luadh thuas, rinne Nic Mhaoláin roinnt cinntí faoi aistriúcháin ar nithe draíochta agus ainmneacha taibhsí faoi thionchar chomhthéacs na teanga dúchais (an béaloideas agus cé chomh coitianta is a bhí ainm ar leith).

Ní bhaineann litearthacht le tuiscint agus le cumas teanga amháin. Baineann sí le litearthacht chultúrtha freisin (Hunt 2001: 281). Ar an mbonn sin, measann Oittinen gurbh fhearr ligean do leanaí na rudaí iasachta a aimsiú sa litríocht aistrithe agus foghlaim conas glacadh le difríochtaí (Oittinen 2006: 43). Paradacsa mór atá tugtha faoi deara ag Sullivan ná go ndeirtear go n-aistrítear leabhair chun litríocht na n-óg a shaibhriú sa sprioctheanga agus chun cultúir iasachta a chur i láthair páistí. Ach go minic faightear réidh leis an ngné iasachta ó aistriúcháin, atá curtha go mór in oiriúint don sprioc-chultúr, ar an mbonn, deirtear, nach dtuigfidh páistí an méid atá ann. Braitheann na cinntí a dhéanann aistritheoirí agus eagarthóiri ar an measúnú a dhéanann siad ar an léitheoir páistiúil (Sullivan 2005: 74). Mar a dúirt Lefevre:

> Translations not only project an image of the work that is translated and, through it, of the world that work belongs to; they also protect their own world against images that are too radically different, either by adapting them or by screening them out (Lefevre 1992: 125).

Ní gá, áfach, go dtabharfadh an t-aistritheoir an sprioc-chultúr san áireamh san aistriúchán ar mhaithe leis an gcultúr sin a chosaint amháin. Is féidir leis nó léi bheith ag iarraidh brí nó spiorad an bhunchultúir a chur in iúl don leanbh ar bhealach a thuigfidís: ról an 'ambasadóra' arís. Dar le Pascua-Febles gur gá comhrá a thosú leis an léitheoir óg ionas go mbeadh an leanbh ábalta ionannú a dhéanamh leis na heilimintí nua cultúrtha. Is gá na coinbhinsiúin théacsúla sa sprioctheanga a thabhairt san áireamh agus gach marc cultúrtha, teangeolaíoch agus séimeantach a oiriúnú. Ní mór don aistritheoir díriú ní hamháin ar nádúr an bhuntéacs ach ar a thábhacht sa bhunchultúr, ar noirm agus ar rialacha an sprioc-chultúir, ar na 'léitheoirí eile' (daoine fásta, múinteoirí, foilsitheoirí) agus ar luachanna daoine óga inniu (Pascua-Febles 2006: 114). Ar an dóigh chéanna, braitheann Oittinen gur gá don aistritheoir na focail iasachta sa bhuntéacs a iompú isteach ina f(h)ocail féin, ionas gur féidir comhrá rathúil a chruthú idir an bunchultúr agus an cultúr nua (Oittinen 2006: 37).

Tá baol ann, freisin, agus an t-aistritheoir ag déanamh iarracht an bunchultúr a chur in iúl ar bhealach simplí don aos óg, go ndéanfar steiréitíopaí de. Mar a dúirt an t-aistritheoir Lawson Lucas maidir le haistriúchán a rinne sí ar *Pinocchio* go Béarla, ní bheadh sé dílis don Iodáil dá ndéanfadh sí 'piling on local colour to the point of rendering the text "folksy", quaint, olde worlde' (Lathey 2006: 14–15). Tá Gillian Lathey den tuairim go dtagann íomhánna réaduchtachta de dhaoine ó thíortha agus ó chultúir éagsúla chun cinn de bharr go gceaptar nach bhfuil an leanbh ábalta na difríochtaí a thuiscint, nó toisc go bhfuil na daoine fásta ar aon intinn maidir leis an íomhá den ghrúpa sin ba chóir a chur faoi bhráid na leanaí ag am faoi leith (Lathey 2006: 9–10).

Ní hamháin go ndéantar oiriúnú ar an mbuntéacs don sprioc-chultúr, ach déantar oiriúnú ar an mbuntéacs ionas go mbeadh sé i gcomhréir le córas litríochta na sprioctheanga (Joosen 2006: 62). Mar shampla, nuair a aistríodh scéalta Hans Christian Andersen go Béarla sa naoú haois déag, rinneadh scéalta níos teagascaí agus traidisiúnta díobh, le críocha sona, ionas go mbeidís níos cosúla leis na gnáthscéalta i seánra litríocht na n-óg a bhí ann ag an am (Øster 2006: 152). I gcás mionteanga ar nós na Gaeilge, ciallaíonn sé sin gur gá don aistritheoir aird a thabhairt ar an gcóras litríochta sa Bhéarla agus sa Ghaeilge, mar beidh éifeacht ag litríocht na n-óg sa dá theanga ar an saghas scéil a mbeadh an páiste dátheangach ag súil leis.

VI: *Conclúid*

Ní fheidhmíonn aistritheoirí i gcomhthéacs neodrach, mar bíonn éifeacht ag struchtúir chumhachta, cúinsí cultúrtha agus eile ar na cinntí a dhéanann siad. I gcás litríocht na n-óg go mionteanga, is tábhachtaí fós ceist na héagothroime cumhachta, maidir le teangacha agus aoisghrúpaí éagsúla. Tá gá le cur chuige straitéiseach le daoine óga a mhealladh i dtreo na léitheoireachta Gaeilge, agus leis na dúshláin maidir le freastal ar réimse leathan spéiseanna agus cumais léitheoireachta a shárú, ach go háirithe nuair atá acmhainní gann sa tionscal foilsitheoireachta. Níl neart ag an aistritheoir aonair ar na mórcheisteanna sin, áfach, ar gá tabhairt fúthu le taighde agus comhoibriú ag leibhéal náisiúnta.

SAOTHAIR A CEADAÍODH

Cronin, Michael. *Translating Ireland*. Cork: Cork University Press, 1996.

Desmidt, Isabelle. 'A Prototypical Approach within Descriptive Translation Studies? Colliding Norms in Translated Children's Literature'. *Children's Literature in Translation: Challenges and Strategies*. Eag. Jan Van Coillie agus Walter P. Verschueren. Manchester: St. Jerome Publishing, 2006: 79–96.

Ewers, Hans-Heino. *Fundamental Concepts of Children's Literature Research*. New York: Routledge, 2009.

Ghesquiere, Rita. 'Why Does Children's Literature Need Translation?' *Children's Literature in Translation: Challenges and Strategies*. Eag. Jan Van Coillie agus Walter P. Verschueren. Manchester: St. Jerome Publishing, 2006: 19–33.

Groszewski, Lydia. 'An Margadh Léitheoireachta i gCás Aistriúchán Gaeilge do Leanaí'. *Codladh Céad Bliain: Cnuasach Aistí ar Litríocht na nÓg*. Eag. Ríona Nic Congáil. Baile Átha Cliath: *Leabhair*COMHAR, 2012: 109–125.

Hickey, Tina agus Pól Ó Cainín. 'Léitheoirí Óga na Gaeilge: Cothú agus Cabhair'. *Idir Lúibíní: Aistí ar an Léitheoireacht agus ar an Litearthacht*. Eag. Róisín Ní Mhianáin. Baile Átha Cliath: Cois Life, 2003: 23–44.

Hunt, Peter. *Children's Literature*. Oxford: Blackwell, 2001.
Children's Literature: Critical Concepts in Literary and Cultural Studies. Iml. 1. Oxford: Routledge, 2006.

Joosen, Vanessa. 'From *Breaktime* to *Postcards*: How Aidan Chambers Goes (Or Does Not Go) Dutch'. *Children's Literature in Translation: Challenges and Strategies*. Eag. Jan Van Coillie agus Walter P. Verschueren. Manchester: St. Jerome Publishing 2006: 61–78.

Keenan, Celia. 'Pinocchio's Irish adventures'. *Inis: the Children's Books Ireland Magazine*. Uimh. 20. Samhradh 2007: 12–19.

Lathey, Gillian. 'The Translator Revealed: Didacticism, Cultural Mediation and Visions of the Child Reader in Translators' Prefaces'. *Children's Literature in Translation: Challenges and Strategies*. Eag. Jan Van Coillie agus Walter P. Verschueren. Manchester: St. Jerome Publishing, 2006: 1–18.

Lefevre, André. *Translating Literature: Practice and Theory in a Comparative Literature Context*. New York: Modern Language Association of America, 1992.

Nic a' Bhaird, Fionnuala. 'Ag Foilsiú Don Óige'. *Comhar*. 39.4. 1980: 50–51.

Nic Mhaoláin, Máire. 'Harry Potter is ainm dom'. *Inis: the Children's Books Ireland Magazine*. Uimh. 12. 2005: 26–8; 36.

Nic Pháidín, Caoilfhionn. ''Cén fáth nach?' – Ó Chanúint go Criól'. *Idir Lúibíní: Aistí ar an Léitheoireacht agus ar an Litearthacht*. Eag. Róisín Ní Mhianáin. Baile Átha Cliath: Cois Life, 2003: 113–30.

Ní Mhianáin, Róisín. Eag. *Idir Lúibíní: Aistí ar an Léitheoireacht agus ar an Litearthacht*. Baile Átha Cliath: Cois Life, 2003.

Oittinen, Riitta. *I Am Me – I Am Other: On the Dialogics of Translating for Children*. Tampere: University of Tampere, 1993.
'No Innocent Act: On the Ethics of Translating for Children'. *Children's Literature in Translation: Challenges and Strategies*. Eag. Jan Van Coillie agus Walter P. Verschueren. Manchester: St. Jerome Publishing, 2006: 35–45.

Ó Murchú, Seosamh. 'An Léitheoireacht i Measc Déagóirí'. *Idir Lúibíní: Aistí ar an Léitheoireacht agus ar an Litearthacht*. Eag. Róisín Ní Mhianáin. Baile Átha Cliath: Cois Life, 2003: 83–96.

Ó Neachtain, Joe Steve. 'Dar Mhionn an Leabhair'. *Idir Lúibíní: Aistí ar an Léitheoireacht agus ar an Litearthacht*. Eag. Róisín Ní Mhianáin. Baile Átha Cliath: Cois Life, 2003: 45–55.

Øster, Anette. 'Hans Christian Andersen's Fairy Tales in Translation'. *Children's Literature in Translation: Challenges and Strategies*. Eag. Jan Van Coillie agus Walter P. Verschueren. Manchester: St. Jerome Publishing, 2006: 141–55.

Pascua-Febles, Isabel. 'Translating Cultural References: The Language of Young People in Literary Texts'. *Children's Literature in Translation: Challenges and Strategies*. Eag. Jan Van

Coillie agus Walter P. Verschueren. Manchester: St. Jerome Publishing, 2006: 111–21.

Shavit, Zohar. 'Translation of Children's Literature as a Function of Its Position in the Literary Polysystem'. *Poetics Today*. 2.4. 1981: 171–79.

Sullivan, Emer. *Comparative Children's Literature*. London: Routledge, 2005.

Titley, Alan. 'Children's Books in Irish'. *The Big Guide 2: Irish Children's Books*. Eag. Valerie Coughlan agus Celia Keenan. Baile Átha Cliath: O'Brien Press, 2000.

Titley, Alan. 'Turning inside and out: Translating and Irish 1950–2000'. *The Yearbook of English Studies*. 2005: 312–22.

Van Coillie, Jan. 'Character Names in Translation: A Functional Approach'. *Children's Literature in Translation: Challenges and Strategies*. Eag. Jan Van Coillie agus Walter P. Verschueren. Manchester: St. Jerome Publishing, 2006: 123–39.

VII

Gnéithe de Théama na hAibíochta i Litríocht do Dhaoine Óga sa Ghaeilge

Pádraig de Paor

Réamhrá

Cad chuige an suim linne, daoine fásta, litríocht do dhaoine óga? As siocair gur litríocht í. Litríocht atá sna dea-leabhair do leanaí nuair a phléann sí leis an choinníoll dhaonna. Cad is brí leis an bheatha seo a chaitear faoi scáil an bháis? Cad chuige arb ann don olc? An ann do Dhia? An bhfuil a leithéid de rud is fíorghrá ann, agus má tá, an bhfuil sé níos láidre ná an bás? Is i ngleic leis na ceisteanna sin a théann na dea-leabhair do dhaoine óga. Ní gá gur sna téarmaí sin a dhéanfaí amhlaidh, gan amhras. Ach aon leabhar a sheachnaíonn na ceisteanna sin, ní litríocht atá idir a chlúdaigh, ach kitsch. Níl aon ghanntanas kitsch ann dár ndaoine óga. Tá fiúntas ag baint leis an scíthléitheoireacht chun scileanna liteartha a fhorbairt, ach ní litríocht í. Tá, áfach, an t-ádh orainne, Gaeil, go bhfuil taisce bheag de sheoidleabhair chlasaiceacha an domhain do dhaoine óga aistrithe go slachtmhar seolta go Gaeilge. Ina measc siúd, tá *Eachtraí Eilíse i dTír na nIontas* le Lewis Carroll,

Nicholas Williams a d'aistrigh (2003), *Eachtra Phinocchio* le Carlo Collodi, Pádraig Ó Buachalla a d'aistrigh (1933), *Tír na Deó (Peter and Wendy)* le J.M. Barrie, Máiréad Ní Ghráda a d'aistrigh (1938), *Harry Potter* (Imleabhar I) le J. K. Rowling, Máire Nic Mhaoláin a d'aistrigh (2004). Téama amháin atá i bpáirt ag na leabhair úd uilig go léir ná an dúshlán a bhaineann le bheith ag fás suas, ag dul in aibíocht, an dúshlán a bhaineann le fáiltiú roimh imeacht an ama. Siúd í an chúis gur suim linne, daoine fásta, an litríocht sin do dhaoine óga, as siocair go dtéann sí i ngleic le ceist imeacht an ama. Éirí amach an duine i gcoinne an ama atá i gcuid mhaith ealaíne, gan amhras. Ag an leibhéal is bunúsaí ar fad, iarracht atá sa scéal ciall a dhéanamh d'imeacht an ama: bíonn tús, lár agus deireadh ann; patrún é sin a thugann le fios go dtig ord éigin a bhualadh ar anord an ama. Díol suntais ach go háirithe, áfach, na scéalta sin a mbíonn páiste mar phríomhcharachtar iontu, cuirim i gcás, *Eachtraí Eilíse i dTír na nIontas*.

Eachtraí Eilíse i dTír na nIontas

Sa leabhar rí-álainn úd, is éard atá ag Lewis Carroll á dhéanamh, dar le Harold Bloom (1987), ná iarracht stop a chur leis an am, iarracht an t-am a mharú: 'Wonderland has only one reality principle, which is that time has been murdered' (Bloom 1987: 5).

> 'Muise, muise,' a dúirt an Coinín Bán ag tús an scéil. 'Is ródhéanach a bheas mé.' ... Bhain an Coinín Bán uaireadóir as póca a veiste gur fhéach air, agus gur dheifrigh ar aghaidh (Carroll/Williams 2003: 7, 8).

Síos an poll coinín le hEilís ina dhiaidh sin agus as sin a heachtra i dTír na nIontas mar a bhfuil gach ní is gach neach le gealaigh. An gealtachas an tslí atá ag Lewis Carroll, dar le Harold Bloom, chun an t-am a mharú. Is éard a deir an Puisín Clárach le hEilís nuair a mhaíonn sí siúd nár mhaith léi dul i measc na ngealt: 'Níl leigheas agat air sin, arú. Tá muid go léir as ár meabhair anseo. Tá mise as mo mheabhair. Tá tusa as do mheabhair' (Carroll/Williams 2003: 67).

Ach cé go mb'fhéidir gur fíor do Harold Bloom gurbh fhearr le Charles Dodgson, fíorainm an údair, go bhfanfadh Alice Liddell, a bhfuil an leabhar bunaithe uirthi agus tiomnaithe di, ina *puella aeterna* go brách na breithe, feictear domh go bhfuil Lewis Carroll, an t-ealaíontóir, an-ionraic, agus go ligeann sé di fás suas. Cur síos ar thráma aimsir an fháis agus an fhásta a fhaightear sa leabhar.

I ndiaidh d'Eilís an buidéal, a bhfuil na focail 'ÓLTAR MÉ' scríofa air, a dhiúgadh, mothaíonn sí go bhfuil sí ag dúnadh suas mar a bheadh teileascóp inti. Níl a fhios aici cad é a dhéanfas di an císte beag — císte a bhfuil na focail 'ITEAR MÉ' scríofa go gleoite air i gcuiríní: 'D'ith sí fíorbheagán agus d'fhiafraigh go neirbhíseach di féin, "Fás nó laghdú? Fás nó laghdú?"'(15) Thig linn na claochluithe sin a léamh mar shamhail den athrú, idir fhisiciúil is mhothálach, atá i gceist leis an dul in aibíocht. Tá Eilís, cailín, ar tí luath-aois na leanbaíochta a fhágáil ina diaidh agus gabháil sna mná óga. An mearbhall féiniúlachta a bhaineann leis an idirthréimhse úd atá taobh thiar de na heachtraí iontacha, is dócha, mar ba nós leis an bpáiste suntasach seo ligean uirthi féin gur bheirt chailíní éagsúla a bhí inti: 'Is beag an mhaith anois é ligean orm féin gur beirt mé! Arú, is ar éigean atá mo dhóthain díom ann le duine ceart amháin a dhéanamh!'(14)

Tá eachtra Eilíse mar a bheadh cur síos ann ar an ghéarchéim féiniúlachta a bhuaileann páiste atá ar tí nithe an linbh a fhágáil taobh thiar de agus fás suas. Tá sí ag fás go fisiciúil agus mothaíonn a hintinn faoi bhrú coinneáil suas leis an aibiú mhearbhlach seo:

"Níos aistíocha agus níos aistíocha!" a dúirt Eilís de bhéic (bhí an oiread sin iontais uirthi go ndearna sí dearmad glan dá cuid dea-Ghaeilge). "Anois táim ag oscailt amach ar nós an teileascóp ba mhó dá raibh riamh ann! Slán agaibh, a chosa!"(16).

… Is ag an nóiméad sin a theagmhaigh a cloigeann le síleáil an halla; bhí sí le bheith beacht níos mó ná naoi dtroithe ar airde agus thóg sí gan mhoill an eochair óir agus dheifrigh léi chuig doras an ghairdín.

Eilís bhocht! Ba é a dícheall é luí ar leataobh agus féachaint le leathshúil isteach sa ghairdín; ach ba lú ná riamh a dóchas go bhféadfadh sí dul tríd an doras: shuigh sí síos agus thosaigh ag caoineadh arís.

"Ba chóir duit náire a bheith ort," a dúirt Eilís léi féin, "cailín mór mar thusa," …(17)

Tugann an fás fisiciúil a dúshlán. Fágann an fás fisiciúil go gcaithfidh sí teacht ar thuiscint nua di féin. Ní thig le hEilís glacadh leis a thuilleadh go bhfuil a fhios aici cé hí féin:

"Muise, muise! Nach aisteach atá gach uile rud inniu! Ach níor tharla dada as an ngnách inné. B'fhéidir gur athraigh mé thar oíche. Fan go bhfeice mé, an é an duine céanna a bhí ionam nuair a d'éirigh mé ar maidin? Is dóigh liom, b'fhéidir, gur airigh mé beagán aisteach. Ach mura mise an duine a bhí ionam roimhe seo, is í an chéad cheist eile, Cé sa domhan atá ionam? Sin í an fhadhb mhór!"(19)

Tagann an ghéarchéim féiniúlachta chun buaice nuair a bhuaileann sí leis an Speig Neanta, ar siombail é den chlaochlú a bhfuil sí féin ag dul tríd. Tugtar le fios go bhfuil Eilís, ar nós na crislide, ar tí athrú ó bhonn, ó fhoirm an linbh go foirm an duine fhásta:

D'fhéach an Speig Neanta agus Eilís ar a chéile ar feadh tamaill gan focal as ceachtar acu: bhain an Speig Neanta an húca as a bhéal sa deireadh, gur labhair léi go spadánta sámh.
"Cé tusa?" a dúirt an Speig Neanta.

Ba bheag misneach a chuir tús a chomhrá ar Eilís. D'fhreagair sí an Speig Neanta beagán cúthail agus dúirt, "Is – is ar éigean atá a fhios agam féin i láthair na huaire, a dhuine uasail – ar a laghad tá a fhios agam cé a bhí ionam nuair a d'éirigh mé ar maidin inniu, ach is dóigh liom gur athraíodh mé roinnt uaireanta ina dhiaidh sin."

"Cad atá tú ag rá?" a dúirt an Speig Neanta go dian. "Mínigh thú féin!"

"Tá faitíos orm, a dhuine uasail, nach féidir liom mé féin a mhíniú," a dúirt Eilís, "mar ní mise mé féin, an bhfeiceann tú?"

"Ní fheicim," a dúirt an Speig Neanta.

"Tá faitíos orm nach féidir liom an scéal a léiriú níos fearr ná é sin," a d'fhreagair Eilís go han-mhúinte, "mar ní thuigim féin ar dtús é; agus is cúis mearbhaill do dhuine a lán méideanna éagsúla a bheith aige in aon lá amháin."

"Ní fíor sin," a dúirt an Speig Neanta.

"Bhuel b'fhéidir nach cúis mearbhaill duitse an scéal fós," a dúirt Eilís, "ach fan go n-athróidh tú go crisilid – beidh ort sin a dhéanamh lá éigin, tá a fhios agat – agus go féileacán ina dhiaidh sin, braithfidh tú beagán aisteach é, nach dóigh leat?"

"Ní dóigh liom é ar chor ar bith," a dúirt an Speig Neanta.

"Bhuel, b'fhéidir go bhfuil tusa éagsúil liomsa i do chroí istigh," a dúirt Eilís, "ach deirimse leat go mbraithfinnse fíoraisteach é."

"Tusa!" a dúirt an Speig Neanta le teann dímheasa. "Cé thusa?" (45–47).

I dtreo dheireadh an leabhair, éiríonn le hEilís filleadh ar réaltacht an tsaoil seo. Is ionann an sealbhú sin a dhéanann sí ar an réaltacht is aibíocht a bheith á baint amach aici. I dtreo chríoch an scéil, éiríonn Eilís níos aibí, níos cinnte di féin. Tá sí, i dtreo na críche, muiníneach go leor aisti féin chun seasamh suas di féin i gcoinne na 'ndaoine fásta' craiceáilte atá á basáil thart go tíoránta. Duine réasúnta í Eilís i measc daoine mí-réasúnta; duine í a bhfuil stiúir á lorg aici i saol a bhfuil éidreoir faoi. Scéal é *Eachtraí Eilíse i dTír na nIontas* i dtaobh cailín atá ag útamáil i dtreo na siúrála i ndomhan atá craiceáilte, domhan ina bhfuil na rialacha ar shíl sí iad a bheith mar bhonn lena saol tite ar lár. Nuair a fhógraíonn an Bhanríon Hairt, go míloighciúil, gur cheart an phianbhreith a chur i bhfeidhm ar an Chuileata bhocht i dtús, agus ina dhiaidh sin an fíorasc a thabhairt, freagraíonn Eilís go dána, fásta í:

> 'Seafóid agus dearg-sheafóid.'
> 'Éist do bhéal,' a dúirt an Bhanríon agus í dúdhearg le teann feirge.
> 'Ní éistfead,' a dúirt Eilís.
> 'Baintear an cloigeann di,' a ghlaoigh an Bhanríon in ard a gutha.
> 'Nach cuma le gach duine fúibhse,' a dúirt Eilís. (Bhí sí fásta go dtí a gnáthmhéid faoin am sin.) Níl ionaibhse ach paca cártaí (130).

Ag an deireadh ar fad, dúisíonn Eilís óna brionglóid. 'Phóg a deirfiúr í go ndúirt "Is aisteach an bhrionglóid a bhí ann go cinnte, a chroí, ach rith leat chuig do chuid tae anois, mar is ag éirí déanach atá an t-am"'. Is ionann fás suas is éirí as an fhantaise.

Tír na Deó

Clasaic eile de chuid na litríochta do dhaoine óga ina dtagraítear don deacracht a bhaineann leis an teacht in aibíocht ná *Tír na Deó* (*Peter Pan*) ar scríobh J.M. Barrie an bunleagan Béarla a d'aistrigh Máiréad Ní Ghráda go cumasach go Gaeilge. I sárscéal J.M. Barrie, bíonn faitíos a chraicinn ar an Chrúcaire roimh an chrogall a shlog a lámh dheas (i ndiaidh do Pheadairín lámh dheas an Chrúcaire a theascadh de). Ach ab é gur shlog an crogall clog fosta agus go mbíonn tic-tic an chloig le cluinstin ag an Chrúcaire mar rabhadh go bhfuil an crogall ag teacht, ach ab é sin, bhí an Crúcaire slogtha alptha siar i bhfad ó shin ag an chrogall. Seo arís tróp an chloig a bhí againn in *Eachtraí Eilíse* (i bhfoirm uaireadóir an Choinín Bháin). Níl feidhm orainn dul chun faid leis an tséimeolaíocht chun go dtuigfí go seasann an clog d'imeacht an ama: 'Stadfaidh an clog lá breá éigin,' arsa Smí, 'agus béarfaidh sé (an crogall) ort.' 'Nach é sin díreach an nídh atá ag baint codladh na hoíche díom,' ar an Crúcaire (Barrie/Ní Ghráda 1938: 83). Tá an Crúcaire in éad le Peadairín mar is *puer aeternus*, buachaill síoraí é Peadairín, gasúr nach bhfásann suas nó nach dtagann an aois air:

> "Cé hé tú féin, i n-aon chor?" arsa an Crúcaire.
> "Is mise an Óige. Is mise an tÁthas," arsa Peadairín.
> Thuig an Crúcaire go raibh buaidhte air (169).

Cuireann an leabhar seo beirt os ár gcomhair, Bláithín agus Peadairín, a bhfuil cumann an-difriúil acu leis an am, agus suntasach go leor, cumann an-difriúil acu leis an mháthair. I gcodarsnacht le Peadairín, tá gnáthchumann grámhar ag Bláithín lena máthair. Agus í ag caint leis na Garsúin Fáin, míníonn Bláithín dóibh:

> "Dá mbeadh fhios agaibh," arsa Bláithín "méid an ghrádha a bhíonn ag máthair d'á clainn, ní bheadh aon eagla oraibh. Bhí fhios ag na leanbhaí seo go bhfágfadh a máthair an fhuinneóg ar oscailt i gcomhnuidhe, agus ná beadh le déanamh aca nuair a thiocfaidís thar n-ais ach léimt isteach 'na seomra féin …" (138–39).

Ach ní raibh an t-eispéireas grámhar céanna ag Peadairín lena mháthair, is cosúil. Nó ar a laghad, briseadh ar a mhuinín aisti, más fíor dó féin:

> "Níl an ceart agat i dtaobh na máthracha." (arsa Peadairín).
> Bhí ard-iongnadh ar na Garsúin. "Cá bhfios duit?" ar siad.
> "Neosfad mo scéal féin díbh," arsa Peadairín, "scéal nár innseas d'éinne riamh fós." Do chruinnigh na garsúin 'na thimcheall agus a mbéil ar leathadh aca.
> "Fadó riamh," arsa Peadairín, "nuair d'éaluigheas óm' mhuinntir, cheapas go gcoimeádfadh mo mháthair an fhuinneóg ar oscailt i gcomhnuidhe dhom. Chuadhas thar n-ais oidhche, agus is amhlaidh a bhí barraí iarainn ar an

bhfuinneóig leasmuigh, agus garsún eile 'na chodladh sa leabaidh im 'ionad-sa" (139–40).

Is léir gurbh é dúnadh sin na fuinneoige ag a mháthair, más fíor do Pheadairín, atá taobh thiar dá dhiúltú fás suas is freagrachtaí na haibíochta a tharraingt air. Ní cheileann J.M. Barrie orainn go bhfuil in amanna leithleas cruálach i gcroí Pheadairín. Agus Bláithín fós ar iarraidh i dTír na Deó agus imní ar a máthair ina diaidh, tugann Peadairín agus Clingín Cluig cuairt ar theach thuistí Bhláithín:

"Agus dún an fhuinneog san," ar seisean (athair Bhláithín). "Tá sé buille beag glas ann féin anocht."

"Ó," arsa an mháthair, "ná hiarr orm an fhuinneóg san a dhúnadh choidhche. Caithfimíd í fhágaint ar oscailt i gcomhnuidhe, gcomhnuidhe."

"Gabhaim pardún agat, a chroidhe," ar seisean. "Níor chuimhnigheas riamh orm féin."

Chuaidh sise isteach sa tseomra eile agus do chrom ar cheol bog binn a sheinnm dó, agus níorbh fhada go raibh sé 'na chodladh go sámh. Mar sin a bhíodar nuair a phreab an bheirt an fhuinneóg isteach. B'iad beirt iad ná Peadairín agus Clingín Cluig. Do labhair Peadairín i gcogar. "Dún an fhuinneóg," ar seisean. "Cuir an bollta uirthe. Sin é é. Nuair a thiocfaidh Bláithín ceapfaidh sí gurab amhlaidh a dhún a máthair an fhuinneóg uirthe, agus casfaidh sí thar n-ais go Tír na Deó." Agus bhí sé ag léimt agus ag rince le háthas.

"Cé tá ag déanamh ceoil annsan istigh?" ar seisean agus d'fhéach sé isteach sa tseomra eile. Chonnaic sé an mháthair 'na suidhe ag an bpianó agus na deóra le n-a súile. Mhothuigh Peadairín mar a bhéarfaí greim ar chroidhe air. "Ní foláir nó tá sí an-cheanamhail ar Bhláithín," ar seisean, "ach is cuma liom-sa san. Ní fheicfidh sí go bráth arís í. Tá an fhuinneog dúnta agam uirthe" (176–77).

I gcodarsnacht ghlan le Peadairín, éiríonn le Bláithín, i ndiaidh di filleadh ó Thír na Deó, fás suas is freagracht na haibíochta a tharraingt uirthi féin (pósadh is clann ina cás sise):

Do phós Bláithín agus bhí inghean óg aice. Sinéad ab ainm do'n inghin agus chodluigheadh sí sa tseomra ina mbíodh Bláithín agus na garsúin fadó. Ní raibh aon nídh ab fhearr le Sinéad ná bheith ag éisteacht le scéalta i dtaobh Pheadairín ...
"Agus cad é an rud deireannach a dubhairt Peadairín leat?" (arsa Sinéad lena máthair, Bláithín). "Bí ag feitheamh i gcomhnuidhe," ar seisean liom, "agus oidhche éigin cloisfir ag glaodhach mé." ... Ach ní fada a chuimhnigh sé orm. Ní fheaca anois é le cúig bliana déag.
"Cad é an saghas glaodhaigh a chuireadh sé as?" arsa Sinéad.
"Mar seo a dheineadh sé é," arsa Bláithín, agus do dhein sí aithris ar an nglaodhach a chuireadh Peadairín as. "Ní hé sin é," arsa Sinéad. "Is mar seo a dheineann sé é," agus chuir sí glaodhach aiste díreach fé mar a dheineadh Peadairín é. Do baineadh preab as Bláithín.
"Cá bhfios duit-se sin, a mhaoinín?" as sise. "Is minic a chloisim trim chodladh é," arsa Sinéad ... Oidhche i dtosach an Earraigh a bhí ann. Bhí Sinéad 'na codladh 'na leabaidh, agus bhí Bláithín 'na suidhe ar an urlár cois teine agus í ag fuagháil, nuair do hoscladh an fhuinneóg agus do phreab Peadairín isteach. Ní raibh athrú ar bith air ach é chomh hóg anamamhail aerach agus a bhí riamh ...
"Seadh, a Bhláithín," ar seisean, "táim tagaithe."
Ní thug sé fé ndeara í bheith fásta suas 'na mnaoi óg mar ní raibh aon tsolas sa tseomra ach amháin an solas ó'n dteine. Do chrom sí síos chun ná feiceadh sé a mhéid a bhí sí ...
B'éigin di an fhírinne a insint dó. "Ná feiceann tú, a Pheadairín, go bhfuilir mór fásta. Táim pósta." "Nílir," arsa Peadairín agus árd-fhearg air. "Táim. Is liom an ghearrchaile sin sa leabaidh." "Gheallais dom na fásfá suas choidhche." "Ní raibh leigheas agam air, a chroidhe" ... Bhí Peadairín 'na luighe ar an urlár agus gach aon uchlán guil as gur mhúscail sé Sinéad as a codladh. D'éirigh sí aniar sa leabaidh agus do labhair sí leis (187–90).

Nuair a thagann Bláithín ar ais ar ball is amhlaidh atá Peadairín ina shuí ar chnaiste na leapa, agus gach aon ghlaoch as faoi mar a bheadh coileach ann, agus Sinéad ag eitilt mórthimpeall an tseomra chomh héadrom seolta le héinín. Maíonn Peadairín agus é ag tagairt do

Shinéad, iníon Bhláithín: 'Í siúd a bheidh mar mháthair agam feasta ... Tá sí ag teacht liom go Tír na Deó'. Níl ar Shinéad ach lúcháir go bhfuil sí ag dul in éindí le Peadairín chun an teach a ghlanadh dó (191). Nuair a mhaíonn Bláithín, ar máthair fhásta anois í, gur bhreá léi dul in éineacht leo, níl de fhreagra ag a hiníon uirthi ach, 'Ach ní féidir duit-se eitilt anois' (192):

> B'éigin di leigint dóibh imtheacht uaithe. Do ghluais na blianta. Tá Bláithín críonna anois agus ceann liath uirthi. Tá Sinéad pósta agus gearrchaile bheag inghine aice. Máiréad is ainm do'n inghin, agus is í atá mar mháthair ag Peadairín anois. Tagann sé d'á hiarraidh gach aon bhliain i dtosach an Earraigh, agus téigheann sí i n-éinfheacht leis go Tír na Deó. Nuair a phósfaidh Máiréad is dócha go mbeidh inghean aice agus gurab í sin a bheidh mar mháthair aige. Is mar sin a bheidh. Ach ní raghaidh aon lá aoise air-sin go deó na ndeor (192).

Ní cheileann J.M. Barrie míbhuntáistí na hóige síoraí sin orainn. An tsíor-óige, ar síorleanbaíocht agus síor-mhí-aibíocht fosta í, tá sí dlúthcheangailte i gcás seo Pheadairín le heaspa an ghrá mháthartha. An bhfeidhmíonn an mháthair mar shiombail d'imeacht an ama ar leibhéal éigin anseo? 'Tu es le temps,' a deir Hélène Cixous lena máthair arís is arís mar a bheadh mantra ann in *Hyperrêve* (2006), úrscéal dírbheathaisnéisiúil mar a gcuireann an t-údar síos ar an tréimhse ina dtugadh sí aire dá máthair a bhí ag fulaingt de dheasca galar cnis. Go deimhin, dar le Levinas in *Le temps et l'autre* (1948), tá imeacht an ama dlúthcheangailte leis an cheangal a chuireann daoine eile orainn. Is é an duine eile a cheanglaíonn leis an am sinn. Is í an mháthair an chéad duine i gcás an linbh, gan amhras, a dhéanann amhlaidh. Tá an grá trí chéile, na cumainn atá againn le chéile, dlúthcheangailte le himeacht an ama. Léiríonn J.M. Barrie faoi mar a mhéadaíonn ár mortlaíocht ar aoibhneas an ghaoil

160

ghairid, eispéireas nach bhfuil ag Peadairín faoi mar ba mhaith leis:

> Bhí Peadairín ag féachaint ortha tríd an bhfuinneóig isteach. Bíonn saoghal soilbhir suairc aige-sin, ach bhí aoibhneas ortha-san an oidhche sin ná féadfaidh seisean a bhlaiseadh go deó (Barrie/Ní Ghráda 1938: 179).

In *Metamorphoses*, úsáideann Ovid an téarma *puer aeternus*, teideal a bheir sé do Iacchus, dia de chuid chultas mistéireach Eleusis, páiste diach den chineál a d'fhaightí sna máthair-chultais. Shamhlaítí é le haiséirí an nádúir. In *Symbols of Transformation* (1956), bhain Carl G. Jung leas as an téarma chun cur síos a dhéanamh ar 'choimpléasc' a bhíodh (dar leis) ag dul do roinnt mhaith fear óg nach raibh ábalta fás suas i gceart, fir a d'fhanfadh ina bpáistí móra, ina ndéagóirí, rófhada (coimpléacs nach raibh de leigheas air ach an obair). (Tráchtann Jung fosta ar *Puella aeterna*, an leagan baininscneach). Marie-Louise von Franz, deisceabal de chuid Jung, scríobh sí sraith léachtaí ar an ábhar in 1959–60, a foilsíodh i mBéarla mar *The Problem of the Puer Aeternus* (1970). An 'fhadhb', dar léi, ná an ógántacht mhór a chuireann an post, an pósadh agus tógáil clainne ar athló. Sa leabhar sin, déanann Marie-Louise von Franz léirmheas iontach suimiúil ar *An Prionsa Beag* le Antoine de Saint-Exupéry, mar scéal a bhfuil patrún miotasach an *puer aeternus* á léiriú ann.

Faoi Dhraíocht na hÓige

Ní gá go ngéillfeadh sinn go hiomlán do choincheap Jungach úd na n-aircitíopanna chun tíopa sin an *puer aeternus* a tharraingt chugainn mar shamhail do chultas na hóige síoraí atá á cheiliúradh, á mhóradh agus á chraobhscaoileadh sna meáin, sa tsiamsaíocht phopchultúrtha agus san fhógraíocht. Go minic sa chultúr chomhaimseartha, is ionann aois a theacht ort agus teip; ní mór a bheith ógánta agus fanacht ógánta. Bhí, gan amhras, daoine riamh anall faoi dhraíocht ag meallacht na hóige, ach á chothromú sin, bhí an brú ar dhaoine urraim a thabhairt do na seanóirí, agus dá dtaithí agus dá gcríonnacht. Is cosúil go bhfuil an tseanchothromaíocht sin ag briseadh síos, an tseanchothromaíocht idir an tóir i ndiaidh na hóige síoraí agus an tóir ar phribhléidí agus ar mheasúlacht na críonnachta. Ina aiste 'La redéfinition des âges de la vie', cuireann Marcel Gauchet síos ar an athrú seo sa chultúr Iartharach sna téarmaí is láidre: claochlú antraipeolaíoch atá i gceist (Gauchet 2004: 27–44). Tá an dul chun cinn i gcúrsaí sláinte chomh mór sin i measc na n-aicmí sácha go bhfuil bagairt an bháis á cur ó dhoras níos faide agus níos faide. Tá cúrsaí cógais chomh héifeachtach sin, cúrsaí bia chomh folláin agus cúrsaí teasa agus foscaidh chomh compordach sin go dtig leis an ghnáthdhuine a bheith ag súil le seachtó éigin bliain ar bharr a shláinte, a bheag nó a mhór. Tá an ráta báis i measc leanaí dulta go mór ar gcúl fosta. Sa tslí seo, dar le Michel Serres, in *Angels: A Modern Myth*, tá sinne Iartharaigh bholgshásta ar nós na ndéithe ársa: sách, sóch agus, de réir dealraimh, síoraí (Serres 1995). D'fhéadfadh duine óg a cheapadh go bhfuil an ruaig curtha ar an mbás nach mór. Chan iontas go mbíonn na sluaite ón tríú domhan ag iarraidh cuid den bheatha pharthasúil seo a bhlaiseadh, agus go deimhin, a shealbhú. Sna coinníollacha compordacha seo, thig go furasta leis an duine óg freagracht na haibíochta agus na meánaoise a chur ar athló. Ní bhíonn an phráinn chéanna dul i mbun cúraim nuair nach léir deireadh sin an bháis a bheith ag teannadh leat.

In *Tír na Deó*, leag J.M. Barrie a mhéar ar fhírinne éigin i dtaobh an choinníll dhaonna agus i dtaobh na deacrachta a bhíonn ag go leor againn glacadh leis an choinníoll sin. Chuir sé friotal, go fáistiniúil ar shlí, ar cheann de mhórmhiotais na nua-aoise – séanadh an bháis, an tóir ar an óige shíoraí, an dul i bhfolach ó fhreagracht na haibíochta. In 1904 a céadléiríodh an dráma *Peter Pan* i Londain (dráma a bhfuil an leabhar bunaithe air). D'éirigh chomh maith sin leis an dráma i dtaobh an ghasúir bhig a dhiúltaigh fás suas go mbíodh páistí á gcaitheamh féin thar fuinneoga amach, ag déanamh aithrise ar a ndearna Bláithín, nó Wendy. Sa leagan próis a tháinig amach seacht mbliana i ndiaidh an dráma, b'éigean do J.M. Barrie an sliocht úd a athrú agus a dhearbhú go soiléir do leanaí uilig an domhain nach bhféadfaí eitilt ná léim ar dhroim na gaoithe gan Peadairín féin an ceo sí a shéideadh orthu ar dtús (57). Ba mhaith le gach páiste a chreidbheáil go bhfuil a leithéid de rud is draíocht ann. Ba mhaith le gach duine fásta, b'fhéidir, a chreidbheáil go gcreideann páistí sa draíocht. Go deimhin, cuireann daoine fásta dualgas ar leanaí ualach sin a gcumha i ndiaidh na draíochta a iompar. Chuaigh J.M. Barrie sa seans ina dhráma *Peter Pan* nuair a scríobh sé na línte úd atá anois cáiliúil i ngach geamaireacht um Nollaig; nuair atá Cluingín Cluig ag saothrú an bháis, agus iarraidh ar an lucht féachana bualadh bos a dhéanamh dá mba rud é gur chreid siad sna sióga (Barrie/Ní Ghráda 1938: 152–53). Chuaigh J.M. Barrie sa seans leis sin ach d'éirigh leis an fhiontar. Bhuail an lucht féachana a dhá mbois le chéile agus athbheodh Cluingín Cluig bocht. Ar thóir na draíochta caillte, an chreidbheáil sna sióga, cuirim i gcás, a bhíonn an duine fásta go minic nuair a léann sé leabhar a scríobhadh do pháistí. Is álainn an rud go deo an draíocht chéanna – ar creidbheáil sa chumas claochlaithe go bunúsach í. Ach níl an draíocht gan a contúirt. Thig léi an duine a choinneáil siar fosta. Díol suntais é go dtéann na leabhair *Harry Potter* i ngleic le meallacacht na draíochta.

I gcodarsnacht le Peadairín agus na garsúin fáin a dhiúltaíonn scun scan fás suas, glacann Harry Potter go misniúil le dúshlán na haibíochta. Go deimhin amharcann Isabelle Cani ar Harry Potter mar 'fhrithnimh' ar aicíd úd Pheadairín ina leabhar, *Harry Potter, ou l'anti-Peter Pan: Pour en finir avec la magie de l'enfance* (Cani 2007). Beathaisnéis déagóra fhicseanúil atá sna leabhair *Harry Potter* a chuireann síos ar an tréimhse idir 11 agus 18 mar a bheadh inti triail tionscanta, nó sraith de thrialacha tionscanta. De réir mar a théann na leabhair ar aghaidh, tugtar faoi deara gur ag diúltú don draíocht atá Harry Potter (ag diúltú don chathú fanacht reoite i staid sin an pháiste). Thig linn Voldemort, namhaid Harry, a léamh mar charachtar atá ar aon dul leis an Chrúcaire (iardhaltaí de chuid Eton iad araon). Fear fásta bréige nó fear fásta mí-aibí atá in Voldemort. Tá Voldemort in éad le Harry Potter. Ba mhaith le Voldemort fanacht ina *puer aeternus*. Ag tús Imleabhar VII, léirítear Voldemort mar an t-aon draoi amháin atá ábalta eitilt gan scuab – ar nós Pheadairín. Tá Hogwarts ar aon dul le Tír na nDeó, áit nach gceadaítear *muggles* (daoine 'fásta' cearta). Na draíodóirí 'fásta' is daoine fásta bréige iad i ndáiríre. Nuair a bhí Tom Riddle (fíorainm Voldemort) ocht mbliana déag níor mhaith leis Hogwarts, a *alma mater*, a mháthair chothaitheach, a fhágáil agus dá réir fanann sé ann mar oide. Nach samhail é Voldemort d'aicíd áirithe sin de chuid an Iarthair ar tugadh ar ball cultas an *puer aeternus* air? Ar shlí, níl aon oidhre ar an draíocht ach feitisiú na nithe agus na dtráchtearraí tomhaltacha – an draíocht a shamhlaíonn sinn lenár mbréagáin, iPad, iFón, carranna, málaí láimhe, seanleabhair céad eagráin, srl. Cé nach dtig linn, b'fhéidir, na nithe sin a sheachaint ar fad, nárbh fhearrde dúinn diúltú dá gcumas sinn a chur faoi dhraíocht? Nach céim i dtreo na haibíochta é a bheith ábalta bogadh ar shiúl ó leithleas áirithe de chuid na hóige a thiomáineann an duine chun dul ar thóir a fhéinréalaithe féin?

Ní ar thóir a shástachta féin atá Harry Potter, áfach. Tá sé réidh diúltú dó féin. Go deimhin aithníonn Harry Potter, ar laoch nua-aoiseach is laoch traidisiúnta araon é, go bhfuil cogadh le fearadh aige, ní hamháin i gcoinne an bhithiúnaigh sin Voldemort, ach fosta ina choinne féin. *Horcrux* de chuid Voldemort atá in Harry.[1] Aithníonn Harry Potter go gcaithfidh sé an Voldemort atá ina anam féin a mharú fosta, dul ag streachailt leis an olc atá istigh ann féin. Is minic a labhraítear ar 'an leanbh atá ionainn go léir' agus gurb é is cúis le suim an duine fhásta sa litríocht do dhaoine óga, ach féach gur cuid den litríocht chéanna sin an dualgas atá orainn an Voldemort inmheánach, an babaí mór inmheánach, a mharú fosta, an dualgas slán a fhágáil ag an óige, ag an draíocht, ag leithleas na hóige síoraí agus an dualgas fáilte a fhearadh roimh an aimsir agus a himeacht. Sin an dúshlán: neamhurchóid aerach an pháiste a choinneáil gan na mianta leithleasacha a sheasfadh sa tslí ar an fhreagracht agus ar an fhéiníobairt.

I gcodarsnacht leis an chultúr ceannais a mhórann feitisiú na dtráchtearraí (i. an draíocht) agus i gcodarsnacht le cultas na hóige síoraí a sheachnaíonn an fhreagracht agus a shéanann an mhortlaíocht, laoch den seandéanamh atá in Harry Potter. Filleann an gaiscíoch go Hogwarts, ní chun filleadh ar a óige ná ar a draíocht, ach díreach chun Voldemort a chloí. Tuigeann Harry Potter gurb ionann fás suas is a bheith sásta bás a fháil. A bheith réidh bás a fháil. Go litriúil – glacadh le himeacht ama, agus go fíortha, a bheith sásta tú féin a íobairt ar mhaithe le duine eile. I gcodarsnacht le Peadairín, tá Harry Potter ábalta fás; i gcodarsnacht leis an *puer aeternus*, tá Harry sásta fás. Díol suntais é go mbristear slaitín draíochta Harry, agus go bhfaigheann a chara, Fred Weasley an gháire, bás sa chogadh deiridh. Dóitear an seomra draíochtúil úd mar a ndéantar freastal ar gach aon mhian, the Room of Requirement. Is ionann an diúltú sin don draíocht is diúltú don fhantaise. Ní mór diúltú d'fhantaise sin na mí-aibíochta agus an leithlis i dtosach má táthar chun an tsamhlaíocht aibí a aclú (idirdhealú Coleridge idir 'fancy' agus 'imagination' atá á leanúint agam anseo).

Eachtra Phinocchio

Pléann *Eachtra Phinocchio* le Carlo Collodi le dúshlán an fhásta suas fosta. Úrscéilín picaresque atá ann ar shlí faoi na trialacha uilig go léir a chaithfeas buachaill óg dul tríothu agus é ag fás suas. Leanann scéal Phinocchio patrún idirnáisiúnta thuras an laoich, ar shlí, cé nach laoch traidisiúnta é Pinocchio: is 'páiste' é atá á thionscnamh, atá ag foghlaim cad é an dóigh le fás suas. Fágann Pinocchio an baile; buaileann sé le mórán bithiúnach atá ag iarraidh bob a bhualadh air agus teacht i dtír air go deimhin, cuirim i gcás, an cat agus an sionnach a ghoideann uaidh na cúig bhonn óir a thug Alpaire na Gríosaí dó. Castar dúnmharfóirí, an cat agus an sionnach faoi bhréagriocht, ar Phinocchio, agus crochtar é. Tarrthálann Leanbh na Gruaige Goirme Pinocchio ón bhás go máithriúil. Ní leasc le Carlo Collodi dul i ngleic le téama crua sin an bháis ina chlasaic do dhaoine óga:

> 'Níl aon phioc eagla ormsa roimis an mbás,' arsa Pinocchio. 'B'fhusa liomsa bás d'fháil ná –.' Ar an neomat san do hosclaíodh doras an tseomra isteach, tháinig cheithre cinn de choiníní dubha i láthair, agus cróchar ar a nguaillibh acu. Tháinig crith cos agus lámh ar Phinocchio nuair a chonaic sé iad. Baineadh a leithéid sin de gheit as gur éirigh sé aniar as a chabhail sa leabaidh. Tar éis a mheabhrach a chruinniú, duairt sé: 'Cad tá 'bhúr dtabhairtse anso isteach?'

'Táimid tagaithe chun tusa bhreith chun siúil,' arsan Coinín ba mhó orthu.

'Ná fanfadh sibh go mbeinn marbh?' arsa Pinocchio. 'Nach oraibh atá an deithneas liom? Nílimse marbh fós!'

'Mara bhfuilir, ní fada uait,' arsan Coinín. 'Thógais mar rogha an bhreoiteacht, is is gearr go mbeidh a thoradh agat. Dhiúltaís don phurgóid a ól, is is gearr go mbeidh an bás agat. Tá tú an-bhreoite' (Collodi/Ó Buachalla 1933: 57–58).

Leabhar í *Eachtra Phinocchio* mar a mbagraítear arís is arís ar an pháiste dhalba (Pinocchio) géilleadh do smacht agus d'údarás na ndaoine fásta mar gur chun leas an pháiste atá siad. Sa sliocht thuas comhairlítear do Phinocchio an cógas nach blasta leis a ól. Ó dhearcadh amháin, scéal é faoi chogadh an duine aonair a éilíonn saoirse leis an tsochaí a fhéachann le rialacha dochta smachtaithe a leagan síos. Léiríonn *Eachtra Phinocchio* fás suas an pháiste mar eispéireas achrannach coimhlinteach. Ní cheileann Collodi taobh brúidiúil foréigneach na hoiliúna. Is ionann fás suas is saoirse bhunaidh an neamhspleáchais a chailliúint. Mar sin féin, ní fhágann *Eachtra Phinocchio* aon amhras orainn faoi: ní mór géilleadh do smacht an phobail. Ar ndóigh, ní buachaill é Pinocchio, an 'páiste' dána seo gan spleáchas, ach babliac nó puipéad. Is ionann eachtra Phinocchio is a thuras i dtreo na daonnachta. Déantar buachaill de ag deireadh an scéil. Cosúil le *The Velveteen Rabbit* le Margery Williams, is é an grá a dhéanann duine 'fírinneach' de Phinocchio, grá a athar atá ag iarraidh an gasúr a smachtú, grá a dhéantóra, an ceardaí Gepetto. Go paradacsúil, nuair nár mhian le Pinocchio a bheith ina 'phuipéad' faoi smacht ag a athair agus ag baill eile an phobail, sin í an uair ar phuipéad i ndáiríre é. Nuair a ghéilleann sé d'údarás an phobail agus dá spleáchas ar a athair, faoi dheireadh, sin í an uair nach puipéad a thuilleadh é, ach fíordhuine. Chun staid sin na haibíochta a bhaint amach, áfach, ní mór don sean-Phinocchio 'bás' a fháil – chun go saolófaí an Pinocchio nua. Dála Ióna, fáidh an tSean-Tiomna, slogtar Pinocchio ag 'an ollphiast san an Míol Draide' (127). Tá, gan amhras, idir bhás siombalach agus bhroinn an athshaolaithe araon i gceist le bheith i mbolg an Mhíl Draide. Is ansin a chastar Pinocchio ar a athair arís. Ach tá an cumann eatarthu claochlaithe feasta, ó tharla Pinocchio a bheith ag dul in aibíocht: cuirtear tús le ré nua freagrachta, spleáchais agus grá:

> Nuair a tháinig Pinocchio thar n-ais duairt sé len' athair de chogar:
> 'Anois an t-am againn chun bheith ar siúl. Tá codladh gaiscígh ar an Míol Draide. Tá an fharraige ciúin is tá sé chomh geal leis an lá. Leanse mé is beam ó bhaol i ngiorracht aimsire.'
> Siúd ar siúl iad, is suas an scornach leo. Nuair a thánadar amach sa chraos shíolaíodar ar a mbarraicíní ar a theangain. B'id í an teanga leabhair fhairseag! Bhíodar amuigh ar a barra is iad ullamh chun iad féin a chaitheamh sa bhfarraige nuair a chuir an Míol Draide sraoth as. Baineadh a leithéid sin de shuathadh as a chorp le linn na sraoith' a chur as, gur baineadh áirleog astu is gur caitheadh fiar fleascán siar i mbolg an arrachtaí arís iad. Do múchadh an choinneal is do fágadh sa doircheacht iad.
> 'Sea anois cad is fearr a dhéanamh?' arsa Pinocchio agus é ag machnamh.
> 'Airiú, a bhuachaill bháin, táimid réidh anois nó riamh,' arsa Gepetto.
> 'Nílimid ná cuid de réidh! T'r'om do lámh, a dhaid, agus seachain tú féin agus ná sleamhnaigh,' arsan babliac (134).

Bhí Carlo Lorenzini (fíorainm Collodi), 1826–1890, arbh as an Tuscáin é, páirteach sa ghluaiseacht chultúrtha ar son aontacht na hIodáile. In *Eachtra Phinocchio*, tá tagairt indíreach d'obair sin na náisiúnaithe Iodálacha sa mhéid is go bhfuil comhthreomhaireacht ann idir tionscadal an náisiúnachais san Iodáil agus tionscnamh Phinocchio. Thuig Lorenzini go gcaillfí go leor de shainiúlacht na réigiún san iarracht aon náisiún Iodálach amháin a dhéanamh. D'aithin sé foréigean éigin a bheith ag baint leis an Iodálú, leis an náisiúnú. Ina ainneoin sin, chreid sé go raibh gá leis. Ar an dóigh chéanna, aithníonn *Eachtra Phinocchio* go dtig le hoiliúint agus le hoideachas an pháiste a bheith éigneach agus uafásach, ach nach mór don neach indibhidiúil cuid éigin dá spleáchas a thabhairt suas is géilleadh d'údarás agus do smacht an phobail trí chéile. Díol suntais é nár ghéill Coiste Litríochta Mhúscraí do loighic náisiúnaíoch an leabhair nuair a chinn siad gan ligean don chaighdeánú aon athrú a dhéanamh ar bhunaistriúchán Phádraig Uí Bhuachalla (1933) go dtí a chanúint áitiúil féin, nuair a foilsíodh eagrán úr de in 2003: measadh uathúlacht agus neamhspleáchas 'indibhidiúil' an réigiúin a bheith níos tábhachtaí ná an comhghéilleadh ar mhaithe leis an náisiún.

Tá an t-ádh dearg linn go bhfuil cuid thábhachtach de chlasaicí liteartha an domhain aistrithe go Gaeilge – agus aistrithe go binn, go filiméalta agus go máistriúil. I measc na gclasaicí liteartha úd, tá dornán dea-leabhar do dhaoine óga. Ar an drochuair, níl na téacsanna praeúla úd á léamh go forleathan. Ar an drochuair, tá cuid nach beag acu as cló, agus cuid eile atá in ainm is a bheith i gcló, ach nach bhfuil dáileadh ceart á dhéanamh orthu. Níor mhiste leagan nua caighdeánaithe sa chló rómhánach de *Tír na Deó* a fhoilsiú agus leagan caighdeánach d'*Eachtra Phinocchio* a chur ar fáil; agus ba mhór an gar é leagan de *An Prionsa Beag* le pictiúir dhaite a chur ar fáil, ó tharla gur de dhlúth an leabhair úd an líníocht.

Ar ndóigh, níl ar chumas mórán páistí ná déagóirí na leabhair Ghaeilge sin a léamh de dheasca a mhionlaithe is atá an pobal Gaelach agus de dheasca fadhbanna litearthachta i measc na nGael óg líofa. Ach is ceisteanna ar leith iad sin. Cé gur cheart iarrachtaí a dhéanamh labhairt agus léamh na teanga a neartú, níor cheart go dtiocfadh aon tionscadal litearthachta nó caomhnaithe teanga salach ar riachtanas na litríochta. Tá líon beag páistí agus déagóirí atá ábalta ar an dea-Ghaeilge a léamh, agus ba chóir freastal orthu; ba chóir freastal ar a riachtanais litríochta. Níl aon 'mhargadh' ann don litríocht as Gaeilge. Bhí, agus tá, margadh beag ann don scíthléitheoireacht, an Standúnach, Séamus Mac Grianna srl. Agus tá margadh ann d'fhoghlaimeoirí Gaeilge. Ach níl margadh ann don litríocht i nGaeilge. Ba chóir freastal ar mhargaí sin na scíthléitheoireachta agus na bhfoghlaimeoirí, agus an brabús a úsáid chun tacaíocht a thabhairt don litríocht (nach léifidh choíche ach dornán beag daoine).

Conclúid

Cad atá i gceist le litríocht, le fíorlitríocht? I gcás na gclasaicí a bhí faoi phlé san aiste seo is leabhair iad a bhfuil patrún aircitíopúil de shaghas áirithe iontu, leabhair iad a bhfreagraíonn daoine dóibh ag leibhéil éagsúla. Go hiondúil, bíonn an t-aos léinn agus an gnáthphobal araon ar aon tuairim faoi fhiúntas mórshaothair (mar a bhí i gcás *Cré an Cille*, cuirim i gcás). I gcás na litríochta do dhaoine óga, bíonn idir óg is fhásta ag teacht le chéile faoi fheabhas an leabhair. Maireann na clasaicí liteartha ó ghlúin go glúin. Ina theannta sin, is geall le tobar nach dtránn iad: is cuma cé mhéad léamh a dhéanann scoláirí ar chlasaic, thig le duine fós léamh úr eile ar fad a dhéanamh uirthi. Ní bhíonn aon deireadh lena mbrí mar chlasaicí. Ní thuirsíonn duine den chlasaic fiú i ndiaidh cúpla léamh. Sílim go bhfuil na tréithe thuasluaite úd uilig ag na leabhair do pháistí atá faoi phlé san aiste seo. Is leabhair iad ar fhill mé féin orthu 'ar m'éirí suas i m'fhear dom agus bealaí an linbh fágtha i mo dhiaidh agam'. Tugaim cuireadh daoibhse fosta déanamh amhlaidh.

NÓTA

1   Is éard is *horcrux* ann ná smut d'anam an draoi ar ndealaíonn sé uaidh é. Seolann an draoi amach uaidh é agus bíonn an *horcrux* á iompar ag ní nó ag neach eile (i ngan fhios dó féin go minic).

SAOTHAIR A CEADAÍODH

Barrie, J.M. *Tír na Deó: Leagan Gaeilge ar Peter Pan and Wendy*. Aist. Máiréad Ní Ghráda. Baile Átha Cliath: An Gúm, 1938.

Bloom, Harold. *Lewis Carroll*. New York: Chelsea House, 1987.

Cani, Isabelle. *Harry Potter, ou l'anti-Peter Pan: Pour en finir avec la magie de l'enfance*. Paris: Fayard, 2007.

Carroll, Lewis. *Eachtraí Eilíse i dTír na nIontas*. Aist. Nicholas Williams. Baile Átha Cliath: Coscéim, 2003.

Cixous, Hélène. *Hyperrêve*. Paris: Éditions Galilée, 2006.

Collodi, Carlo. *Eachtra Phinocchio*. Aist. Pádraig Ó Buachalla. Baile Átha Cliath: Oifig Díolta Foillseacháin Rialtais, 1933.

Coleridge, Samuel Taylor. *Biographia Literaria, or Biographical Sketches of my Literary Life and Opinions*. London: Rest Fenner, 1817.

de Saint-Exupéry, Antoine. *An Prionsa Beag*. Aist. Breandán Ó Doibhlin. Béal Feirste: Lagan Press, 1997.

Gauchet, Marcel. 'La redéfinition des âges de la vie'. *Le Débat*. No. 132. Nov.–Déc. 2004: 27–44.

Jung, C.G. *Symbols of Transformation: an analysis of the prelude to a case of schizophrenia*. New York: Pantheon Books, 1956.

Levinas, Emannuel. *Le temps et l'autre*. Paris: Presses universitaires de France, 1983. An Chéad Chló 1948.

Rowling, J.K. *Harry Potter agus an Órchloch*. Aist. Máire Nic Mhaoláin. Londain: Bloomsbury, 2004.

Serres, Michel. *Angels: A Modern Myth*. Paris: Flammarion, 1995.

von Franz, Louise. *The Problem of the Puer Aeternus*. Zürich: Spring Publications, 1970.

VIII

AN TRIANTÁN BEIRMIÚDACH:
SPLÉACHADH AR LEABHAIR GHAEILGE DON AOISGHRÚPA 8–13

Laoise Ní Chléirigh

Is aoibhinn liom Roddy Doyle. Nach mbeadh sé go hiontach
an greann a bhaineann leis an bhfear sin a léamh i leabhair
Ghaeilge?

> – Dónal, 12, Dalta Gaelscoile

Is breá liom draíocht agus sióga agus a leithéid, ach cén fáth
nach bhfuil níos mó leabhar ar fáil dúinn sa seánra uafáis i
nGaeilge?

> – Saoirse, 12, Dalta Gaelscoile

Teannas, teannas, teannas, is é sin an ghné ba mhaith liomsa
a fheiscint sna leabhair Ghaeilge!

> – John, 11, Dalta Gaelscoile

Céard faoi *Diary of a Wimpy Kid* nó a leithéid as Gaeilge?
Nach mbeadh sé sin ar fheabhas?

> – Roibeárd, 12, Dalta Gaelscoile

I'd love to read some scary stories in Irish, but in Irish that I
was able to understand; it would be so cool to finish my
own book in Irish but a book I want to read, not because I
have to.

> – Lee, 10, Foghlaimeoir Gaeilge mar dhara teanga

Réamhrá

Tugann na tuairimí réamhluaite léiriú suntasach ar na cineálacha leabhar agus údar a mbaineann páistí taitneamh astu san aoisghrúpa idir ocht agus trí bliana déag d'aois, agus ba chóir cluas a thabhairt do na tuairimí sin. Tá sé tábhachtach go gcuimhneofar ar na tuairimí sin agus an aiste á léamh, óir beidh spléachadh á thabhairt ar na cineálacha leabhar Gaeilge, idir scéalta greannmhara, draíochta, agus scanrúla, atá ar fáil do dhaoine óga san aoisghrúpa seo. Déanfar machnamh ar cheisteanna tábhachtacha eile i gcomhthéacs an aois-ghrúpa seo i litríocht na n-óg. Cuir i gcás, cé chomh hoiriúnach is atá an t-ábhar, an teanga, agus an léiriú grafach i leabhair áirithe d'aois an léitheora? An bhfuil neart leabhar ficsin ann atá feiliúnach, agus a fhreastalaíonn ar riachtanais agus ar réimse spéise chuile pháiste? Tóg mar shampla an leabhar atá dírithe ar léitheoirí atá idir ocht agus trí bliana déag d'aois ón nGaeltacht a bhfuil líofacht na Gaeilge acu, cén chaoi a bhféadfaí a áitiú go bhfuil an leabhar céanna in oiriúint do léitheoirí atá idir ocht agus trí bliana déag d'aois atá ag foghlaim na Gaeilge mar dhara teanga? Cinnte, tá togha na leabhar Gaeilge ar fáil do pháistí óga, ach an bhfuil 'Triantán Beirmiúdach' i gceist i gcás déagóirí óga?

Gan amhras, tá litríocht Ghaeilge na n-óg ag forbairt le tamall maith de bhlianta anois ach is léir nach bhfuil sí chomh láidir is atá an margadh céanna i mBéarla. Níos minice ná a mhalairt, bíonn ar léitheoirí óga casadh i dtreo leabhar Béarla toisc nach mbíonn a ndóthain rogha ar fáil ó thaobh leabhar Gaeilge de. Bíonn díomá ar na léitheoirí óga féin faoi seo mar go mbíonn na leabhair Ghaeilge a bhfuil spéis acu iontu léite acu cheana, agus gach seans nach bhfuil go leor leabhar Gaeilge ag teacht ar an margadh tapa go leor dóibh i gcomparáid lena leithéidí sa Bhéarla. Bíonn dúshláin roimh scríbhneoirí Gaeilge do pháistí freisin: deir Ré Ó Laighléis go dtagann coinbhleacht in aigne an scríbhneora go rialta le linn an phróisis liteartha, agus go bhfuil na constaicí seo ann go buan toisc gur cainteoirí Béarla iad formhór na bpáistí in Éirinn a bhfuil an Ghaeilge mar dhara teanga acu (Ó Laighléis 1997: 426). Dá bhrí sin, nach luífeadh sé le réasún go ndéanfadh údair agus foilsitheoirí na Gaeilge gach iarracht cumas an léitheora agus caighdeán na Gaeilge a phósadh le chéile ina gcuid leabhar? Agus i gcás litríocht Ghaeilge na n-óg do pháistí idir ocht agus trí bliana déag d'aois, an bhfuil siad ábalta é seo a dhéanamh agus an bhearna ollmhór ann i dtaobh chaighdeán na Gaeilge de san aoisghrúpa seo? Díreofar anois ar théamaí agus ar leabhair a bhfuil an aoisghrúpa seo acu mar spriocléitheoirí agus feicfear an chaoi a n-éiríonn leo a suim a mhúscailt.

An Fhantaisíocht don Aoisghrúpa Idir Ocht agus Trí Bliana Déag d'Aois

Ní gá ach breathnú ar *Alice's Adventures in Wonderland* nó ar *Harry Potter* chun léargas a fháil ar an tsuim a bhíonn ag aoisghrúpaí éagsúla san fhantaisíocht. Sa lá atá inniu ann, baineann an fhantaisíocht sa Ghaeilge le páistí óga thar aon duine eile, agus go minic is scéalta iad atá breac le síóga, le dragúin is le draíocht. Má tá scéalta fantaisíochta le cur in oiriúint don aoisghrúpa idir ocht agus trí bliana déag d'aois, caithfidh siad bheith níos sofaisticiúla ná na scéalta bunúsacha atá ann do pháistí óga. Pléifear anois ceithre shampla den chineál seo leabhar Gaeilge ach iad thar an gcoitiantacht ar chúiseanna éagsúla. Is scéalta iad seo uilig a bhfuil miotaseolaíocht na Gaeilge agus seanscéalta na hÉireann mar chúlra acu ar bhealach amháin nó ar bhealach eile agus feicfear go bhfreastalaíonn *Ionsaí* agus *An Túr Solais* ar an aoisghrúpa a bhaineann leis an 'Triantán Beirmiúdach' ach go bhfuil *An Bhanríon Bess agus Gusaí Gaimbín* agus *Gaiscíoch na Beilte Uaine* an-dúshlánach don aoisghrúpa sin ar shlite éagsúla.

Is scéal draíochta corraitheach é *Ionsaí* le hOisín Ó hEartáin agus Brian Ó Baoill. Is scéal é a bhuaigh 'An Chéad Duais Oireachtais – Ficsean Do Dhaoine Óga 2008'. Scríobhadh é don aos óg, dóibh siúd atá idir naoi mbliana d'aois agus dhá bhliain déag d'aois. Is éard atá sa leabhar ná cuntas ar na gaiscígh óga, na Taoisigh agus na Ríthe a bhí in Éirinn fadó agus na cogaí a throid siad i gcoinne na n-ollphéisteanna agus a leithéidí ach tá blas nua-aoiseach air. Dar leis na saineolaithe – na páistí óga féin – rinneadh an pósadh ceart sa leabhar seo toisc na téamaí seo a bheith ann: draíocht, agus an mhaith i gcoinne an oilc. Tá an fhantaisíocht seo lonnaithe sna seanscéalta béaloidis chomh maith. Ó thaobh teanga agus stíle de, tá meascán álainn anseo idir an scéal béaloidis agus scéalta fantaisíochta Béarla mór le rá.

Leabhar eile atá tarraingteach, eachtrúil agus é scríofa i nGaeilge iontach mealltach do léitheoirí óga a bhfuil Gaeilge líofa acu nó dóibh siúd a bhfuil an Ghaeilge mar dhara teanga acu ná *An Túr Solais* le Ríona Nic Congáil. Bhain sé duais an Oireachtais mar leabhar don óige sa bhliain 2004. Tá Gaeilge álainn agus saibhreas teanga sa leabhar seo, agus é inléite ag na páistí ar a bhfuil sé dírithe. Tá an friotal pósta le hábhar a bhfuil an-spéis ag páistí ann. Is scéal inchreidte é atá breac le téamaí cosúil le draíocht, baol agus grá clainne a thaitníonn go mór le léitheoirí óga. De réir daltaí Gaelscoile idir deich agus trí bliana déag d'aois, bíonn siad an-tógtha le Luan, an príomhcharachtar a théann ina aonar chuig 'Tír na mBan' chun a dheirfiúr a shábháil. Taitníonn an turas aonair go mór leo mar thoradh ar an teannas atá cruthaithe ag an údar agus mar gheall ar an dainséar a bhaineann leis. Ina theannta sin, is í Danú, Banríon na Síóg, an dara carachtar is ansa leo toisc go bhfuil sí gránna, nimhneach, an cineál carachtair lena mbíonn páistí ag an aois seo tógtha. Maidir leis an ábhar, leis an gcomhréir agus le leibhéal deacrachta na Gaeilge, aontaíonn na léitheoirí go bhfuil an manglam ceart ann agus an téacs intuigthe agus corraitheach dá réir. In úrscéal inmholta eile de chuid Nic Congáil, *An Leabhar Órga,* ina bhfuil roinnt mhaith de na carachtair chéanna, tá deis iontach ag léitheoirí óga bualadh le Luan agus lena chairde arís (Nic Congáil 2006).

Ní hionann an dá leabhar thuas agus an scéal fantaisíochta *An Bhanríon Bess agus Gusaí Gaimbín* le Biddy Jenkinson, a foilsíodh sa bhliain 2007, mar nach bhfuil sé soiléir cé hiad na spriocléitheoirí sa chás seo. Siúd is go bhfuil an-mholadh tuillte ag an leabhar seo mar gheall ar an dealramh éifeachtach nua-fhaiseanta atá air ní fhéadfaí a áitiú go bhfuil an friotal ná an t-ábhar chomh fóirsteanach leis na léaráidí. Tá téama na sainte chun tosaigh ann mar go ndéanann an fear gnó Gusaí Gaimbín iarracht Lios na gCat a leagan go talamh agus casino, ionad dramhaíola agus monarcha phróiseála seithí a thógáil ina ionad. Thaitneodh an scéal seo le daoine fásta ar bith a bhfuil suim acu i gcúrsaí na hÉireann le linn ré an Tíogair Cheiltigh, ach is ar éigean a thuigfeadh an-chuid páistí óga na téamaí, clisteacht na cainte agus an fo-théacs. Le lomchlár na fírinne a insint, toisc nach bhfuil ach leibhéal íseal Gaeilge ag an-chuid páistí in Éirinn na laethanta seo, bheadh deacrachtaí acu leis an bhfriotal Gaeilge agus le comhréir an leabhair seo, gan trácht ar na línte i bhFraincis. Ar an drochuair ba dheacair do bhunús pháistí scoile na tíre an rí-scéal seo a thuiscint cé is moite de chorrpháiste ardéirimiúil. Mar shampla, cén léitheoir óg a thuigfeadh an 'dreas cainte' seo idir Gusaí agus Marianne:

Thug Gusaí faoi ndeara ansin go raibh sé á loisceadh le tae te.

'Gligín' a bhéic sé le Marianne.

'Tête de cochon!' arsa Marianne go béasach, mar dhia.

'Téití cois tú féin!' arsa Gusaí go crosta (Jenkinson 2007: 101).

Tá scéal iontach sa leabhar seo agus léaráidí iontacha leis. Is mór an trua é mar sin nach bhfuil ar chumas roinnt mhaith páistí, a mbeadh an-spéis acu ann, an scéal seo a léamh. Níl aon amhras go bhfuil dualgas ar na foilsitheoirí, leabhair mar seo a chur i gcló ach an bhfuil sé cothrom go gcaillfeadh formhór pháistí na tíre an deis iontach chun leabhair mar seo a léamh? Ach an bhfuil réiteach ar bith ar an bhfadhb seo? Tá buachaillí i nGaelscoileanna tar éis an leabhar seo a léamh, fiú iad siúd ar leasc leo dul i mbun léitheoireachta, agus cé go mbíonn siad ag streachailt leis an nGaeilge atá ann anseo is ansiúd, is aoibhinn leo an t-ábhar agus na pictiúir chomh maith.

D'fhoilsigh An tSnáthaid Mhór *Gaiscíoch na Beilte Uaine* le Caitríona Nic Sheáin sa bhliain 2007, agus moladh do na Duaiseanna Bisto é i 2007/2008. Cuireadh ar Ghearrliosta Réics Carló 2009 é agus ba é Leabhar na Bliana 2007 é. Is leabhar cruthaitheach, tarraingteach, álainn é ina bhfuil pictiúir den chéad scoth. Ar láithreáin ghréasáin faoi leith moltar gur leabhar é atá idéalach do pháistí deich mbliana d'aois. Ag díriú ar fhriotal an leabhair, d'fhéadfaí a áitiú go bhfuil sé feiliúnach do pháistí a mbeadh deich mbliana nó mar sin slánaithe acu, ach díreach dóibh siúd a bhfuil an Ghaeilge acu ón gcliabhán. I mbeagán focal, ní bheadh an-chuid páistí a bhfuil an Ghaeilge mar dhara teanga acu in ann an téacs a thuiscint i gceart. Tá téamaí iontacha ag rith tríd an leabhar – cleasaíocht, draíocht, marú agus misneach – téamaí a bhfuil an-dúil ag léitheoirí óga iontu. Is maith an rud go bhfuil dlúthdhiosca ar fáil leis an leabhar, óir is dócha gur cabhair í an áis éisteachta seo le léitheoirí a mbíonn drogall orthu dul i mbun léitheoireachta, ach is gá do na léitheoirí seo ardchaighdeán Gaeilge a bheith acu. Is foilsitheoir an-chruthaitheach í An tSnáthaid Mhór agus déantar gach iarracht seanscéalta a phósadh le léaráidí mealltacha i ngach leabhar dá cuid agus bíonn blas úrnua ar na foilseacháin seo dá réir sin. Tá tuilleadh leabhar den seánra céanna le *Gaiscíoch na Beilte Uaine* ar fáil ón tSnáthaid Mhór, mar atá *Balor, An Gréasaí Bróg agus na Sióga,* agus *Mac Rí Éireann.* Tá sé thar a bheith tábhachtach a leithéidí a bheith ar fáil as Gaeilge le freastal ar léitheoirí a bhfuil ar a gcumas iad a léamh agus taitneamh a bhaint astu. Ach ina dhiaidh sin uilig, cén fáth nach bhfuil a leithéidí de leabhair ar fáil agus Gaeilge níos fusa iontu d'fhoghlaimeoirí óga na Gaeilge?

Téamaí na Sochaí Mífheidhmiúla – Oiriúnach don Aoisghrúpa Idir Ocht agus Trí Bliana Déag d'Aois?

Cé gur chuir Cathal Ó Sándair tús leis an litríocht uirbeach do dhaoine óga sa Ghaeilge, sna 1980í agus sna 1990í ba iad Ruaidhrí Ó Báille agus Ré Ó Laighléis na scríbhneoirí ba bhisiúla ar éirigh leo ficsean atá suite i gceantracha uirbeacha a chur chun cinn. Sna leabhair sin chuaigh na húdair sin i ngleic le téamaí comhaimseartha cosúil le corraíl teaghlaigh, foréigean sa bhaile, caidrimh mhífheidhmiúla, fáinne fí an andúiligh, agus le ceist an óláchain freisin. Feicimid go raibh an seánra seo mar réamhtheachtaí ar leabhair chomhaimseartha Éilís Ní Dhuibhne, ar nós *Hurlamaboc* a d'fhoilsigh Cois Life i 2006. Bronnadh gradam ar *Hurlamaboc* sa rannóg 'Ficsean do Dhaoine óga' i gComórtas Liteartha an Oireachtais an bhliain chéanna. Sa bhliain 1989 a d'fhoilsigh Cló Iar-Chonnachta *Dúnmharú ar an Dart* le Ruaidhrí Ó Báille agus luadh go raibh sé dírithe ar an bhfoghlaimeoir fásta. Is scéal eachtraíochta é seo ina maraítear duine ar an Dart, ach deirtear anois ar an-chuid láithreán gréasáin go bhfuil an scéal oiriúnach do pháistí thart ar chúig bliana déag d'aois. Is leabhar spleodrach é, ach leis an bhforéigean atá ann, cén fáth a léitear é i Rang a cúig agus Rang a sé i gcuid de na Gaelscoileanna sa bhliain 2011?

Is leabhar é *Dúnmharú ar an Dart* a bhfuil íomhánna láidre ann, mar shampla, an radharc ina n-aimsíonn príomhcharachtar an úrscéil, Niall Ó Briain, a bhean chéile marbh roimhe i seomra óstáin. Tagann sé uirthi agus í sínte ar an urlár, fuil ag síleadh óna ceann tar éis smísteáil fhíochmhar. Bhí bearna léitheoireachta ann sna scoileanna ag an am agus líon *Dúnmharú ar an Dart* agus leabhair eile é. Bhí, agus tá fós ar ndóigh, an leabhar seo á léamh ag daltaí i gcomhair scrúdú an Teastais Shóisearaigh. Is ceist é an mbeadh scéal chomh foréigneach leis á léamh sna ranganna Béarla? Is dócha go bhfuil go leor roghanna ann maidir le téacsanna Béarla don Teastas Sóisearach, agus nach gá do na múinteoirí Béarla scéalta a roghnú ó bhailiúchán an-bheag, murab ionann agus cás na múinteoirí Gaeilge. Ní hé nach bhfuil fiúntas sna leabhair Ghaeilge seo ach caithfear a n-oiriúnacht a iniúchadh.

Sna nóchaidí luatha, ní raibh mórán leabhar Gaeilge ar fáil do dhéagóirí. Dá bhrí sin, ní hionadh é go raibh Alan Titley den tuairim go raibh fadhb mhór ann i litearthacht na Gaeilge nuair a bhí i bhfad Éireann níos mó leabhar i mBéarla ar fáil do dhaoine óga ná leabhair Ghaeilge. Dúirt sé go raibh rogha chomhfhiosach ann maidir le leabhar i nGaeilge a léamh uaireanta, ach má bhíonn ganntanas leabhar Gaeilge do dhaoine óga idir ocht agus trí mbliana déag d'aois ann, roghnóidh an dream seo leabhair Bhéarla, chomh dócha lena athrach. Threisigh Titley go láidir leis an tuairim gur minic a bhíonn bearna ann idir an t-ábhar agus a oiriúnaí is a bhíonn an t-ábhar sin. Anuas air sin, leag sé béim ar an bhfadhb chigilteach maidir le caighdeán an téacs agus cumas an léitheora (Titley 2000: 103).

Níl aon dabht ach go gcuireann déagóirí an lae inniu fiorchaoin fáilte roimh *Hurlamaboc* le hÉilís Ní Dhuibhne. Ach seo an áit a bhfuil an buille; tá an leabhar go hiontach i gcomhair déagóirí, ach an oireann na téamaí atá ann do pháistí faoi bhun trí bliana déag d'aois? Tá, mar a luadh, corraíl teaghlaigh, foréigean sa bhaile, caidrimh mhífheidhmiúla, agus ólachán ann mar théamaí, agus gach seans nach bhfuil roinnt mhaith páistí faoi bhun trí bliana déag in ann dul i ngleic leis na téamaí seo gan trácht ar iad a thuiscint i gceart. An bhfuil mórán leabhar ar fáil atá chomh húr agus nuafhaiseanta le *Hurlamaboc*, agus iad in oiriúint do na páistí óga atá sáinnithe sa Triantán Beirmiúdach sin idir ocht agus trí bliana déag d'aois? Is léir nach dírithe ar an aoisghrúpa sin atá na leabhair thuasluaite a bhaineann leis an tsochaí mhífheidhmiúil uirbeach, ach an bhfuil go leor leabhar nó scéalta, seachas scéalta fantaisíochta, ar fáil don dream áirithe sin? Ar an drochuair is beag leabhar gan síóg nó draíocht iontu atá ar fáil don aoisghrúpa sin, aoisghrúpa a shíleann a bhformhór go bhfuil téamaí dá leithéid thar a bheith leanbaí.

Leabhar na gCailíní v Leabhar na mBuachaillí

Leis an aoisghrúpa atá á phlé san aiste seo, feictear go mbeartaíonn scríbhneoirí áirithe sa Bhéarla leabhair a dhíriú ar bhuachaillí amháin nó ar chailíní amháin, seachas iarracht a dhéanamh leabhair a chur ar fáil don dá inscne le chéile. Tosaíonn an nós sin ag aois an-óg sa Bhéarla de ghnáth, ach go dtí le déanaí, ba rud annamh é leabhar Gaeilge a fheiceáil a bhí dírithe ar chailíní amháin, gné atá curtha chun cinn ar na mallaibh ag Siobhán Parkinson, Céad Laureate na nÓg in Éirinn.

Sampla den athrú treo sin ná *Dialann Sár-Rúnda Amy Ní Chonchúir* le Siobhán Parkinson, a d'fhoilsigh Cois Life sa bhliain 2008. Is leabhar é a bhfuil clúdach angheal agus an-mhealltach air agus é dírithe ar dhéagóirí óga. 'Readers get to experience a witty and beautiful novel of fun but with serious matters included such as adoption and racism' a deir Celia Keenan (Keenan 2008). Ar ndóigh, chuirfeadh stíl na 'dialainne' na leabhair chlasaiceacha ó *The Diary of Anne Frank* ó na daichidí go dtí *The Diary of Adrian Mole* ó na hochtóidí i gcuimhne dúinn. Déanann Amy Ní Chonchúir cur síos ar a saol agus ar an saol go ginearálta atá timpeall uirthi, ach tagann eolas atá an-suimiúil ar fad chun solais. Tá stíl nua-aimseartha ann agus é tarraingteach do chailíní óga ach go háirithe. Thaitneodh na téamaí a bhaineann le grá, greann, cairdeas agus samhlaíocht ar ndóigh le léitheoirí óga ach go háirithe. Is dócha gur caitheadh dua agus am leis ag iarraidh go mbeadh gach aon rud i gceart idir dhealramh, ábhar agus teanga. Is sampla é de leabhar nua a bhfuil Gaeilge úr tharraingteach ann agus a d'oirfeadh do dhéagóirí óga a bhfuil Gaeilge ó dhúchas acu agus dóibh siúd a d'fhoghlaim a gcuid Gaeilge i scoileanna lán-Bhéarla chomh maith céanna.

I gcodarsnacht le *Dialann Sár-Rúnda* le Siobhán Parkinson, is scéal iontach suimiúil do bhuachaillí ach go háirithe é *An bhfaca éinne agaibh Roy Keane?* le Micheál Ó Ruairc, a d'fhoilsigh Coiscéim sa bhliain 2003. Is imreoir sacair den scoth é Brian, príomhcharachtar an leabhair seo. Tá neart fadhbanna aige sa bhaile agus ar scoil ach is é an sacar an rud a choimeádann ar an mbóthar ceart é. Nach é aisling gach imreora óig é go bhfeicfeadh scabhtaí ó Manchester United nó a leithéid an tallann atá ann? Is amhlaidh a tharlaíonn sa leabhar seo nuair a fheiceann na saineolaithe sacair Brian agus go léirítear spéis ann. Ar an drochuair nuair a cheapann Brian go bhfuil a shaol ag dul ó neart go neart i dtaobh sacair de, buailtear a athair go dona tinn le hailse. Scéal spéisiúil atá ann, don aoisghrúpa idir trí bliana déag agus cúig bliana déag d'aois, agus é scríofa i nGaeilge atá anmhealltach ar fad agus atá intuigthe ag go leor daoine óga, ag buachaillí ach go háirithe. Tá gluais ann freisin, rud a chabhraíonn go mór le léitheoirí a bhfuil an Ghaeilge mar dhara teanga acu.

Conclúid

Cé go bhfuil an-chuid leabhar Gaeilge ar fáil do léitheoirí óga na linne seo, dealraítear go bhfuil ganntanas ann i gcás léitheoirí idir ocht mbliana agus trí bliana déag d'aois, go háirithe dóibh siúd a bhfuil an Ghaeilge mar dhara teanga acu. Is éard atá in easnamh i gcás an aoisghrúpa seo ná leabhair sholéite ó thaobh teanga de ach atá fós spéisiúil agus sofaisticiúil a ndóthain chun léitheoirí óga a mhealladh. I gcomparáid le margadh na leabhar Béarla atá líonlán le leabhair mhealltacha faoi vaimpírí, chonriochtaí, ollphéisteanna agus dheamhain, faoi thriantáin ghrá agus faoi chailíní óga a chrochann thart lena gcairde, agus faoi ghníomhairí rúnda atá chomh seiftiúil is atá siad cróga, is léir go bhfuil margadh na leabhar Gaeilge chun deiridh ag an bpointe seo. Chun an bhearna seo a líonadh ba cheart féachaint ar na leabhair Bhéarla a bhfuil spéis ag an aoisghrúpa seo iontu le feiceáil cad iad na téamaí agus na carachtair a thaitníonn leo. Ba mhaith an pointe tosaithe é ar aon chaoi, agus dá mbeadh an pósadh ceart ann idir teanga agus ábhar cá bhfios nach meallfaí níos mó daoine óga ón Triantán Beirmiúdach ar ais i dtreo litríocht na Gaeilge.

SAOTHAIR A CEADAÍODH

Carroll, Lewis. *Alice's Adventures in Wonderland* and *Through the Looking-Glass*. Oxford: Oxford University Press, 2009.

Frank, Anne. *Anne Frank: the Diary of a Young Girl*. New York: Doubleday, 1952.

Hastings, Caitríona agus Andrew Whitson. *An Gréasaí Bróg agus na Sióga*. Béal Feirste: An tSnáthaid Mhór, 2009.

Balor. Béal Feirste: An tSnáthaid Mhór, 2008.

Mac Rí Éireann. Béal Feirste: An tSnáthaid Mhór, 2010.

Jenkinson, Biddy. *An Bhanríon Bess agus Gusaí Gaimbín*. Baile Átha Cliath: Coiscéim, 2007.

Keenan, Celia. 'Tales of love and death with a little bit of gore'. *Irish Independent*. 7 Nollaig 2008.

Ní Dhuibhne, Éilís. *Hurlamaboc*. Baile Átha Cliath: Cois Life, 2006.

Nic Congáil, Ríona. *An Túr Solais*. Baile Átha Cliath: Coiscéim, 2004.

An Leabhar Órga. Baile Átha Cliath: Coiscéim, 2006.

Nic Sheáin, Caitríona agus Andrew Whitson. *Gaiscíoch na Beilte Uaine*. Béal Feirste: An tSnáthaid Mhór, 2007.

Ó Báille, Ruaidhrí. *Dúnmharú ar an Dart*. Indreabhán: Cló Iar-Chonnachta, 1989.

Ó hEartáin, Oisín agus Brian Ó Baoill. *Ionsaí*. Baile Átha Cliath: Coiscéim, 2008.

Ó Laighléis, Ré. 'Extraordinary Exigencies: Current Irish Language Literature for the Young Reader'. *The Lion and the Unicorn*. 21:3. 1997: 426–436.

Ó Ruairc, Micheál. *An bhfaca éinne agaibh Roy Keane?* Baile Átha Cliath: Coiscéim, 2003.

Parkinson, Siobhán. *Dialann Sár-Rúnda Amy Ní Chonchúir*. Baile Átha Cliath: Cois Life, 2008.

Rowling, J.K. *Harry Potter and the Philosopher's Stone*. Londain: Bloomsbury, 1997.

Titley, Alan. 'Children's Books in Irish'. *The Big Guide 2: Irish Children's Books*. Eag. Valerie Coghlan agus Celia Keenan. Dublin: Children's Books Ireland, 2000: 103–110.

Townsend, Sue. *The Secret Diary of Adrian Mole aged 13¾*. London: Methuen, 2002.

IX

AN EITIC AGUS AN AEISTÉITIC I BHFORBAIRT NA NUA-LITRÍOCHTA DON AOS ÓG AGUS I SAOTHAR ALAN TITLEY

Máirtín Coilféir

Scríbhneoir ildánach is ea Alan Titley. Go nuige seo, tá cúig úrscéal foilsithe aige, chomh maith le trí chnuasach gearrscéalta, trí leabhar critice, na scórtha aiste liteartha agus léirmheasanna, os cionn ceithre chéad colún iriseoireachta, agus dornán dánta. Léiríodh scripteanna drámaí dá chuid ar an teilifís, ar an raidió agus ar an stáitse ar fud an domhain, agus cuid acu sin aistrithe go teangacha eile freisin. Go deimhin, ón uair a d'fhoilsigh Titley a chéad alt sa bhliain 1966 (Titley 1966: 21), tá saothraithe aige gach foirm scríbhneoireachta dá bhfuil ann. Más fíor do Sheán Mac Mathúna, is éacht é sin nach bhfuil a mhacasamhail déanta ag aon údar Éireannach eile ach amháin ag Oliver Goldsmith agus ag Gabriel Rosenstock (Mac Mathúna 1999: 26–27). Is le deireanas a chuaigh an Titlíoch leis an scríbhneoireacht don aos óg, ach tá a rian fágtha aige ar an tseánra sin cheana féin. Sa bhliain 2003 a d'fhoilsigh sé an t-úrscéal gairid *Amach*, saothar a bhuaigh duais Eilís Dillon in 2004. Sa bhliain 2009, d'fhoilsigh sé *Gluaiseacht*, úrscéal a cuireadh ar

ghearrliosta dhuais Bisto le haghaidh leabhar na bliana.[1]
Is iad an dá shaothar sin a bheas faoi chaibidil san aiste
seo. Agus *Amach* agus *Gluaiseacht* mar shamplaí agam,
féachfaidh mé le soilsiú a dhéanamh ar neamhréir, nó ar
choimhlint, atá le sonrú ar shaothar Alan Titley. An
choimhlint atá i gceist agam, baineann sí le dhá
dhearcadh chontrártha ar fheidhm na litríochta. Ar
thaobh amháin, faighimid tuiscint den litríocht mar
earra *engagé*, tuiscint a thugann aitheantas d'impleachtaí
polaitiúla agus d'impleachtaí eiticiúla an tsaothair
liteartha. Ar an taobh eile, faighimid tuiscint den
litríocht mar earra aeistéitice amháin, mar dhomhan ann
féin nach mbaineann cúraimí praiticiúla an tsaoil iarbhír
– leithéidí na heitice agus na polaitíochta – leis in aon
chor. Áiteoidh mé go bhfuil Alan Titley idir dhá
chomhairle maidir le cé acu tuiscint den litríocht is
dlisteanaí, agus úsáidfidh mé *Amach* agus *Gluaiseacht*
d'fhonn é sin a léiriú. Sula mbreathnóidh mé ar an dá
úrscéal sin, áfach, tabharfaidh mé spléachadh ar
fhorbairt na nua-litríochta don aos óg trí chéile. Go
sonrach, áiteoidh mé gur féidir forbairt na nua-litríochta
don aos óg a thuiscint i dtéarmaí na coimhlinte seo idir
an eitic agus an aeistéitic. Cabhróidh an trácht gairid seo
ar stair na litríochta don aos óg leis an bplé ar *Amach*
agus ar *Gluaiseacht* a chur i gcomhthéacs beagán.

An Nua-Litríocht don Aos Óg: Ón Eitic go dtí an Aeistéitic
D'fhonn forbairt na litríochta nua-aimseartha don aos óg
a rianú, ba mhaith liom tarraingt anseo ar an bhfráma
tagartha a chuir Pádraig de Paor ar fáil le déanaí ina
aiste ar an nuafhilíocht (de Paor 2011: 112–24). San aiste
sin, déanann an Dr de Paor idirdhealú áisiúil idir dhá
chineál litríochta, mar atá, an litríocht 'thraidisiúnta'
agus an litríocht 'nua-aoiseach'. Maidir leis an litríocht
'thraidisiúnta', míníonn de Paor gurb éard atá i gceist

aige ansin ná saothair a chloíonn le nósanna áirithe ceapadóireachta a bhíodh go mór i réim suas go dtí teacht na hEagnaíochta, agus atá ann go fóill, cé nach bhfuil siad chomh húdarásach is a bhíodh. Ar na tréithe a shamhlaíonn de Paor leis an litríocht thraidisiúnta seo, tá 1) go mbíonn feidhm fhollasach phraiticiúil léi, agus 2) go gceaptar í de réir múnlaí údarásacha scríbhneoireachta a bhfuil taithí ag an spriocphobal léitheoireachta orthu. (Luann an Dr de Paor, mar shampla, go mbíonn meadaracht sheanbhunaithe san fhilíocht thraidisiúnta). I mbeagán focal, féachann an litríocht thraidisiúnta le comhairle a thabhairt, le teagasc a chur abhaile, nó le luachanna sóisialta a dhaingniú, agus déantar é sin i bhfoirm agus i bhfriotal a bhfuil an spriocphobal léitheoireachta cleachtach orthu. Gan amhras, is tábhachtach cúrsaí aeistéitice, cúrsaí áille, sa litríocht thraidisiúnta theagascach seo freisin – sin a dhéanann litríocht di seachas tráchtas polaitiúil nó téacsleabhar. Ach anuas ar an eispéireas aeistéitice sin a chur ar fáil, bíonn an dara feidhm leis an litríocht thraidisiúnta: feidhm eiticiúil, nó feidhm pholaitiúil (sa chiall is leithne den fhocal sin).

Maidir leis an litríocht don aos óg, féadfaimid cuid mhór di sin a thuiscint mar shaothair den mhúnla traidisiúnta seo a fhéachann le bheith idir *utile* agus *dulce*, idir theagascach agus phléisiúrtha. Go deimhin, d'fhéadfá a áitiú go raibh an toise eiticiúil agus an chumarsáid dhíreach shoiléir ina ndlúthchuid den litríocht don aos óg ar feadh an chuid is mó de shaolré an tseanrá (Grenby 2009: 3–18). Suas go dtí céad go leith bliain ó shin, is beag saothar do pháistí a foilsíodh nach raibh feidhm theagascach éigin léi[2]. Is léir sin ar na teidil atá ar chuid de na leabhair is túisce a díríodh ar an aos óg: *Book of Curtesye* (1477) le William Caxton; *Schoole of Vertue, and Booke of Good Nourture for Chyldren, and Youth to Learn Theyr Dutie By* (1557) le Francis Seager; agus an ceann is ansa liom féin, *A Token for Children, being an Exact Account of the Conversion, Holy and Exemplary Lives, and Joyful Deaths, of several young Children* (1672) le James Janeway. Nuair a cuireadh tús le tionscadal nua-aimseartha na litríochta don aos óg i lár an ochtú haois déag i Sasana, bhí an toise eiticiúil/theagascach seo fós ina cloch choirnéil di (Briggs et al. 2007: 1–46). Bíodh a fhianaise sin ar an bhfotheideal a chuir John Newbery, duine de shinsearaigh na nua-litríochta don aos óg, lena shaothar *A Pretty Little Pocket Book* (1744): 'Intended for the Instruction and Amusement of Little Master Tommy and Pretty Miss Polly'. Agus gan amhras, mura bhfuil toise theagascach den chineál seo le gach uile shaothar don aos óg a fhoilsítear sa lá atá inniu ann, fós féin tá sí le sonrú ar chuid mhór de na leabhair chomhaimseartha do pháistí. Ní hamháin go bhfuil feidhm eiticiúil le roinnt mhaith de na leaganacha úra de na seanscéalta ar a gcothaítear leanaí i gcónaí – fabhalscéalta Aesóip, cuirim i gcás, nó na síscéalta – ach tá sí le haireachtáil go follasach ar go leor de na saothair a ceapadh sa nua-aois freisin, leithéidí *Eachtra Phinocchio* (Callodi 2003) agus *An Chircín Rua* (Percy 2000), le gan ach dhá cheann a aistríodh go Gaeilge a lua. D'fhéadfá cuid mhór den litríocht don aos óg a rangú faoi lipéad seo na scríbhneoireachta traidisiúnta.

Cuireann an Dr de Paor an litríocht nua-aoiseach i gcodarsnacht leis an litríocht thraidisiúnta. Áitíonn sé go dtéann fréamhacha na litríochta nua-aoisí siar go dtí an dara leath den ochtú haois déag, tráth a tháinig 'tuiscint nua den Áille' – agus dá réir sin tuiscint nua den ealaín – chun cinn (de Paor 2011: 116). De réir an dearcaidh nua-aoisigh seo ar an litríocht, ní hí éifeacht shóisialta ná feidhm theagascach an tsaothair liteartha a mheánn. Is éard is tábhachtaí ná an blaiseadh den áilleacht a thugann an litríocht don duine aonair. Áilleacht ar son na háilleachta is feidhm leis an ealaín nua-aoiseach seo;

aireachtáil na healaíne ar son na haireachtála féin atá i gceist leis an eispéireas aeistéitice sa lá atá inniu ann, más fíor. Ní cás leis an scríbhneoir nua-aoiseach aon trácht a dhéanamh ar an bpolaitíocht ná ar chúrsaí eitice: dar leis gur domhan ann féin í an litríocht, gur réimse féinchuimsitheach í nach ngéilleann do nósanna ná do chúraimí an tsaoil a maireann muidne, léitheoirí, ann. Go deimhin, is minic a bhíonn gnáthchóras tuisceana an tsaoil iarbhír (gona bhéim ar an moráltacht agus ar thagarthacht na bhfocal) ar fionraí i ndomhan samhlaíoch seo na litríochta nua-aoisí. Siúd é an saothar liteartha mar earra aeistéitice amháin, mar chlós súgartha inar féidir leis an scríbhneoir dul ag spraoi leis an teanga, gan a bheith ag cuimhneamh ar na dualgais a shainíonn an saol salach seo.

Chuir forbairt na haeistéitice nua-aoisí seo cor cinniúnach i stair na litríochta don aos óg. Óir faoi mar a tháinig tuiscint úr den áille agus den ealaín chun cinn ag deireadh an ochtú haois déag, tháinig tuiscint úr den óige chun cinn thart ar an am céanna. D'fhéadfá a áitiú, go fiú, go bhfuil an tuiscint nua-aoiseach den áille agus an tuiscint nua-aoiseach den óige fite fuaite le chéile. Cén chaoi sin? Bhuel, murab ionann agus an saoldearcadh traidisiúnta a bhí thuas roimh theacht na hEagnaíochta, leagann an dispeansáid nua-aoiseach béim ar phearsantacht shainiúil an duine aonair, ar ghinias uathúil na hindibhide. As réabhlóid smaointeoireachta seo an nua-aoiseachais a d'éirigh gluaiseacht an rómánsachais sa dara leath den ochtú haois déag, agus is amhlaidh a d'imir na healaíontóirí rómánsacha tionchar mór ar an tuiscint chomhaimseartha don óige trí bhíthin an óige a idéalú ina gcuid saothar (Farenga agus Ness 2005: 353). Suas go dtí ré an rómánsachais, níor ghnách breathnú ar an óige mar thréimhse órga i saol an duine, tréimhse shona shaonta lán spraoi is súgartha. Ar aon bhonn leis sin, níor scéalta lán spraoi is súgartha a bhí sa chuid is mó de na scéalta don aos óg, ach fabhalscéalta a d'fhéach le teagasc éigin a chur abhaile. Ach ar lorg Jean-Jacques Rousseau go háirithe, chuir na scríbhneoirí rómánsacha agus na péintéirí rómánsacha íomhá idéalach den óige sa chúrsaíocht, agus tá an íomhá sin neadaithe go domhain i ndioscúrsa an Iarthair ó shin i leith (Farenga agus Ness 2005: 353). Feasta, tuigtear gurb iad an t-ionadh, an taiscéaladh agus an úrnuacht saintréithe na hóige. Agus ós rud é gurb iad sin saintréithe na healaíne nua-aoisí freisin, samhlaítear forluí nó ceangal a bheith idir cumas cruthaitheachta an ealaíontóra nua-aoisigh agus samhlaíocht bhuile an pháiste. '[G]enius is nothing more nor less than *childhood recovered at will*', a d'fhógair Charles Baudelaire, duine de cheannródaithe na litríochta nua-aoisí, sa bhliain 1863 (Baudelaire 1964: 8). Nóisean coitianta atá i nóisean úd Baudelaire anois. Tuairim is nócha bliain i ndiaidh an ráitis sin, rinne duine de cheannródaithe litríocht nua-aoiseach na Gaeilge an nasc seo idir saoldearcadh an ealaíontóra agus saoldearcadh an pháiste a athdhearbhú. 'Cad is filíocht ann?' a fhiafraíonn Seán Ó Ríordáin sa réamhrá a chuir sé le *Eireaball Spideoige*. Agus freagraíonn: 'Aigne linbh' (Ó Ríordáin 1952: 9). D'fhocail ghearra, faoin dispeansáid nua-aoiseach – agus táimid faoin dispeansáid seo i gcónaí – tá an óige agus an litríocht chruthaitheach ceangailte le chéile.

Mar a dúirt mé, is mór an tionchar a d'imir an ceangal seo idir an aeistéitic nua-aoiseach agus an óige ar an litríocht don aos óg trí chéile. Dhá bhliain i ndiaidh do Baudelaire a fhógairt gurb ionann an ginias agus an óige, chuir Charles Dodgson, nó Lewis Carroll mar is fearr aithne air, chuir sé réabhlóid ar siúl sa nua-litríocht don aos óg nuair a d'fhoilsigh sé *Alice's Adventures in Wonderland*, an chéad mhórshaothar próis do pháistí a scríobhadh de réir rúibricí na litríochta nua-aoisí.[3] Ealaín ar son na healaíne atá in *Eachtraí Eilíse i dTír na nIontas,* saothar samhlaíochta in airde láin atá beag beann ar aon teagasc nó ar aon chomhairle a chur ar fáil (Carroll 2007). Bhí éileamh mór ar *Eachtraí Eilíse,* agus bhain sé stádas canónta amach do mhúnla nua scéalaíochta don aos óg: múnla 'dí-eiticithe', mar dhóigh de. Mar a dúirt F. J. Harvey Darton ina thaobh, ba é *Eachtraí Eilíse* 'the spiritual volcano of children's books'; ba é:

> the first unapologetic ... appearance in print, for readers who sorely needed it, of liberty of thought in children's books. [...] Henceforth ... there was to be in hours of pleasure no more dread about the moral value ... of the pleasure itself (Harvey Darton 1982: 260).

Chuir úrscéal nua-aoiseach sin Lewis Carroll dlús mór le forbairt thionscadal na litríochta don aos óg freisin (Hill 2007: 26–27). Is i ndiaidh *Eachtraí Eilíse* a tháinig cuid mhór de chlasaicí Béarla don aos óg ar an bhfód: *Treasure Island* (1883), *The Tale of Peter Rabbit* (1902), *Five Children and It* (1902), agus léiríodh *Peter Pan, or The Boy Who Wouldn't Grow Up* ar an stáitse den chéad uair sa bhliain 1904. Mura bhfuil gach saothar nua-aimseartha do pháistí lán chomh samhlaíoch, chomh buile le *Eachtraí Eilíse i dTír na nIontas,* fós féin bhí páirt mhór ag an úrscéal sin i dtionscadal na litríochta nua-cheaptha don aos óg a chur sa tsiúl. Réitigh sé an tslí don iomad saothar don aos óg a bhféadfaimis a rangú mar litríocht 'nua-aoiseach', arb é saothar Roald Dahl, b'fhéidir, an sampla is cáiliúla de. Feasta, ní gá don scríbhneoir don aos óg cloí le múnla seanbhunaithe na litríochta traidisiúnta agus an teagasc a mheascadh leis an siamsa. Féadfaidh sé neamart iomlán a dhéanamh den eitic agus dul ag súgradh i ndomhan éigríochta a shamhlaíochta, domhan ina gceadaítear chuile shórt.

Tá againn, mar sin, dhá thraidisiún scríbhneoireachta i litríocht don aos óg – dhá thraidisiún a thagann salach ar a chéile, cuid mhór. Ar láimh amháin, tá an traidisiún teagascach a fhéachann leis an léitheoir a chur ag smaoineamh ar cheisteanna tábhachtacha seachliteartha: ar an gceart agus ar an éigeart, ar dhea-iompar agus ar dhrochiompar, agus mar sin de. Ar an láimh eile, tá an traidisiún nua-aoiseach 'aeistéitice' a thugann cúl ar fad leis na ceisteanna tromchúiseacha sin. De réir an dara traidisiún seo, is domhan ann féin í an litríocht, domhan nár chóir a mheas de réir chritéir phraiticiúla an tsaoil iarbhír ar nós na heitice. Mar a luaigh mé ag tús na haiste seo, creidim go bhfuil teannas nó neamhréir le brath ar shaothar Alan Titley idir tosaíochtaí na litríochta traidisiúnta agus tosaíochtaí na litríochta nua-aoisí. San aiste 'Litríocht na Gaeilge, Litríocht an Bhéarla agus *Anglo-Irish Literature*', mar shampla, maíonn Titley go diongbháilte, 'Ní pluais í an litríocht ina dtéimid ag tóch ag lorg fírinní na staire, nó fíricí an tsaoil shóisialta, nó sonraí an tsochaí achtálta. Ní chun úsáide neamhliteartha í' (Titley 1981: 119). Ach san aiste 'Rough Rug-Headed Kerns', a foilsíodh taca an ama chéanna, áitíonn sé '[that] literature ... has ... a social and political dimension; [that] the intersection of literature and politics is unavoidable' (Titley 1980: 18, 37). An féidir an dá dhearcadh seo ar an litríocht a réiteach le chéile? Seans nach féidir. Agus braithim go bhfuil rian na coimhlinte sin idir an eitic agus an aeistéitic le sonrú ar chuid mhór de scríbhneoireacht Titley, go háirithe ar a chuid úrscéalta don aos óg, *Amach* agus *Gluaiseacht*.

Tosóimid le *Amach*. Ba dhóigh leat ar chuid mhór den úrscéal sin go gcloíonn sé le tosaíochtaí na litríochta nua-aoisí. Ag tús an scéil go háirithe, ní léir aon teagasc a bheith á chur chun cinn. Go deimhin, má tá iompar nó béasa de shórt ar bith á moladh sna chéad cheathracha leathanach de *Amach*, déarfaí gurb iad drochiompar an rógaire buachalla, drochbhéasa an pháiste dhána, iad. Faoin dara leathanach féin, tá an reacaire ag magadh faoina mháthair. 'Bhí a béal ar luascadh', a deir sé. 'Uaireanta bhíodh eagla orm go dtitfeadh a cuid fiacla amach'.(6) Buaileann sé amach ar an tsráid ansin gan beann ar achainí a mháthar go ndéanfadh sé an obair bhaile, agus tá na páistí eile a gcasann sé orthu lán chomh dalba leis féin. I gcaibidil a dó, cuireann Crant sop suas tóin froig agus pléascann sé an créatúr bocht trí shéideadh isteach sa sop, rud a thaitníonn go mór leis an bpríomhcharachtar.(10) Sa chaibidil chéanna, ní éisteann Grúng le comhairle a dearthár mhóir (12), agus cuirtear síos go hoscailte ar chruálacht Chraint i gcoinne an reacaire:

> Chuimhnigh mé ar na rudaí gránna go léir a bhí déanta aige: ar an lá a chuir sé i bhfolach i sloc an gharáiste mé agus an doras a chur faoi ghlas; ar na neantóga a chuir sé síos i mo bhríste; ar an uair a pholl sé mo liathróid le teann oilc.(14)

Tar éis dóibh an abhainn a fhágáil, téann an príomhcharachtar agus a chairde ag caitheamh cloch le traenacha. 'Ba mhór an spraoi aghaidheanna na ndaoine a fheiceáil, iad ag ithe a gcuid ispíní agus ag léamh a gcuid nuachtán agus fras cloch á stealladh leo', a mhaíonn sé go háthasach.(20) Tá an reacaire breá sásta briseadh isteach i dteach anaithnid freisin, an chistin a chur bunoscionn, agus barra seacláide a ghoid.(27–31) Ina dhiaidh sin, tráchtann sé ar chleití a bhaint de cholúr (43), cuireann sé i gcéill go bhfuil sé ar tí gadaíocht a dhéanamh i siopa (44–45), agus cuireann sé aláram gluaisteáin ar siúl trína chara a bhrú i gcoinne an chairr.(45) Ina fhianaise sin ar fad, ba dhóigh leat gur úrscéal *picaresque* é *Amach* nach mbaineann cúrsaí teagaisc ná teachtaireachtaí morálta leis ar chor ar bith. Trí bhíthin na pearsana a thaispeáint ag briseadh rialacha, nó ag tabhairt dhúshlán an údaráis, agus ansin ag fáil ar shiúl leis, d'fhéadfá a rá go ndéanann Titley an toise eiticiúil den litríocht a dhíghradamú in *Amach*.

Bealach eile ina ndéanann Titley beag is fiú d'impleachtaí eiticiúla an tsaothair, b'fhéidir, ná aird an léitheora a tharraingt ar oibríochtaí na scéalaíochta féin. Trí bhíthin amhras a chaitheamh ar iontaobhas an reacaire, trí bhíthin béim a leagan ar na bearnaí i gcuntas an bhuachalla agus ar shaorgacht an chuntais sin, meabhraíonn Titley dúinn gur scéal ficsin atá á léamh – saothar samhlaíochta, píosa ceapadóireachta. Feictear an cleas seo á imirt aige den chéad uair ag deireadh na chéad chaibidle, nuair a chastar Grúng orainn. 'Níor thaitin an abhainn mórán le Grúng mar is buachaillí is mó a bhíodh ann', a deirtear linn. 'Seans go n-imeodh sí go luath mar sin, nó seans go bhfanfadh. Cárbh bhfios?' (8) Tá an éiginnteacht sin, an 'tráchtaireacht athfhillteach fhéintagarthach' mar a thugann Pádraig de Paor uirthi, tá sí ar cheann de na ciútaí stíle is suntasaí in *Amach* (de Paor 2011: 114). Tá an cur síos a dhéanann an reacaire ar an abhainn chomh débhríoch céanna, mar shampla:

> Mhothaigh mé mar a bheadh nithe ag gluaiseacht thíos faoin uisce, ach ní raibh ann ach mothú. Bhí scáileanna thíos ann. Ach b'fhéidir nach raibh iontu ach scáileanna na scamall in airde agus iad ag soilsiú ar an uisce.(13)

Ar an nós céanna, ní léir cén chaoi a bhfuasclaíonn an buachaill Crant ó na barraí iarainn san abhainn (16); níl sé cinnte an gcloiseann sé 'sceamhaíl éigin' ón madra ar an mbóthar iarainn (21); admhaíonn sé gur '[á]ibhéil ar fad' atá á hinsint aige i ndiaidh dó éalú ón traein (26); agus tá an ríomh a dhéanann sé ar a eachtra leis an ngadaí sa teach chomh háibhéalta céanna.(27–36) Trí amhras a chothú sa léitheoir go bhfuil an fhírinne á hinsint ag an reacaire, caitheann Titley amhras ar an mbaint idir teanga na litríochta agus an saol iarbhír. Ceistíonn sé ní hamháin impleachtaí eiticiúla an tsaothair liteartha, ach tagarthacht na bhfocal don saol nithiúil féin. B'fhéidir gurb é buaic na cleasaíochta seo leis an reacaireacht, áfach, ná an sliocht ina stopann an buachaill an traein:

> Leis sin rith mé deich slat chun tosaigh. Chaith mé mé féin ar fhleasc mo dhroma agus chaith mé mo chosa in airde san aer. Sáil mo bhróg chun tosaigh. Bonn mo dhá chos réidh ullamh.
>
> Nuair a bhuail an traein mé bhí sé pianmhar. Chuaigh freang trí chnámh mo dhroma agus shíl mé go raibh dhá leath déanta díom. Chuala mé mar a bheadh mo chnámha uile á maistreadh, ceann ar cheann. Caitheadh siar mé, agus shíl mé go raibh mo cheathrúna ag dul siar isteach i mo chabhail. Ina dhiaidh sin choinnigh mé mo dhá lámh ar ia(r)rann na ráillí, agus chuala mé díoscán na traenach ag stad, os mo chionn beagnach.(24)

Ach admhaíonn an buachaill díreach ina dhiaidh sin: 'Hé, b'in mar a samhlaíodh domsa san am sin é. B'fhéidir nach é seo an fhírinne go hiomlán. Uaireanta deirtear liom go gcuirim craiceann ar scéal'.(24) Sa ráiteas gairid sin, 'b'in mar a samhlaíodh domsa san am sin é', nochtar dúinn croílár *Amach*: is é an domhan *samhlaíoch* ina maireann an páiste – agus ina maireann an t-údar féin, Alan Titley – atá á cheiliúradh san úrscéal. Ní hionann an domhan sin agus an saol leamh, lán rialacha agus dualgas, ina maireann an duine lánfhásta, lánfhreagrach, leadránach. I ndomhan spleodrach seo na samhlaíochta, tá cead a chinn ag an bpáiste agus ag an ealaíontóir a rogha rud a dhéanamh, beag beann ar an '[s]eanduine mór údarásach' a bhíonn i réim sa saol iarbhír.(41) Is trína mhuinín a chur i bhfuinneamh dochloíte na samhlaíochta sin a éiríonn le reacaire *Amach* teacht slán as chuile ghaiste a chastar air feadh an bhealaigh.

Ach céard a déarfá le deireadh an scéil? Buaileann an buachaill le bochtán ar an tsráid, leanbh ina baclainn aici agus í ag iarraidh déirce. 'Teifeach de shórt éigin as tír isteach' atá inti, a deirtear linn (46), agus tá a chuid cairde ag tathant air neamhaird a dhéanamh di. 'Níl inti ach bacach', arsa siadsan. 'Féach an dath atá uirthi. Níl sí cosúil linne, an bhfuil?'(46) Dá n-ainneoin, caitheann an buachaill a chuid airgid le bláthanna don teifeach, agus tugann sé di an barra seacláide a bhí á choinneáil aige dó féin. Le hais a dtagann roimhe, déarfá gur radharc an-mhaoithneach é seo. Ach léiríonn sé go paiteanta an chaoi a mbíonn an eitic agus an aeistéitic ag spairn le chéile i saothar Alan Titley.

Is follas ón radharc deireanach sin in *Amach* gur ábhar íogair ag an Titlíoch cruachás na dteifeach 'as tír isteach', agus is é an t-ábhar sin go baileach atá á phlé aige sa dara húrscéal don aos óg a d'fhoilsigh sé, *Gluaiseacht*. Scéal é seo faoi bhuachaill óg Afracach a theitheann go dtí an Eoraip i ndiaidh do shaighdiúirí a mhuintir uile a mharú. Scéal sa chéad phearsa atá ann, agus ní insíonn an reacaire dúinn céard ba chúis leis an sléacht sin – is dócha nach bhfuil a fhios aige féin. Ar chuma ar bith, éalaíonn sé leis ó áit go háit, castar ar theifeach eile darb ainm Fatima é, déanann cairdeas léi, agus maireann siad beirt ón lámh go béal ar a mbealach chun na hEorpa, 'an áit nach bhfuil ocras ar aon duine, a bhfuil obair ag cách, agus a bhfuil síocháin i réim', a deirtear linn.(21) Buaileann an bheirt teifeach seo le mórán daoine olca feadh na slí, áfach, agus faoin am a shroicheann siad a gceann scríbe i dtuaisceart na mór-roinne – in Éirinn, is dócha – tá brionglóid sin na hEorpa bréagnaithe amach is amach. Murab ionann agus *Amach*, cuid lárnach de *Gluaiseacht* is ea an cíoradh a dhéantar ar cheisteanna polaitiúla agus ar cheisteanna eiticiúla. Féachann Titley ann le drochshaol na dteifeach Afracach in Éirinn a shoilsiú; féachann sé le haird an léitheora a dhíriú ar chúrsaí reatha, ar fhadhbanna sóisialta comhaimseartha a bhaineann leis an tsochaí ina mairimid. Mar sin de, an áibhéil spraíúil agus an bharrúlacht thíriúil atá chomh flúirseach sin sa chéad úrscéal a scríobh Titley don aos óg, is beag rian díobh a fheicimid in *Gluaiseacht*. Mar a deir an reacaire féin, 'ní cúis gháire é an tart'.(7) Cuntas tromchúiseach duairc atá ann den chuid is mó, agus tá an saothar breac le mionchur síos ar an bhforéigean agus ar an bhfulaingt is dlúthchuid de shaol na bpríomhcharachtar. Cuirtear sonraí uafara an tsaoil sin os ár gcomhair luath go maith sa scéal, nuair a fhilleann an buachaill ón tobar:

> Go dtí sin, níor fhéach mé ar na madraí. Níl a fhios agam cén fáth. B'fhéidir taithí a bheith agam ar mhadraí a bheith ina luí go ciúin faoi theas na gréine. Agus is minic madraí marbha feicthe agam. Ach bhí na madraí seo ina luí thall is abhus. D'fhéach mé ar an gcéad duine díobh. Sin í an uair gur tháinig scéin orm.
>
> Bhí fuil lena bhéal agus lena cheann. Bhí an fhuil sin tirim faoin am seo, tirim le teas na gréine. Ach bhí sí fós dearg. Ba é an rud ba dheirge é sa bhaile go léir, an rud ba dheirge sa saol go léir.
>
> Bhí poll ina cheann agus bhí mé in ann féachaint isteach ann. Bhí an taobh istigh liath agus dorcha. Ní raibh sí dearg ar nós na fola. Ní raibh a fhios agam an t-am sin go raibh piléar curtha trína cheann. D'fhoghlaim mé an méid sin níos déanaí. Chonaic mé uafáis eile ó shin.(11–12)

Socraíonn an eachtra scanrúil sin tuin agus teilgean an scéil go léir. Is liosta le háireamh na heachtraí foréigneacha a bhaineann don bhuachaill óg ina dhiaidh sin. Nuair a chastar fear strainséartha ar an mbuachaill tar éis dó teitheadh ón mbaile, tá scian fhuilteach i lámh an fhir agus é díreach tar éis an scornach a ghearradh ar uan.(16) Nuair a chliseann ar cheann de na trucailí i lár an ghaineamhlaigh, fágann na tiománaithe daoine le bás a fháil den ocras, agus maraíonn siad fear a chuireann ina gcoinne.(42–43) Nuair a shroicheann na teifigh a gceann scríbe, buaileann na tiománaithe Fatima (56), agus faigheann an príomhcharachtar féin 'buille ar thaobh an leicinn'(66) beagán ina dhiaidh sin. Sa champa i dtuaisceart na hAfraice, faigheann leanbh bás ceal bia, agus cuirtear radharc truamhéalach den mháthair os ár gcomhair, í 'ag cuimilt na gcuileog dá héadan go fiú nuair a d'imigh an t-anam' as an mbunóc.(72) Ar an mbád go dtí an Eoraip, cuirtear scian le scornach an bhuachalla (75), baintear an cloigeann de chearc (83), agus déantar cuid de na paisinéirí a bhatráil.(84) Nuair a shroicheann an príomhcharachtar cósta na hEorpa faoi dheireadh, feiceann sé daoine báite ar an trá roimhe (87); níos sia ar aghaidh, básaíonn daoine eile d'uireasa aeir sa trucail. (120) Idir sin agus deireadh an leabhair, faigheann an buachaill dorn sa ghiall (123), tarraingítear scian ar a scornach arís (123), agus radtar méara ina shúile.(129) Sa mhéid sin ar fad, d'fhéadfaí a rá gur malairtí a chéile atá in *Amach* agus *Gluaiseacht*. Más ceiliúradh ar shaoirse agus ar shoineantacht na hóige atá sa chéad úrscéal acu sin, is caoineadh é *Gluaiseacht* ar shaoirse agus ar shoineantacht a bheith á réabadh.

Maidir leis an idirdhealú a rinne mé thuas idir an litríocht thraidisiúnta agus an litríocht nua-aoiseach, is léir gur gaire go mór don mhúnla traidisiúnta é *Gluaiseacht*. Is é sin, is saothar é *Gluaiseacht* a bhfuil feidhm fhollasach eiticiúil leis, chomh maith le feidhm aeistéitice. Cé nár mhaith liom an scéal a shimpliú, d'fhéadfá a rá gur fabhalscéal é faoi na hiarmhairtí a eascraíonn as dáileadh éagothrom an tsaibhris. 'Cén fáth a bhfuil oiread sin rudaí acu seo, agus a laghad sin rudaí againne?' a fhiafraíonn cara an phríomhcharachtair. 'Ba cheist í a chuireadh gach áit a stopaimis'.(94) Faoi dheireadh an scéil, tá an reacaire féin ag cur na ceiste céanna (130) ach, gan amhras, ní fhaigheann sé freagra uirthi. In *Gluaiseacht*, féachann Titley lena thaispeáint gur de dheasca dháileadh claonta an rachmais atá na teifigh bhochta seo ar an bhfán, á mbascadh agus á n-uirísliú. Tuigimid go rímhaith nach bhfuil an dán seo tuillte ag na príomhcharachtair – níl iontu ach páistí. Ag deireadh an scéil, tá cara an reacaire ag obair mar striapach, cé nach bhfuil inti ach girseach, agus tá an buachaill féin ar tí a dhíbeartha as bia a ghoid. 'Ní raibh airgead agam, ní raibh bia agam, ní raibh focail agam', a deir sé.(125) 'Mé gan aitheantas, gan pháipéar, gan phas. Mé gan chara, gan chompánach, gan chríoch. Gan aon duine ann le seasamh ar mo shon'.(134) Spreagann *Gluaiseacht* muid le caoineadh sin an phríomhcharachtair a fhreagairt, le seasamh ar a son siúd atá 'gan chara, gan chompánach, gan chríoch'. Dá áille í an scríbhneoireacht sa leabhar – agus is álainn í – tá ceacht le foghlaim ann freisin.

Nó an bhfuil dulta thar fóir agam leis an léamh seo ar theachtaireacht eiticiúil *Gluaiseacht*? An fíor go bhfuil feidhm sheachliteartha an tsaothair chomh soiléir, chomh tábhachtach sin? Nach bhféadfaí a áitiú chomh maith céanna nach bhfuil sa leabhar ach scríbhinn ficsin, cumadóireacht ghlan nach mbaineann leis an saol iarbhír? Tar éis an tsaoil, is léir ar theanga an scéil féin nach athláithriú cruinn ar an réaltacht, nach 'fíorscéal', atá sa leabhar. Ní dócha gur Gaeilge shnasta liteartha a bheadh á labhairt ag teifeach óg Afracach ar nós an phríomhcharachtair, agus tugann sin le fios, b'fhéidir, nach bhfuil sa reacaireacht ach cur i gcéill, cleas cainte. Cé gur dhána an mhaise neamart iomlán a dhéanamh de thoise pholaitiúil an tsaothair ar an nós seo, treisítear leis an léamh 'aeistéitice' seo nuair a chuirtear san áireamh an 'tráchtaireacht athfhillteach fhéintagarthach' a fheictear i sliocht nó dhó. Tá 'sparán scamaill' sa spéir in áit amháin (82), mar shampla, ag tagairt d'fhilíocht Sheáin Uí Ríordáin. Agus nuair a fheiceann na príomhcharachtair corpáin ar an trá, deir duine acu, 'Thángamar slán ... bádh iad seo' (88), amhail is dá mba scigaithris ar scéal béaloidis atá á léamh. Is é sin le rá, má tá tráchtaireacht thromchúiseach shóisialta ar bun ag an Titlíoch sa scéal, tá áilteoireacht acadúil ar siúl aige le nósanna scéalaíochta agus le canóin na Gaeilge freisin. Faoi mar a phéacann gné na heitice aníos faoi dheireadh in *Amach*, is amhlaidh a phéacann gné na haeistéitice aníos in *Gluaiseacht*. Dhá ghné de shaothar Alan Titley a bhíonn ag síorghuailleáil a chéile ina chuid scríbhneoireachta.

Conclúid

Féadfaimid a rá go bhfuil teannas áirithe le brath ar scríbhneoireacht Alan Titley don aos óg, teannas a bhaineann le dhá thuiscint éagsúla d'fheidhm na litríochta. Ach an teannas seo atá á rianú agam in *Amach* agus *Gluaiseacht*, is fiú a rá go bhfuil sé le haireachtáil ar shaothair eile de chuid an Titlígh freisin. Aon duine a bhfuil *Eiriceachtaí agus Scéalta Eile* (1987) léite aige, mar shampla, nó *An Fear Dána* (1993), tá feicthe aige gné seo na haeistéitice ina steillbheatha. Tá na saothair sin breac le tagairtí do shaothair eile litríochta, baineann Titley leas iontu as stíleanna éagsúla scríbhneoireachta, agus tarraingíonn sé aird arís is arís ar shaorgacht na reacaireachta trí bhéim a leagan ar 'théacsúlacht' an téacs, ar 'fhicseanúlacht' an fhicsin. Ach aon duine a bhfuil *Méirscrí na Treibhe* (1978) nó *Fabhalscéalta* (1995) léite aige, mar shampla, tuigfidh sé gurb ann don taobh eile de shaothar Titley freisin, an taobh sin ina dtugann sé aghaidh ar an eitic, mar a deirim. In *Méirscrí na Treibhe*, pléitear fadhbanna polaitiúla na hAfraice, más faoi chraiceann an fhicsin féin é, agus cuirtear ag machnamh muid ar iarmhairtí an choilíneachais.[4] I gcuid mhaith de na mionscéalta a bailíodh sa chnuasach *Fabhalscéalta*, tugann Titley aghaidh go neamhbhalbh ar an mbochtaineacht, ar an bpolaitíocht, ar an gcreideamh, agus ar an oideachas. Gearrscéalta pléisiúrtha is ea na fabhalscéalta céanna, gan amhras, ach ní féidir neamart a dhéanamh de ghné na tráchtaireachta sóisialta iontu ach oiread.

Ba mhaith liom críoch a chur leis an aiste seo le cúpla smaoineamh faoin litríocht agus faoin gcritic i gcoitinne. Cé gur breith phearsanta í seo, feictear dom go bhfuil an svae tugtha ag an tuiscint nua-aoiseach den litríocht léi ar na saolta seo. Sa lá atá inniu ann, bíonn amhras ar an saothar a fhéachann le teachtaireacht sheachliteartha a chur abhaile ar lucht a léite. Bíonn leisce orainn, b'fhéidir, idirdhealú a dhéanamh idir an litríocht *engagée* agus an bholscaireacht chlaon, agus fágann sin go mbímid sásta cineál áirithe ealaíne a dhamnú ar an mbonn go bhfuil an fheidhm pholaitiúil leis 'róshoiléir', 'róláidir'. Ina fhianaise sin, b'fhéidir nach aon ionadh go mbíonn go leor scríbhneoirí míchompordach má chuirtear aidhm fholaigh i leith a saothair. Tá cloiste againn uile go milleann teachtaireachtaí polaitiúla, nó tráchtaireacht shóisialta, nó teagasc morálta, nó cibé rud atá i gceist, go milleann siad na gnéithe ealaíonta den saothar litríochta. Luaigh mé Alan Titley féin ar ball beag ag éileamh go gcaitear leis an saothar litríochta mar earra aeistéitice amháin. Tá ráite ag mórscríbhneoir nua-aimseartha eile, Kurt Vonnegut, 'if he [an t-údar] tries to put his politics into a work of imagination, he will foul up his work beyond all recognition' (Vonnegut 1965: xiv). Dá mb'fhíor sin, níorbh fhiú mórán saothar Vonnegut féin. Smaoiním freisin ar Oscar Wilde ag maíomh nach bhfuil a leithéid de rud is litríocht mhorálta nó litríocht mhímhorálta ann, nach bhfuil ann ach litríocht dea-scríofa agus litríocht atá scríofa go holc (Wilde 2003: 1). Ach glactar go coitianta anois gur apalóg ealaíonta ar son na saoirse collaíochta é *The Importance of Being Earnest*, agus is cinnte gur thuig Edward Carson teachtaireacht sheachliteartha éigin ó *The Picture of Dorian Gray* nuair a d'úsáid sé an leabhar sin mar fhianaise i gcoinne Wilde le linn a thrialach (Montgomery Hyde 1973). Ní ghéillim beag ná mór don tuairim nach féidir leis an aeistéitic agus an eitic a bheith in aontíos le chéile, san aon saothar amháin. Agus dá mbeadh orm an seasamh sin a chosaint, ba dheacair sampla níos fearr a tharraingt chugam féin ná an litríocht don aos óg. Tá saothar den chéad scoth ann atá beag beann ar an eitic, gan amhras: *Eachtraí Eilís i dTír na nIontas, Spéaclaí an tSrónbheannaigh, Cá bhfuil Murchú?*, saothar Roald Dahl, filíocht áiféise Edward Lear. Ach scéalaíocht de shórt eile ar fad is ea cuid mhór de litríocht don aos óg. Is minic a bhíonn teachtaireacht sheachliteartha an-soiléir á cur chun cinn ann: cabhraigh le do chairde (*An Chircín Rua*), ná déan an béal bocht (*The Boy Who Cried Wolf*), ná hinis bréaga (*Eachtra Phinocchio*), ná bí ag spochadh as daoine (*The Ugly Duckling*). Agus fiú mura bhfuil an teachtaireacht lán chomh follasach sin, is minic a dhearbhaítear luachanna sóisialta áirithe i leabhair do pháistí. Déantar ceiliúradh ar an gcaidreamh idir an tuismitheoir agus an leanbh (*Mise agus Tusa, a Bhéirín; An Deaid is Cliste ar Fad*), ar an gcairdeas (*An Oíche Dhorcha*), daingnítear tábhacht na codlata don ógánach (*Oíche Mhaith, a Bhéirín*), agus mar sin de. Ach díreach ar an toisc go bhfuil toise sheachliteartha le brath go follasach ar na saothair sin, an bhfágann sin go bhfuil siad níos measa mar litríocht ná saothair neamh-fhéinchúiseacha nua-aoiseacha? Cé a déarfadh go bhfuil fabhalscéalta Aesóip, nó go deimhin *Gluaiseacht* féin, 'fouled up beyond all recognition'? Léiríonn an litríocht don aos óg, thar aon seánra eile scríbhneoireachta, b'fhéidir, go bhféadfaidh an ficsean agus an fhealsúnacht, an aeistéitic agus an eitic, go bhféadfaidh siad a bheith ag comhlánú a chéile san aon ardsaothar amháin. Agus, dá ainneoin féin, b'fhéidir, sin go baileach a léiríonn Alan Titley lena chuid úrscéalta don aos óg, *Amach* agus *Gluaiseacht*.

NÓTAÍ

1 Glacaim leis san aiste seo gur úrscéal don aos óg é *Gluaiseacht*, cé go bhféadfaí a áitiú go bhfuil an leabhar sin lán chomh feiliúnach do dhaoine fásta is atá sé d'ógánaigh. Níl de chosaint agam ar mo sheasamh ach focail Alan Titley féin: '[I]s cinnte, leis, nach féidir aon deighilt ghlan chrua-eolaíoch a dhéanamh i gcónaí idir an t-earra a scríobhadh do dhaoine fásta agus an t-earra a breacadh do dhaoine níos óige. [...] Is mó sin úrscéal eachtraíochta, mar shampla, a d'fhéadfadh [*sic*] idir óg agus an té a bhfuil meabhair óg aige taitneamh a thabhairt dó. Dá mhéid meastóireachta agus ceist-shuaite a dhéanfaí timpeall orthu seo ní neamhréasúnta a cheapadh nach dtiocfaí ar aon bhonn daingean faoi do chosa ina thaobh' (Titley 1991: 22–23).

2 Ar ndóigh, is ag trácht ar an litríocht sna mórtheangacha concais atáim anseo. Le hais na mórtheangacha sin, is beag leabhar Gaeilge in aon chor a clódh suas go dtí an fichiú haois féin, gan trácht ar leabhair don aos óg. Agus fiú amháin na leabhair Ghaeilge a díríodh ar dhaoine fásta, is amhlaidh a bhí feidhm theagascach lena dtromlach suas go dtí 1880 – le nócha faoin gcéad acu, más fíor d'Alan Titley (Titley 2008: 7).

3 Is fíor go raibh saothair fhilíochta den mhúnla nua-aoiseach foilsithe roimh *Eachtraí Eilíse*. Foilsíodh *A Book of Nonsense* le Edward Lear sa bhliain 1846, mar shampla. Bhí údair áirithe próis ag maolú ar an ngné theagascach den litríocht don aos óg ó 1830 i leith freisin, cé nach dtagann a gcuid saothar i ngaobhar *Eachtraí Eilíse* maidir le héileamh nó maidir le tionchar de. Luann Peter Hunt mar shamplaí *Holiday House* (1839) le Catherine Sinclair, agus *Struwwelpeter* (1845) le Heinrich Hoffman (Carroll 2009: xxx-xxxv).

4   Tá cuntas ag Titley in *An tÚrscéal Gaeilge* ar na cúiseanna a
    spreag é le *Méirscrí na Treibhe* a scríobh (Titley 1991: 59, 394–
    401).

SAOTHAIR A CEADAÍODH

Baudelaire, Charles. 'The Painter of Modern Life'. *The Painter of
Modern Life and Other Essays*. Aist. Jonathan Mayne. London:
Phaedon, 1964: 1–41.

Briggs, Julia, Dennis Butts agus M.O. Grenby. Eag. *Popular
Children's Literature in Britain*. Aldershot: Ashgate, 2007.

Callodi, Carlo. *Eachtra Phinocchio, .i. Le avventure di Pinocchio*. Aist.
Pádraig Ó Buachalla. Baile Mhic Íre: Coiste Litríochta
Mhúscraí, 2003.

Carroll, Lewis. *Alice's Adventures in Wonderland* and *Through the
Looking-Glass*. Oxford: Oxford University Press, 2009.
Eachtraí Eilíse i dTír na nIontas. Aist. Nicholas Williams. Cathair
na Mart: Evertype, 2007.

de Paor, Pádraig. 'Cúpla Smaoineamh i dtaobh na Nuafhilíochta
agus i dtaobh *An Lá go dTáinig Siad* (2005) le Derry O'Sullivan'.
Filí INNTI go hIontach: Léachtaí Cholm Cille XLI. Eag. Tadhg Ó
Dúshláine agus Caitríona Ní Chléircín. Maigh Nuad: An
Sagart, 2011: 112–124.

Farenga, Stephen J. agus Daniel Ness. Eag. *Encyclopedia of
Education and Human Development*. Vol. 1. New York: M.E.
Sharpe, 2005.

Grenby, M.O. 'The origins of children's literature'. *The Cambridge
Companion to Children's Literature*. Eag. M.O. Grenby agus
Andrea Immel. Cambridge: Cambridge University Press, 2009.

Harvey Darton, F.J. *Children's Books in England: Five Centuries of
Social Life*. Cambridge: Cambridge University Press, 1982.

Hill, Rosemary. 'Bang, Bang, Smash, Smash'. *London Review of
Books*. 29.4. February 2007: 26–27.

Mac Mathúna, Seán. 'Luach na mBróg'. *Comhar*. Aibreán 1999: 26–
27.

Montgomery Hyde, H. Eag. *The Trials of Oscar Wilde*. New York:
Dover, 1973.

Ó Ríordáin, Seán. *Eireaball Spideoige*. Baile Átha Cliath: Sáirséal
agus Dill, 1952.

Percy, Graham. *An Chircín Rua*. Aist. Treasa Ní Ailpín. Baile Átha
Cliath: An Gúm, 2000.

Titley, Alan. *An tÚrscéal Gaeilge*. Baile Átha Cliath: An Clóchomhar, 1991.

Amach: Úrscéal Gairid. Baile Átha Cliath: An Gúm, 2003.

Gluaiseacht. Baile Átha Cliath: An Gúm, 2009.

'Litríocht na Gaeilge, Litríocht an Bhéarla agus *Irish Literature*'. *Scríobh* 5. 1981: 116–139.

'Rough Rug-Headed Kerns: the Irish gunman in the popular novel'. *Éire-Ireland*. Geimhreadh 1980: 15–38.

'The History of the Irish Book Project'. *Research Journal, College of Arts, Celtic Studies and Social Sciences* 4. Meitheamh 2008: 3–9.

'Turisti, Trattori agus Taisteal'. *Comhar*. Samhain 1966: 21.

Vonnegut. Kurt. *Wampeters, Foma & Granfalloons (Opinions)*. New York: The Dial Press, 1965.

Wilde, Oscar. 'The Preface'. *The Picture of Dorian Gray*. New York: Barnes & Noble Classics, 2003: 1–2.

X

EMDROADUR AL LENNEGEZH EVIT AR VUGALE/
THE EVOLUTION OF BRETON CHILDREN'S LITERATURE

Jacques-Yves Mouton

The Potential Readers of Breton Children's Literature

There are three schooling systems in Brittany that cater for over 600,000 pupils. The public or state school has the greatest number of pupils, providing education for more than 50% of the school children of Brittany. Catholic schools provide education for nearly 41% of the school children. This is rather exceptional: in the rest of France, Catholic schools are engaged in educating the upper class and are fewer in number, but in Brittany, Catholic schools cater for nearly all the social categories. The other type of school in existence in Brittany is the Diwan school. This type of school is based on an associative system which means that the parents have to take part in the life of each school, by engaging in fundraising activities, for instance. Diwan schools are non-fee paying and non-religious.[1]

As far as the State and Catholic schools are concerned, the study of French and Breton are allocated equal time-slots in the classroom from the nursery school to the secondary school. However, the Diwan schools use an immersion system in which Breton is mainly spoken in nursery school and French is gradually introduced in primary schools. As regards the Diwan secondary schools, all the subjects are taught through Breton except for French and foreign languages. Diwan was established in 1977, based on the model of the Irish Gaelscoileanna and the Basque Ikastolak school. In Brittany, over 13,000 pupils are enrolled in bilingual schools: the Diwan schools cater for the educational needs of 3361 pupils in the whole of Brittany; the public bilingual schools known as 'Divyezh' ('bilingual') cater for 5605 pupils; and the Catholic schools known as 'Dihun' ('wake up') have 4425 pupils on their roll books in Brittany.

The Evolution of Breton Children's Literature to 1940

When we look closely at the number of Breton books published for children, we can see that they are constantly growing in number. In the nineteenth century, for instance, only seven books were published (these consisted of fairy-tales, a fable, a religious book, an historical book and a novel) (Kervoas 2006: 27–8). The first book ever published for children in Breton was a religious book printed in 1836, entitled *Ael mad ar vugale/The children's good angel*. This book was originally written in French by Canon A. Arvesined, vicar-general of Troyes, and it was translated into Breton by Keramanah, a canon and parish priest of Morlaix/Montroulez. It was 272 pages in length. In 1870, another book entitled *Ar marvailler brezouneg pe marvaillou brezounek/Breton Fairytales*, was published, written by Gabriel Milin and Amable Troude.[2] Other children's books from that period included fairytales such as *Marvaillou ar Vretoned e-tal an tan/Breton Fireside*

Fairytales written by Adrien de Carne, and *Danevelloù a Vreiz/Short stories from Brittany*, a bilingual book (French and Breton) written by Maurice de Becque.[3]

Several priests were to be found among the earliest Breton children's writers. Their aim was to make good Christians and patriots out of the young Bretons. During the period 1836 to 1855, 17% of the books printed in the Breton language were religious ones aimed at children and 8% were children's histories of Brittany (Kervoas 2006: 172). Other children's books were published in the early part of the twentieth century, including *Mab kaer d'ar roue/The king's brother-in-law* written by Yvon Krog and published in 1913, and *Bilzig*, written by Fañch-Mari Al Lay, and published in 1924.[4]

Over the course of the twentieth century, 578 children's books were published in Breton.[5] The most serious attempt to attract young readers to the Breton language was made in between the two world wars by Roparz Hemon.[6] In 1928, Hemon printed a booklet in which he defined his main aims. First of all, he wanted to create a Breton-speaking intellectual elite which would support the Breton-speaking population. Secondly, his aim was to spend his energies on the Breton youth. His main argument was that the Breton-speaking children of Low Brittany could not read as they only had French books that they could not understand very well. As the Breton language was excluded from the educational system, Hemon and his colleagues involved in the *Gwalarn* literary Breton review wanted to provide the children with some beautifully illustrated books.[7] In order to reach this goal, he established a 'Breton for children' organisation in 1928. The donations thus received enabled him to print books for Breton-speaking children. The priests and schoolmasters willing to receive books from this source could give free copies to their pupils. Therefore, Hemon was able to print a few books including *Per ar C'honikl/Peter Rabbit*, and *Priñsezig an dour/The Water Princess*.[8] In total, eighteen books were published in this series.

At the beginning of 1932, Hemon established a newspaper written in accordance with spoken Breton, entitled *Kannadig Gwalarn* [*Bulletin of the North-West*]. His aim was to reach the native Breton speakers who numbered one million. However, the number of subscribers to his newspaper amounted to less than 500. Inside this newspaper, a full page was devoted to children, called 'pajenn ar vugale'/'the children's page'. Every two months, Hemon organised a competition for young readers, which involved putting a word in Breton under an image of an animal, solving a mathematical problem, or writing a short text. Only one school participated in this competition: the girls' school of Poullann. This lack of participation was because Western Brittany was under the hold of the Catholic religion and any non-religious undertaking, such as a Breton newspaper, was deemed to be suspicious by the Catholic church. The *Feiz ha Breiz* Catholic newspaper under the rule of the Abad Perrot published a similar children's page and reached sixteen schools.[9] In order to encourage children to read, *Gwalarn* provided 14,889 free books for children between 1928 and 1932, sending them directly to their schools (Denez 1980: 68).

Per Denez gives us an account of Roparz Hemon's attempts to spread a literature for children in the interwar context:

> *Pendant dix ans (1928–1938), il a géré l'oeuvre «Brezhoneg ar Vugale » et distribué gratuitement, à toutes les écoles qui en faisaient la demande, des livres pour leurs enfants: environ 120 écoles ont été ainsi pourvues; des envois en bloc sont faits à Breuriezh ar Brezhoneg er skioliòu (en 1936 par exemple, cette association faisait passer un diplôme breton à 1200 enfants des*

écoles « libres » de la région de Pleyben et Châteauneuf-du-Faou).
Il lance en 1929 les « Petits livres à cinq sous », y compris un
Istor ar Mabig Jezuz, dont il fait parvenir 2300 exemplaires aux
écoles de l'Evêché de Quimper. Roparz Hemon collectait l'argent,
tenait les comptes, faisait les paquets et les expédiait.

For ten years (1928–1938), he directed the work 'Breton for
Children' and dispatched books for free to all schools that
sought them: around 120 schools were thus provided for.
Books were sent in bulk to Breuriezh ar Brezhoneg er
skolioù[10] (in 1936, for instance, this association organised a
Breton exam for 1,200 children, from the 'independent'
[Catholic] schools in the areas of Pleyben and Châteauneuf-
du-Faou). In 1929, he launched 'the five-penny books',
including *The Infant Jesus's Story*, 2,300 copies of the latter
were sent to the schools of the Quimper's diocese. Roparz
Hemon collected the money, kept the accounts, made up the
parcels and sent them.[11]

It is noteworthy that Hemon's attempt to promote
children's reading material in Breton was ultimately a
failure. The newspapers devoted to children during that
period, such as *Kannadig Gwalarn*, *Feiz ha Breiz evit ar
vugale* and *Breizadig*, quickly disappeared.[12] The
aforementioned Per Denez has tried to establish why this
was the case: his view is that only culturally militant
priests and primary school teachers were interested in
promoting Breton children's publications. If Breton
children's publications contained a religious element,
rather than a 'neutral' stance on religion, they may have
proved more popular among other priests and primary
school teachers in Brittany.[13]

Breton Publishers that Cater for Children

During the twentieth century, four main publishing
houses published books for children. Three of these still
exist. In 1957, a publisher called 'Emgleo Breiz' was
established in Brest. It started to publish books for
children from time to time; in 1992, for instance, it began

to print a series entitled 'Odilon'. In 1983, an associated publishing house called 'an Here' was established by Martial Menard.[14] It was initially based in 'Le Relecq-kerhuon/Ar Releg-Kerhuon', a small town near Brest, and it later moved to 'Plougastel/Plougastell' also near Brest. Its main purpose was to publish pedagogical books, reading books and periodicals for children. It mainly provided books for the Diwan schools. 70% of its publications were in Breton (reading material for adults and children), and the other 30% in French. In 1995, it printed a dictionary in Breton called *Geriadur brezhoneg an Here/Breton dictionary of an Here*, which consisted of 10,000 words. Some of its definitions made their way into the French press. The satirical newspaper *Canard enchainé* translated the given definition of the verb 'bezañ'/'to be' into French as follows: 'Brittany will exist for good when the French language will be destroyed in Brittany'.[15] This created turmoil among the French MPs of the Assemblée Nationale and 'an Here' was gradually stifled.

In the context of 'an Here', translation was hugely important, with 70 books being translated into Breton by this publisher. For instance, Morwena Jenkins, a Cornish woman teaching English at a Diwan secondary school, has translated 38 books from Welsh. Most books were translated from French or English, but also from Spanish, Catalan, German and Irish.[16] However, 'an Here' went bankrupt in 2005, as funding from the Regional Assembly had been withdrawn. In 1993, a new publishing house was founded under the guidance of the 'CRDP' of Brittany, which in turn is under the direction of the 'Rectorat de l'académie de Bretagne'.[17] This publisher is known as 'T.E.S' which means 'Ti-embann ar skolioù'/'Publishing house for the schools'.[18] Its funds are provided by 'la Région de Bretagne'/'Rannvro Vreizh'.[19] Its employees are paid by the state as well as by the region. Its main purpose is to send free books, manuals, games, videos and posters to schools.

An increased number of pedagogical materials have been created due to the growth in bilingual schools. These materials are sent for free to the three types of schools (State schools, Catholic schools and Diwan schools). T.E.S. has a manager whose work consists of listing what material exists, making an inventory of the needs of schools, and preparing a yearly schedule of publications. T.E.S. is structured with a committee which meets every two months and is in contact with the teachers as well as a committee of 'wise men', made up of native Breton speakers who are in charge of supervising the quality of the language in the manuscripts.

The 'Keit Vimp Bev' publishing house was established in 1982 and provides a vivid illustration of what is actually published for the children who are in the process of learning the Breton language.[20] Its initial purpose was to provide comics for children, such as *Buddy Longway* and *Yakari*. However, as the demand for Breton reading material for children increased, it became interested in publishing other types of material. It now prints two newspapers for children. One, called *Rouzig*, is designed for primary school children. *Rouzig* is published in collaboration with an Occitan newspaper called *Plumalhon*, and has a circulation of 820 copies per month.[21] *Louarnig* is another newspaper aimed at young teenagers and has a circulation of 150 copies per month. 50% of their subscribers are to be found in Leon; 25% are in Tregor and Morbihan, and 8% are in Ile et Vilaine. The others are outside of Brittany. Twenty illustrators are involved in designing *Rouzig*. Keit Vimp Bev publishes more and more books every year: 15 in 2009; 18 in 2010 and 20 in 2011, and it is heavily subsidised.[22]

The Writers of Children's Literature

Fifteen writers have published their work with Keit Vimp Bev to date. Eight among them write regularly, and among this eight there are two native speakers.[23] The majority of these writers use standard Breton. The influence of dialectal Breton is seen through the work of a few writers: Yann Gervern (Tregor dialect), Maï-Ewen (Breton Cornish) and Youenn Brenn (Gwened dialect).[24] Only one book has been written in the Gwened dialect. In recent years, a new generation of young writers, all in their twenties, have begun to write books for children and teenagers in the Breton language. For the most part, they have studied in the Diwan schools and a few of them attended the public bilingual schools.[25]

The growing status of children's literature in the Breton language has enhanced the status of the writers themselves. Thus, writing schemes and public events have become more frequent: in mid-February every year, a few writers are invited to a beautiful mansion in 'Le Pouldu/ar Poulldu', beside the Laita river, and are encouraged to do some writing while there. It is a good opportunity for them to exchange ideas with other writers. Their manuscripts are supervised by writers (like the novelist Yves Gourmelon) who have a very good command of Breton. All the expenses are covered by the D.R.A.C.[26] On occasion, writers are also invited to schools by the pupils. In June 2011, for instance, the small Diwan primary school of Rumengol invited four writers to address the pupils. The children had prepared a set of questions, interviewing the writers in turn. Then they read from their reading exercise books in which they had taken notes about each of the books competing for the 'Priz ar vugale'/'Children's Prize'. After this, they read out stories that they had written in Breton or in French. Such events are very gratifying for writers as they can see how their own work is received by children.

The creation of a corpus of children's literature in the Breton language was a reaction to the dearth of material available to the children of Brittany, and the writers also benefited, as it helped to professionalize their *métier*. Prior to this, writing in Breton was merely a performance of activism. People often wrote out of a sense of duty to the language and its young speakers. It was a way in which to show that the language was still alive. Now, children's writers are confronted with a young audience that must be satisfied. Their works are judged by their young readers, which means that criticism exists; and criticism was nearly impossible in the twentieth century as only a few people read children's books in Breton, and as writers were few. The status of the writers is now recognised and even the State provides funding for the publication of Breton books. This literature would not exist without State funding. However, Breton literature is in a precarious position, as the State tends to provide less help than the associations. Unlike writers in the Welsh language, Breton writers do not receive any payment for their books, apart from a sum of 1,000 euro, provided by T.E.S. for each book produced. Writing for children in Breton is therefore a mixture of activism and pleasure.

Priz ar yaouankiz/priz ar vugale: The youth prize/children's prize

At the beginning of the twenty-first century, there was a dearth of children's reading material in Breton. Most of the young readers read in French because they could not find anything that appealed to them in the Breton language. As a result of this difficulty, a decision was made to establish two readers' competitions which provide prizes for the winners among the children, who write reviews of the books, rather than the writers of those books. One is called is called 'Priz ar vugale'/'The children's prize' and concerns primary school children. The other, 'Priz ar yaouankiz'/'The youth's prize', involves the secondary schools. Every year, a competition takes place in which around a thousand children participate (pupils from 30 primary schools, modern secondary schools and high schools). This competition is advertised through the Breton radio stations, newspapers and the annual Breton book exhibition of Carhaix. This prize is provided by an association called F.E.A., by Keit Vimp Bev, by the County Council of Finistère and by the *Secrétaire de Jeunesse et Sports*.[27] The 'children's prize' consists of CDs read by Sten Charbonneau that are given to schoolmasters and schoolmistresses. But the results upon readership figures of this competition have not been gauged so far.

How to Encourage Children to Read in Breton?

What appears to please children are funny stories far from adults' interests: stories about children who know how to take decisions on their own; 'heroic fantasy', written in easy Breton. The novels for children are chosen by teachers according to several criteria: are they understandable? Will the children be interested in them? Are they suitable as far as morality is concerned? The way of telling the story is important too: is it boring or exciting? Are the children able to conceive of the story in their minds?

It is also clear that several things displease them: they lose interest when the plot is too difficult to understand or when it is too far-fetched, when it is too moralizing, or too poetic. They lose interest when the language-register is too difficult and when a story is part of a series and they haven't read the first titles in that series. Sometimes they are reluctant to engage with a story when it resembles what they have already read in French, and when a story deals with cultural references to a past of which they are not aware.

When one studies who exactly reads Breton children's literature, one finds that very few read for pleasure, and that the attractiveness of a given book cover plays a large role in the children's attitude towards it. In the Diwan school of Quimper, there are only 10 children out of 330 who read for pleasure. A third of those 330 children have reading difficulties, regardless of whether they are reading in Breton or in French. Another third have no difficulty reading but only engage in this activity when they are obliged to do so.[28] It is remarkable that so few children read independently, of their own volition. For the most part, either the teacher reads the whole novel in front of the class and explains the most difficult words and asks them questions of comprehension, or each pupil has to read a paragraph until the whole story is finished.

To conclude, I would say that reading is as important as music, songs and plays, in terms of promoting the Breton language. Some genres could be exploited to a greater extent: the Mangas [Japanese comics and print cartoons], for example.[29] Multimedia tools and social networking internet sites, such as Twitter and Facebook, may also play an important role in the promotion and spread of children's literature in the Breton language into the future.

NOTES

1   Diwan is based on an associative system. This system consists of an association of teachers and parents. It is partly subsidized by 'the Region of Brittany', the counties or the

towns in which each school is located. Some of the teachers or schoolmasters are paid by the State if they have passed the national entrance exams; the other teachers and staff (nursery school assistants, cleaners, etc.), are paid by the association. The grants received do not cover all expenses: the parents have to collect money by organizing fairs, markets, exhibitions, sponsored walks, etc., in order to raise money.

2   Gabriel Milin (1822–1895) was a Breton writer and editor of the first weekly newspaper in Breton, *Feiz ha Breiz* (1883–1884). Aimable Troude (1803–1885) was a colonel and a lexicographer.

3   Adrien de Carné (1854–1943) was a bachelor of law. He was known as 'Barz an Arvor'/'the Seaside Poet' and wrote seventy five plays mainly for the church clubs (patronages in French). Maurice Jaubert de Becque (1878–1928) was an illustrator and a French painter.

4   Yvon or Ivon Krog (1885–1930), known as 'Eostig Kerineg'/'Kerineg's nightingale', was a Breton storyteller. François Marie Le Lay (1859–1937) was a poet and a novelist who wrote in Breton.

5   The 578 children's books included 69 comics, 2 game books, 10 plays, 11 dictionaries, 3 history books, 329 fairytales, 20 reading books, 7 drawing books, 16 books about animals, 2 books on religion, 23 books about maxims, 56 novels and 23 educational books (Kervoas 2006: 29).

6   Roparz Hemon, also known as Louis Paul Nemo (1900–1978), was a linguist, novelist, journalist, poet and a separatist activist. He was jailed and sentenced for collaboration with the Germans after the Second World War. He took refuge in Ireland and obtained Irish citizenship at the end of his life.

7   *Gwalarn* (1925–1944) was a Breton literary review established by Roparz Hemon and Olivier Mordrel. It was first distributed as part of the newspaper of the Breton nationalist Party, Breiz Atao!/Brittany forever! and it gained independence in 1926. It was designed for the elite among the Breton speakers.

8   Beatrix Potter's *Peter Rabbit* was translated into Breton as *Per ar C'honikl*, by Youenn Drezen in 1928. This 32-page book was published by Embannadur Gwalarn in Brest. G.T.H. Rotman's *The Water Princess* was translated as *Priñsezig an dour*, by Youenn Drezen and Roparz Hemon in 1927. It was also published by Embannadur Gwalarn in Brest.

9   *Feiz ha Breiz/Faith and Brittany*, was the first weekly newspaper in Breton. It was first printed from 1865 to 1884, then from 1899 to 1944. Jean-Marie Perrot (Yann-Vari Perrot, 1877–1943), was a Breton priest as well as a separatist activist. He was assassinated in 1943 by a communist resistant.

10 'Breuriezh ar brezhoneg er skolioù'/'The brotherhood of the Breton language at school' was an association established in 1932 by Remond Delaporte (1907–1990) and Yeun ar Gow (1897–1966). Its aim was to promote the Breton language within the Christian schools of Brittany. Remond Delaporte was a Breton cultural activist who ruled the Nationalist Breton Party from 1940 to 1945; after the war, he took refuge in Ireland, in Cork, where he became a teacher. During his lifetime, Yeun ar Gow was one of the most famous writers in Breton.

11 Per Denez, *Roparz Hemon (1900–1978)* (Lorient: Dalc'homp Soñj, 1990), 13. 'Libre' means Catholic in this particular context (Les écoles libres ou écoles catholiques). However, there is a hint of irony here: Per Denez means that the Catholic schools were part of the French establishment. They did not strive to keep the Breton language alive. In both State and Catholic schools, any child found to be speaking Breton during a lesson was severely punished (the children caught speaking Breton had to wear a clog which was a symbol of shame. This method of coercion started in 1894 and ended in 1950).

12 *Feiz ha Breiz evit ar vugale / Fidelity and Brittany for Children* was directed by Henry Caouissin (1913–2003). He was an editor, writer, illustrator, and film-maker. Yves Le Moal (1874–1957), also known as Erwan ar Moal, established a monthly newspaper for children in 1913, entitled *Arvorig 'Armorica'*. This newspaper was associated with *Feiz Ha Breiz* after the First World War. As Yves Le Moal was a Breton Catholic activist, he launched a weekly newspaper called *Breiz* and a review for children called *Breizadig/Little Breton*. Both were published until the beginning of the Second War World.

13 Per Denez, *Roparz Hemon (1900–1978)* (Lorient: Dalc'homp Soñj, 1990), 14.

14 Martial Menard (1951–), was born in Paris. He is a linguist, lexicographer, editor, and journalist. An ex-member of the F.L.B. (Breton Liberation Front), he began to learn Breton in

jail in 1979.

15   *Le Canard enchaîné* is a weekly French satirical newspaper that was founded in 1915.

16   Among the Welsh authors whose work was translated are Jones Mary Vaughan, Jac Jones, Rowena Wyn Jones, and Tomos Angharad. In 1992, 'an Here' published a translation of an Irish-language book by Cliodna Cussen. This book is entitled *Gwrac'h he ribod*, and was translated by Loeiz Andouart and illustrated by Tudual Huon.

17   The C.R.D.P. (Centre Régional de Documentation Pédagogique) was an institution established in 1955. Each centre is under the supervision of the Chief Educational Officer of Brittany. Its main purpose is to provide classroom material for teachers: books, pedagogical catalogues, maps, etc.

18   So far T.E.S. has published 38 novels and albums, 26 magazines, 54 manuals and activity cards, 30 books with CDs, 7 pedagogical games and 7 posters (maps, material about the human body, food, etc.)

19   'La Région de Bretagne' is a regional assembly located in Rennes. Its members (regional councillors) are elected through universal suffrage every four years. This assembly holds little power and a miniscule budget; yet it intervenes in many fields (education, economy, culture, etc.)

20   'Keit Vimp Bev'/'As Long As We Live', was established in 1982 by Jean-François Jacq (1954–), also known as Yann-Fañch Jacq. He was a technician, a social worker, a headmaster and is now a Breton Diwan teacher in 'Le Relecq-Kerhuon/ar Releg-Kerhuon' at the Diwan modern secondary school. This publisher has contacts with publishers outside Brittany, including the Irish-language children's publisher Futa Fata.

21   Occitan is a language spoken in Southern France. It is akin to Catalan. This area is called 'Occitanie' in French. It has never constituted an actual state. It was at its height during the Middle Ages (with the troubadours, etc.) and was eventually destroyed by the Francs during the XIII century during the first crusade ordered by the pope against the Cathares.

22   These figures were provided to the author by Fanny Chauffin, organiser of the two children's reading contests 'priz ar yaouankiz'/'priz ar vugale', and a former teacher at

the Diwan secondary modern school of Kemper/Quimper.

23   These writers are Pierre-Emmanuel Marais, Jakez-Erwan Mouton, Maï-Ewen, Youenn Brenn, Yann Gerven, Yann-Fañch Jacq, Muriel Morvan, Garmenig Ihuelloù.

24   Yann Gervern (1946–), also known as Yves Gourmelon, is a maths teacher and a novelist. Maï-Ewen is a pen-name. She has written ten books in Breton to date.

The Breton language consists of four main dialects (and eighty micro dialects): the 'Leoneg' dialect is spoken in the northern part of the Finistère. The 'Tregerieg' dialect is spoken in the western part of Les côtes d'Armor. The 'Kerneveg' dialect is spoken in the southern part of the Finistère, and the 'Gwenedeg' dialect is spoken in half of the Morbihan. There are several other lesser-used dialects in the Breton language.

25   Included among this new generation of Breton children's writers are: Moran Dipode, Marianna Donnart, Gwenvred Latimier-Kervella, Klervi Ily, Tinna Kraffys, Uisant Crequer, Delphine Primault.

26   D.R.A.C. (Direction des affaires culturelles). This institution was established by André Malraux in 1963. Its remit includes architecture, archeology, archives, cinema, artistic teaching, museums, theatre, music and cultural affairs.

27   'F.E.A.' is an association which organizes local activities of all kinds: concerts, meals, runs, in association with other local organizations.

28   These figures were provided to the author by Fanny Chauffin, organiser of the two children's reading contests 'priz ar yaouankiz'/'priz ar vugale'.

29   One Manga has been translated into Breton so far: *Rouanez ar forbanned/The bandits' Queen*, written by the Wu Tian Beng from Singapore. It belongs to a series called *An neñva/The Celestial Zone*. It was published in 2006 by Thierry Jamet, whose printing house is based in Nantes/Naoned. It was translated by Kristian David, Katell Leon and Visant Roue. This book will be soon translated into Occitan and Basque.

WORKS CONSULTED

Ar Gow, Yeun. *Skridoù: eñvorennoù oad gour, barzhonegoù*. Roazhon, Breizh: Hor Yezh, 2000.

Denez, Per. 'Kannadig Gwalarn'. *Hor Yezh*. No. 131–132. Miz Meurzh 1980: 68.

Favereau, Francis. *Lennegezh ar brezhoneg en XXvet kantved: Levrenn 1, 1900–1918*. Montroulez: Skol Vreizh, 2001.

Hemon, Roparz. *L'instruction du peuple par le peuple et l'oeuvre de Gwalarn*. Brest: Imprimerie Commerciale et Administrative, 1928.

Hemon, Roparz, Yves Tymen, Vefa de Bellaing, et al. *Roparz Hemon (1900–1978)*. Lorient: Dalc'homp Soñj, 1990.

Kervoas, Yann-Envel. *Al levrioù e brezoneg evid ar vugale*. Brest: Emgleo Breiz, 2006.

XI

IAITH, DIWYLLIANT A HUNANIAETH MEWN LLENYDDIAETH
GYMRAEG I BLANT: O.M. EDWARDS A *CHYMRU'R PLANT*
1892–1920

LANGUAGE, CULTURE AND IDENTITY IN WELSH CHILDREN'S
LITERATURE: O.M. EDWARDS AND *CYMRU'R PLANT* 1892–1920

Siwan M. Rosser

Introduction

The growth and range of material produced by the
Welsh-language children's book industry over the past
100 years can be viewed as a barometer of national
confidence in the face of rapid social, cultural and
linguistic change. In 1911, when census returns recorded
that 43.5% of the population were able to speak Welsh,
25 books were published for children (Cyngor Llyfrau
Cymru 1997: 15–18). A century later in 2011, the
percentage of Welsh speakers is estimated to be only
20% of the population; yet 21 books for children were
published during January alone. With the overall total of
Welsh-language children's books in print standing at
nearly 3,000 and significant investment seen in
publishing and promotion (including national book

clubs, the annual Tir na n-Og prizes for children's literature, and funding for a children's Welsh Poet Laureate), the children's book industry in Wales is currently enjoying a sustained period of growth and vitality unparalleled in any other area of the Welsh book industry.[1]

This success, undoubtedly the result of the creativity and dedication of countless authors and publishers, is also due to their awareness of the strategic importance of children's books for the future of the Welsh language. It is no coincidence that the growth of children's publishing is juxtaposed with the language's decline in the twentieth century. As the number of Welsh speakers decreased, producing books for children was increasingly seen as a crucial part of the regeneration project to revive the Welsh language. As early as 1916 in its account of the history of the book in Wales, *A Nation and its Books*, the Welsh section of the Education Board declared that 'a people without a language of its own is only half a nation' and called for an increase in the number of books available for Welsh children in their native language (quoted in M. Jones and G. Jones 1983: xvii). Many of the authors and publishers who responded positively to this report took their lead from the efforts of the romantic nation builder, historian and educationist, Owen Morgan (O.M.) Edwards (1858–1920). Born in Llanuwchllyn, Merioneth and educated at Aberystwyth, Glasgow and Oxford, he was elected Fellow of Lincoln College in 1889. He remained at Oxford until 1907 when he was appointed as the first chief inspector of schools in Wales; he was knighted for his contribution to education in 1916. Throughout his career he also dedicated countless hours to the task of writing, editing and publishing popular material on Welsh history and culture, including two major journals, *Cymru* (for adults) and *Cymru'r Plant* (for children). In these publications, O.M. Edwards's aim was to foster a collective national identity for Wales, and he recognised the importance of involving children as agents to fulfil his cultural aspirations. His famous call to arms to safeguard the Welsh language not on the battlefield, but through children's literature, proclaimed that literature for the young would give life and vitality to the nation, a concept that has informed writing for children ever since:

> Os ydyw Cymru i fyw, rhaid i rywrai ymdaflu i waith dros y plant. Nid ar faes y gad, ond mewn llenyddiaeth, y mae eisiau Llywelyn a Glyndŵr.
>
> *If Wales is to live, some must dedicate themselves to working on behalf of the children. Llywelyn and Glyndŵr are needed, not on the battlefield, but in literature* (O.M. Edwards 1922: 30).

The importance Edwards placed on literature in forming a national identity is a characteristic of many emerging European nations in the nineteenth and early twentieth centuries, and Wales has parallels with efforts in Ireland, Finland, Flanders and elsewhere to establish linguistic identities (Cotton 1996&1998). Authors, publishers and teachers in these countries sought not only to develop children's literacy skills in their mother tongue, but also to have a profound and formative influence on their choice of language and national allegiance. Promoting children's books, therefore, is often perceived as an essential pillar of socialization and language acquisition, and for some as laying claim to a national identity. In this sense, robust educational aspirations regarding the development and socialization of the child are twinned with cultural ambitions to instil in children a collective sense of belonging.

In this respect, it is impossible to distinguish between the history of Welsh children's literature over the past century and the history of the Welsh language. Both the existence of Welsh children's books and their subject matter have been shaped by the context of cultural marginalization and bilingualism, with one consequence being a dependency on translations and public subsidies. Many of these books reflect contemporary concerns about language, culture and identity, but they also actively engage with their political and cultural context, often giving young readers the opportunity to celebrate their cultural distinctiveness. Yet, very little has been done to explore the cultural significance of Welsh children's literature. This paper will examine this relative lack of academic interest and will argue, by focussing on literature from O.M. Edwards's period, that children's literature should be regarded as central to our understanding of how threatened cultures validate and articulate their own existence.

Welsh Children's Literature: a Marginalized Genre?

It is paradoxical that while substantial financial investment is made in Welsh children's books because of their perceived linguistic and educational value, they are considered to be of little cultural or literary merit. Children's literature in general has been 'perceived by the critical establishment as belonging to a separate sub-culture which has never been allowed a place in the discussion of high culture' (Dusinberre 1999: xvii), and in Wales it is often thought that the motivation to safeguard the language has resulted in the production of a mediocre body of literature for children, a view vividly expressed here by author and educationist Elfyn Pritchard:

> Writing for children in Wales can be a crusade, a craft or an art. For many it is a crusade. A love of the language is what inspires these writers. Their efforts are confined to their scarce leisure hours in order to overcome the serious shortage of material in this field. They enter the battlefield

as carefree as those that enlisted in the Crusades on Jerusalem. Their activities and zeal resulted in an upturn in the output of new books, but the majority of these were of a very low standard. At the other extreme are those for whom writing is an art. They are not driven by a missionary zeal, but rather by their delight in fine language and the form of the finished work. There are few of these in Wales ... (Elfyn Pritchard [in M. Jones and G. Jones 1983, 60], translated by Gwilym Huws [in Cyngor Llyfrau Cymru 1997: v])

Many authors were, of course, inspired to write for children by their desire to promote the Welsh language, and this was especially true at the beginning of the twentieth century when there was a severe shortage of Welsh books. O.M. Edwards was acutely aware of the lack of books for use in schools and resolved to place literature and knowledge within Welsh children's reach. Others followed his lead, including the journalist and talented storyteller E. Morgan Humphreys who created memorable adventure stories to encourage boys, in particular, to read Welsh rather than English books (his first volume of adventure stories *Dirgelwch yr Anialwch* appeared in 1911). Less talented writers also responded to the increasing demand for Welsh books, yet the above reference to the 'very low standard' of their work and the 'fine language' of the more able writers reveals a preoccupation with literary standards and merit that is typical of traditional Welsh scholarship. A desire to prove the antiquity and wealth of Welsh culture has led to a disproportionate emphasis on texts considered either to exemplify indigenous literary characteristics (such as *cynghanedd*) or to be of inherent literary value and national significance. This has resulted in a scholastic hierarchy that has discouraged the study of children's literature and other marginal literary genres until recently.

This situation is not of course peculiar to Wales; the attempt to establish English children's literature as a field of research in the 1970s and 80s is often narrated as a fight to reassess what is considered worthy of academic investigation 'against the academic hegemony of "English Lit"' (Hunt 1992: 2). But the question about what merits literary and cultural value or significance for speakers of Celtic languages is confounded by their cultural position on the Celtic fringe. The study of Welsh, Irish, Gaelic or Breton children's literature is therefore a marginalized subject within marginalized languages and cultures. A useful comparison can be made with the case of Welsh women writers, who have, in the words of literary critic Katie Gramich, suffered 'triple or quadruple marginalization' being women, writing in Welsh, in a literary tradition dominated by male writers, and a culture largely ignored in a British or international context (Gramich 2007: 1). In similar terms, it is no wonder that Welsh-language literature for children has largely been ignored by both Welsh literary criticism and international children's literature studies alike.

But while feminist iconoclasm has challenged the traditional masculine literary canon and has, together with other postmodern theories, created an alternative, vibrant critical discourse in Wales (demonstrated by volumes such as *Postcolonial Wales* published in 2005 and *Nineteenth-Century Women's Writing in Wales* which appeared in 2007), children's literature has yet to emerge as a major theme in Welsh scholarship. At present, the analysis of Welsh children's literature is confined to a handful of isolated research dissertations, articles and popular discussions (such as R.T. Jones 1974a, and M. Jones and G. Jones 1983), which offer a liberal humanist interpretation of the history of children's literature as a process of maturation from nineteenth century 'didactism' to twentieth century 'delight'.

This is a common narrative of traditional children's literature criticism, seen for instance in English in the work by John Rowe Townsend, *Written for Children: An Outline of English Language Children's Literature*, originally published in 1965. It is predicated on the assumption that as society entered the modern era, authors ceased to consider literature merely as a means to instruct and educate and began to respond to children's own needs and interests, based on an understanding or 'discovery', as R. Tudur Jones put it (1974a), of what children were actually like and what they really needed in a book.

One author above all is praised with discovering the needs of the children of Wales. O.M. Edwards launched *Cymru'r Plant* (*The Children's Wales*) in 1892 as an independent, nondenominational children's magazine that challenged the dominance of the religious children's magazines of the nineteenth century. Although books for children were scarce, periodical literature for children had been an important feature of Welsh publishing since the 1820s, and nearly all the monthly magazines were published under the auspices of a religious Nonconformist denomination. This had a profound effect on the content and style of the writing. However, *Cymru'r Plant* aimed to be different in subject-matter and tone (Davies 1988: 52–8), and introduced a playfulness and intimacy to the language of children's literature that can be sensed in the editor's opening address to the first edition in January 1892:

> Yr wyf yn hoff o honoch, ac wedi pryderu llawer yn eich cylch. Yr wyf yn meddwl fy mod yn eich adwaen yn dda … Y mae arnaf awydd eich dysgu, os ydych yn barod i wrando arnaf …

I am fond of you, and I have been much concerned about you. I
believe I know you well … I want to teach you, if you are willing
to listen to me …

This was a radical departure for Welsh children's
literature and O.M. Edwards is venerated by Norah
Isaac, a leading figure in Welsh-medium education, as
the first storyteller since mythological Gwydion to
realise the true obligation of children's literature to
delight children (Isaac in M. Jones and G. Jones 1983: 1;
13). O.M., as he was affectionately known, no doubt had
a natural empathy with children and a relaxed style that
was a welcome reprieve from the religious, sombre
writing of some of the denominational magazines. But to
maintain that his work was enlightened by a knowledge
and recognition of what it is to be a child is to deny his
contribution to the construction of Welsh childhood at
that time. Indeed, post-structural and postmodern
perspectives on the child as a constructed concept,
subject to change over space and time (James and Prout
1997), invite us to revisit O.M.'s contribution to Welsh
children's literature. If we agree with the historian Colin
Heywood's assumption, 'that there is no essential child
for historians to discover' (Heywood 2001: 170), we can
begin to appreciate that O.M. Edwards was not only
responding to the interests of his readers, but that he
was also shaping and constructing an image of what a
Welsh childhood should actually be like.

Constructing a Welsh Children's Literature
Without the readership networks and financial support
available to the denominational magazines, *Cymru'r
Plant* had to be commercially viable in order to survive,
and it succeeded to reach a circulation of 11,500 copies a
month by 1900 and 15,000 a month by 1929. The playful
language, wide-ranging content and attractive design

won over a loyal readership that was able to identify with the image of childhood presented in *Cymru'r Plant*. This image was very different to the portrayal of children in the earlier religious magazines and echoed essential changes in both the real lives of children and theories concerning childhood during the nineteenth century. The childhood of the readers of earlier nineteenth-century children's periodicals was structured by domestic chores, little or no schooling (apart from the Sunday Schools, which were of central importance from the early nineteenth century as the only access to literacy and learning for children and adults through the medium of Welsh), child labour, the burden of original sin, and the threat of disease and death. The literature produced for them inevitably emphasised the closeness of death and the responsibility of all children, however young, to take on adult responsibilities and ensure their personal salvation. But the children who read *Cymru'r Plant* from 1892 onwards were required to attend school up to the age of 13, they were considered to be spiritually innocent rather than sinful, and their wellbeing was gradually better protected by legislation concerning child labour and health. Childhood became increasingly separated from adulthood, and Romantic views concerning the child's close affinity with freedom, innocence and the natural world came to be naturalized as the normative image of childhood. This image was to have a long-lasting influence, and as O.M. gently encouraged his young readers to play in the open air, and to learn nursery rhymes and birds' names in Welsh, he was envisioning a child still familiar (as an idealised image of childhood at least) to us today.

O.M. Edwards's style and attitude was in tune with late-nineteenth-century western Romantic and educational ideas concerning childhood, and like earlier nationalist writers such as Zachris Topelius (1818–1889) in Finland, who developed a child-orientated style of writing emphasising respect for family, God and country (Westin 1996: 702), O.M.'s writing was also shaped by national aspirations. As Welsh Liberal MPs talked of home rule and young scholars and poets such as John Morris-Jones inspired a literary awakening, O.M. positioned the implied, hypothetical reader of *Cymru'r Plant*, constructed within the text, as the custodian of the Welsh language and culture. Many real readers responded enthusiastically to his call, and the warmth in which he was held in regard by generations of readers is evidence of how readily many Welsh children, parents and teachers welcomed this new way of communicating with the young. As Hazel Davies noted, 'In his own time he was loved and admired, and in many homes all over Wales a photograph of 'O.M.', the national hero, would take pride of place' (Davies 1988: 2).

This 'national hero' was a cultural nationalist; his aim was to foster the loyalty and devotion of the young towards their national heritage. But some criticism has been levelled at O.M. and his peers for inculcating a benign, passive mode of nationalism in the minds of the Welsh people, one split between Welsh patriotism and British loyalty (R.T. Jones 1974b: 158–9). However, it is also recognized that centuries of colonial subjugation, heightened by the rigid implementation of a hostile English-only schooling system in the nineteenth century, resulted in a complicated late-Victorian mindset in Wales, riddled with feelings of inferiority on the one hand and complacency and indifference towards the language and its culture on the other. This is clearly demonstrated by the fact that despite the introduction of a more enlightened policy towards the Welsh language in schools at the turn of the twentieth century, many ordinary Welsh people had ceased to pass on the language to their children and saw little benefit in supporting Welsh-language education (Smith 2000: 503–04).

This was the context of O.M.'s efforts to inspire the next generation to love and nurture their language and culture. In the shadow of empire the values and aspirations of an emerging Welsh nation were communicated to children through magazines and fiction, both by O.M. himself and the numerous new authors he fostered as editor of *Cymru'r Plant*. He was establishing a distinct Welsh identity, creating a community of belief that placed ethnicity and language as the central criteria of nationality, thus providing an image of how this emerging Welsh nation 'wishe(d) itself to be (and to be seen to be)' (Hunt and Butts 1995: xi), then and in the future.

This image of Welsh childhood was framed within a Romantic nationalist aesthetic. O.M. promoted the common belief inspired by European philosophers, nation builders and folklorists such as J.G. Herder and the Grimm brothers that the spiritual home of the nation was located among inhabitants untouched by the modern world – the Volk, envisioned in Wales as the *gwerin* – and there was no more powerful an emblem of the Welsh nation than the children of the *gwerin* (P. Morgan 1986). According to O.M., it was the duty of his generation to ensure that these children learnt about their collective cultural heritage in order for them to fulfil their potential as the nation's future.

To consider the child as the embodiment or champion of the nation was a feature of many other emerging nations of the modern era. American writers and thinkers in the nineteenth century consistently compared their political and cultural progress since the American Revolution to the growth and development of children (Griswold 1992: 13–14); following Confederation in 1867, children's literature played an integral part in fostering 'feelings of national identity, independence, pride, and unity' in Canada (Galway 2008: 5); and Gaelic League Irish-language activists at the beginning of the twentieth century centred much of their activity on fostering the loyalty of the young to the extent that the child became 'the focus as principal receptacle and potential transmitter of the Gaelic League's nationalist ideology' (Nic Congáil 2009: 113). Of course, it could be argued that all children's literature is a process of acculturation and socialization (Stephens 1992: 8) as it attempts 'to integrate young members into the society and to reinforce the norms and values which legitimise the socio-political system and which guarantee some sort of continuity in society' (Zipes 1991: 54). But in the case of emerging nations, the apparatus of nation building is also applied to the task of shaping young minds. There is, therefore, a fundamental difference in the way childhood is constructed in such contexts. For instance, whereas the naturalness and innocence of the Romantic child in examples of English children's literature are placed in closed, hidden spaces, set apart from the modern, adult world (such as Alice's rose garden in Lewis Carroll's adventures, and Frances Hodgson Burnett's *The Secret Garden*), the child-as-nation in emerging or marginal nations is an empowering image that engages the child with his or her cultural environment.

By defining childhood and its expectations within a national context, Welsh children's literature in O.M.'s period demonstrates the radical and visionary potential of children's literature as described by Kimberley Reynolds:

> It is not accidental that at decisive moments in social history children have been at the centre of ideological activity or that writing for children has been put into the service of

those who are trying to disseminate new world views, values, and social models (Reynolds 2007: 2).

The turn of the twentieth century was a time of cultural, linguistic, social and political change as a result of dramatic industrialization, demographic growth and voting reform. Vast numbers of the population were migrating from rural Wales and England to industrial and urban areas of Wales, causing rapid English-language acculturation in many communities in the 1890s. Politically, the traditional dominance of the landed gentry was transformed by the Liberal Party, who maintained an unchallenged majority of parliamentary seats in Wales between 1880 and 1922. This afforded them real influence at Westminster to petition for land reform, education and church disestablishment. Some prominent Welsh Liberal politicians and scholars including T. E. Ellis and O.M. Edwards formed *Cymru Fydd* (known as 'Young Wales' in English, modelled in part on 'Young Ireland') in 1886 to advance the cause of Welsh home rule. But the initial optimism of these liberal nationalists was deflated by 1896 as there was no widespread interest in separatism in Wales, in contrast to Ireland. The 1901 and 1911 census results of the Welsh-speaking population dealt another blow to the confidence of some of the Welsh intelligentsia as they realised that the Welsh language, seen by many as the essence of Welsh national identity, was in decline. The percentage of the population able to speak Welsh fell below 50% in 1901 and decreased further over the following decades. In spite of the literary awakening and increased scholarly interest in the Welsh language and its literature seen in the writing of John Morris-Jones and T. Gwynn Jones, there was a pervasive pessimism about the usefulness and value of the language in the modern world.

Cymru'r Plant and other publications inspired by O.M. Edwards during this period attempted to resist this pessimism by encouraging the young readers to think differently about the future of Wales and to look forward to the role that they could play. O.M. primarily did so by evoking markers of difference such as shared memories and myths, the ancient language and literature of Wales, and its rural landscape, cultivated by small communities of Welsh-speaking inhabitants. In *Cymru'r Plant* these features manifested themselves in stories about national heroes such as Owain Glyndŵr, collections of traditional lullabies and nursery rhymes, and vignettes about the geography, history and people of various, predominantly agricultural, parishes. He was contributing to the creation of an idealised nation and had little interest in the realities of industrial and urban Wales.

But as well as emphasising these common pre-modern tropes of Romantic nation building – recognised by Benedict Anderson, Anthony D. Smith and others as features of imagined or constructed nations – O.M. was also determined to foster a nation that could take its place in the modern world. A keen travel writer himself, he sought to teach his readers about the history and culture of other countries in *Cymru'r Plant* with articles on 'Peoples of the World', 'Other Countries', 'Wonders of the World' and others on a range of related topics. He also published articles on science and nature where the Welsh language was made to serve the needs of a new age; 'He proved its flexibility and its suitability as the language of science, business and commerce … In *Cymru'r Plant* O.M. Edwards prepared his readers for life in the twentieth century' (Davies 1988: 56).

This was a radical response to the crisis of confidence faced by Welsh speakers at the time. In private, as previously mentioned, many parents were choosing not to speak Welsh with their children, and in public Welsh-language discourse was mainly limited to the spheres of literature and religion. English was the language of learning at the newly-established Welsh universities and leading scholars such as Professor Edward Anwyl, a member (together with O.M. Edwards) of the literary Dafydd ap Gwilym Society founded in Oxford 1886 to promote Welsh culture, 'saw no role for Welsh as a medium for Modernism' (H.T. Edwards 2000: 220). In an article on the 'national awakening in Wales' published in 1906, Anwyl stated that each language 'has its own domain': Welsh was the language of emotion and spirituality to be learnt at the mother's knee, but 'in dealing with modern ideas, modern science, modern scholarship, and everything else which concerns the intellectual life of the present age, the Welshman's language must be English' (quoted in H.T. Edwards 2000: 221). There was little public resistance to this domestication and infantilization of the Welsh language. Even the 'Society for Utilizing the Welsh Language', established in 1885, along with influential educationists such as Dan Isaac Davies, Beriah Gwynfe Evans and O.M. Edwards himself, called for a bilingual method of teaching by arguing that it would be beneficial to utilize the Welsh language in order to teach English and other subjects to monolingual children. Devaluing the Welsh language as subordinate to the needs of English was a deliberate strategy, as their arguments would probably not otherwise have been tolerated at the time (Evans 2000: 474).

Radicals such as Emrys ap Iwan and Michael D. Jones criticised the 'Society for Utilizing the Welsh Language' for casting the Welsh language into servitude, and argued instead for the language to be used in courts of law, schools and other public domains (Hughes 2010:

245–6). But such views received little support, and most public discussions about language and education were conditioned by this acceptance of the inferiority of the Welsh language. However, children's literature provided a space for resistance. Kimberley Reynolds argues that children's literature, often not taken seriously by the establishment, is afforded a freedom to experiment and dissent (Reynolds 2007: 15), and in the case of O.M. Edwards's writings he is able to present a more forthright argument for the Welsh language in *Cymru'r Plant* than is seen in public debates about the merits of bilingualism in schools. Throughout the 1890s, when allowances were beginning to be made for the use of the Welsh language in elementary schools, there are references in *Cymru'r Plant* to the 'Welsh Not' used for a short period in the mid-nineteenth century to discourage the speaking of Welsh. The 'Welsh Not', similar to the 'bata scoir' employed in Irish National Schools, was a small piece of wood or slate inscribed with the letters 'W.N.' and hung around the neck of a child caught speaking Welsh in class (Millward 1980: 93–5). One *Cymru'r Plant* contributor, Bob Ty'n Brwynog, calls to mind his mother's recollections of the 'Welsh Note' (as it was also called) and how it compelled children to tell on other pupils who spoke Welsh in order to be rid of the 'Welsh Note' themselves (O.M. Edwards 1893: 296). Despite a lack of evidence for this practice, through such reminiscences O.M. as editor attempted to foster or even create a collective memory and hatred towards the 'Welsh Not'. This shaping of cultural memory encouraged the readers to take pride in the advances in Welsh education and to ensure that they exercise their right to speak Welsh, and resist any attempts to suppress the language.

Many short sketches illustrating the merits of learning the Welsh language also appear in *Cymru'r Plant*. In

August 1894, for instance, we hear a young boy question why he has to speak Welsh when he is bullied by English-speaking boys at school for being a 'Welshy'. His father responds by stating that the boy must speak the language, as it is the only way he will be able to converse with his late mother in the afterlife (O.M. Edwards 1894: 205–6). This non-rational justification aligns the Welsh language, as Edward Anwyl did, with the spiritual and emotional; but the father takes the argument beyond Anwyl's ideas about separate domains and states that his son's ability to speak Welsh also places him ahead of his English-speaking peers, intellectually and economically. He insists that having access to two great literatures, Welsh and English, will enrich the boy's mind, and because of his broader experience and skills his prospects for the future will be greater. He maintains that being a 'Welshy' is not an obstacle to progress, and the success of prominent men such as the industrialist and social reformer Robert Owen was in fact down to their Welsh roots.

On the pages of *Cymru'r Plant*, O.M. Edwards was thus offering his readers something new. His style and language were far removed from the sobriety of nineteenth-century religious literature for children, and his optimism was also in contrast to contemporary debates regarding the future of the Welsh language. Yet we must not suppose that O.M.'s ideas were passively received and accepted. There is a dynamic to the relationship between author, text and reader that allows for a creative response, and this is particularly true of the way O.M.'s ideas concerning childhood and the nation were transmitted and received. He was not dealing with fixed ideas, after all; both 'childhood' and 'nation' as constructed concepts are locations for ambiguities and resistance. There is no predetermined shape to the nation or the child; they are constantly shifting social and cultural concepts and any attempt to define them is subject to contention. Similarly, readers are not a homogenous mass; each one will bring his or her own preconceptions about what it is to be a child and what constitutes a nation to the reading process. Furthermore, adults are also often a part of the 'dual audience' of children's books, and can also influence the interpretation of the text. Therefore, despite the impression we have of O.M. as a paternal editor gently moulding his readers into Welsh patriots, there are also ambiguities in the ideas expressed in *Cymru'r Plant* that allow the reader to be more than merely a receptacle for O.M.'s nationalist and Romantic ideology. Through these ambiguities the reader can engage with ideas and form his or her own meaning from the texts.

One such area of ambiguity is the question of child-rearing – to what extent should adults intervene in the development of a child? In his treatise on education, *Émile* (1762), Jean-Jacques Rousseau stated that the innate goodness of the child 'degenerates in the hands of man' and that education should be derived from interaction with the natural world rather than books. This led to an emphasis in Romantic nineteenth-century writing on learning through play and the open air, an emphasis which is often seen in *Cymru'r Plant*. Whereas many earlier religious periodicals stressed the wickedness of childish play, depicting young children suffering serious if not fatal injuries whilst at play, *Cymru'r Plant* advocated the benefits of leisure and recreation. In November 1893, for instance, a short piece under the heading 'Play' states that play is not a waste of time, 'Often, it is through play that a child learns what he can make of the world' (O.M. Edwards 1893: 297). Many examples are offered, such as Isaac Newton who enjoyed flying kites as a child and later discovered the law of gravity. Eluned Morgan, the Patagonian-based writer much influenced by O.M. Edwards, also advocates the benefits of learning through experience, 'Gweld gyntaf, a darllen wedyn, yw'r ysgol orau debygaf i; onid oes ormod o ddarllen llyfrau a rhy fach o ddarllen natur?' (*'The best school is first to look, and then to read; is there not too much reading of books and too little reading of nature?'*) (Quoted in R.B. Williams and Morgan: 13).

The child is set as 'other' to the adult, free from responsibilities, 'with little more to disturb the bliss of childhood', in the words of another *Cymru'r Plant* contributor, Andronicus, 'than such insignificant tribulations as losing a ball or cutting a finger whilst whittling at a piece of wood to make a small boat' (O.M. Edwards 1894: 255–7). Yet this child is also envisaged as the nation's future and is expected to guard and protect the history, culture and language of Wales. To participate fully in the child-orientated nation-building project, the young readers of *Cymru'r Plant* cannot therefore afford to be too separated from the realities of their surroundings. They must also be disciplined and show respect for traditional Nonconformist values such as piety, sobriety, hard work, and dedication.

The conflict between Romantic ideology and Welsh Nonconformist ethics is illustrated in *Cit*, a story by Fanny Edwards, first serialized in *Cymru'r Plant* in 1906, and then published as a novel in 1908. Here we see evidence of how Romantic notions of childhood were sometimes resisted as English and alien in an attempt to establish a Welsh construct of the child, based, as demonstrated below, on Welsh Nonconformist values. Cit, an orphan brought up by a loving aunt in rural North-west Wales, has no choice but to go into service at a young age. She is hired as nanny to a middle-class family, the Pennant Joneses, in a fictional university town called Trefan (modelled, no doubt, on Bangor in North Wales). Although Welsh speakers, the habits of the family are very much Anglicised: they attend Church not chapel, and their parenting style, reflecting Romantic ideas about freedom and innocence, is in stark contrast to the discipline expected by Cit, raised as she was in a traditional Welsh rural Nonconformist environment. This conflict is at the root of her unhappiness in her new position, as she herself explains:

Un peth, yr oedd yn amlwg nad oedd y plant erioed wedi eu dysgu i ufuddhau i'w rhieni; yr oedd ofn tad a mam yn beth hollol ddieithr iddynt. Ac yn lle bod yn wrthrychau o barch ac edmygedd yn y teulu, yr oedd y tad a'r fam yn gaeth i fympwyon ac ewyllys ddireol y plant. Mae yn debyg eu bod dan y dybiaeth eu bod yn eu dwyn i fyny yn dyner a gofalus. Ni welais erioed gymaint o gamgymeriad. Gorlwytho plentyn â'i ddymuniadau, a'r hyn a dybiai yn ei galon fach ef sydd yn angenrheidiol, nid oes dim a wna fwy o niwed. Y mae yn blanhigyn bychan mor dyner, fel y gofynnir pob iot o'r cariad a'r rheswm sydd wedi ei roddi tuag at y gwaith hwn, fel ag i'w feithrin a'i ddatblygu yn y modd mwyaf bendithiol iddo ef ac i bawb y daw i gyffyrddiad â hwy yn ystod ei fywyd. Nis gallwn beidio a gresynu, a hynny yn aml, wrth weled y plant yma yn tyfu fel planhigion gwyllt, oherwydd gor-dynerwch, os cywir ei alw wrth yr enw yna, eu rhieni.

For one thing, it was obvious that the children had never been taught to obey their parents; to be in fear of a father and mother was alien to them. Rather than being objects of respect and admiration within the family, the father and mother were slaves to the whims and unruly will of the children. They were no doubt under the impression that they were providing a gentle and mindful upbringing. I never saw such a great error. Nothing could be more detrimental than to indulge a child's wishes, and allow him everything he believes in his heart to be essential. He is such a delicate little plant that it requires every scrap of love and reason to ensure that he is nurtured and developed in a way that is most beneficial to him and to everyone he may come in contact with during his life. I often couldn't but deplore the sight of children growing like wild plants because of the over-indulgence, if it can be called that, of their parents (F. Edwards 1908: 156–7).

In her condemnation of the Pennant Joneses, Cit offers us a clear picture of a traditional Welsh upbringing, reminiscent in its horticultural imagery and disciplinary tone of John Locke's ideas in *Some Thoughts Concerning Education* (1693):

> For liberty and indulgence can do no good to children; their want of judgement makes them stand in need of restraint and discipline … I imagine everyone will judge it reasonable that their children, when little, should look upon their parents as their lords, their absolute governors, and as such stand in awe of them; and that when they came to ripe years, they should look on them as their best, as their only sure friends, and as such love and reverence them (Locke and Garforth 1964: 52–3).

This Lockean echo is indicative of the puritan principles on which the image of Nonconformist Wales was built in the nineteenth century, an image that came to the fore after the religious census of 1851 indicated that those attending service at the Nonconformist denominations in Wales outnumbered worshippers at the Established Church. From then on Welsh nationality came 'to be defined for many in terms of Protestant Nonconformity' and the culture that surrounded it placed great importance on the 'puritan virtues of honesty, thrift, sabbatarianism and hard work, sobriety and chastity' (D. Morgan 2011: 15). What is missing from the Pennant Jones household is the discipline, boundaries and respect of Welsh family life associated with the image of Nonconformist Wales, mainly because of the absence of a strong mother-figure. The absence of the father is not so much of an issue – he is often unseen in many children's stories from this period, removed from the family home by work or war – but without the love, care and discipline of a principled mother, the children are unable to take their place within society. The ideal family in children's literature of the period is no doubt an image of the nation, and at its heart is the mother who nurtures and safeguards the future generation, fostering in them a deep affection and loyalty towards their language and their nation, akin to the unquestioning love felt towards a mother. In contrast, Mrs Pennant Jones is an affectionate but ultimately unfit mother who is not mindful of her children's manners and behaviour, or of their spiritual and cultural development. The children are not taught to respect their culture and language – and we can infer that such ill discipline and irresponsibility will not only be to the detriment of the children themselves but will also result in an increasingly Anglicised society.

Here Welsh culture is framed in a domestic context, and patriotism is expressed through a respect for faith, family and language. These are internal markers of identity reflected in the original pledge of allegiance to Urdd Gobaith Cymru, the youth movement envisioned by O.M., and ultimately founded by his son, Ifan ab Owen Edwards, in 1922, with the motto 'Byddaf ffyddlon i Gymru, i gyd-ddyn ac i Grist' ('I will be faithful to Wales, fellow man, and Christ'). But when this patriotism is outwardly expressed in Wales's relationship with England, Britain and the wider world, there is further ambiguity on the pages of *Cymru'r Plant*. On the one hand we find a vengeful anti-English ideology, seen, for example, in the verses composed by 'Cwmryn' predicting that a fatal blow will be delivered to English oppression when Arthur and Glyndŵr rise again to set Wales free (O.M. Edwards 1899: 174–5):

Mae'r Cymry heddyw'n deffro,
Yn llawn gwladgarwch pur,
Fe roddir marwol ergyd
I ormes cyn bo hir;
Dros ffiniau'r Hafren araf
Ymlidir rhagfarn ffol,
Draig Goch ein Harthur chwifir
Pan godir Cymru'n ol.

The Welsh are today awakening
Full of pure patriotism,
A fatal blow will be delivered
To oppression before long;
Over the slow Severn's borders
Foolish prejudice will be pursued,
The Red Dragon of our Arthur will fly
When Wales is raised to what it was.

But alongside such patriotic sentiment, a British, colonial ideology is also expressed as readers are encouraged to take pride in the glory of the British Empire. 'Brythoniaid Bychain' ('Young Britons'), a song composed by J. Allen Jones of Welshpool and published in *Cymru'r Plant* 1896, reconciles the contradiction between these two ideologies by maintaining that the Welsh, by virtue of their descent from the original inhabitants of these islands, are founding members of the British Empire, and should, as 'Glyndŵr's children', vow to fight for Britannia to the death (O.M. Edwards 1896: 166–7). In another example Nest, a young female character devised by O.M. Edwards, whose sea voyage was first described in *Cymru'r Plant* and later in *Llyfr Nest* (1913), is urged by an old colonel aboard ship to honour the British flag seen in so many of the countries they have visited, as it stands for 'freedom, equality among nations, and religious tolerance' (O.M. Edwards 1913: 53–4).

Here we have a desire to foster a fierce patriotic loyalty towards the language, landscape, history and culture of Wales (internal national features associated with a Celtic sensibility), but also a desire to implant an aspiration to succeed on the British, colonial map (that is, to imitate Saxon drive and ambition). This dual identity – both Welsh and British – allowed the expression of a deep-rooted suspicion and even hatred towards England and an aspiration to be British within the same publication (A. Jones and B. Jones 2004: 83–91).

As editor of *Cymru'r Plant* from 1892 to 1907 and then from 1912 to his death in 1920, O.M. Edwards was navigating these complexities and contradictions, offering a radical image of Welsh as a modern, practical language on the one hand and advocating British colonialism on the other. By expressing the distinctiveness and difference of the Welsh, O.M. Edwards aimed to resist a homogenising English ideology and was influenced more generally by Irish, Finnish and Hungarian expressions of national self-determination at the time. But his objective was also to ensure that Wales could participate fully in the success of Britain and the Empire. O.M. was not alone in his effort to align Welsh patriotism and British loyalty, as the career of Lloyd George, formerly a staunch supporter of Welsh home rule, illustrates (K.O. Morgan 1981: 35, 44, 58, 139, 208, 412). Welsh lyric poetry of the period also often expresses split loyalties, as Robin Chapman has recently demonstrated (Chapman 2004: 29), but I would argue that this duality is at its most apparent and contradictory in children's literature. The supposed simplicity and innocence of children's literature belies its ideological content, and *fin de siècle* children's literature is filled to the brim with concerns, fears, hopes and expectations resulting from Wales's position on the periphery of Empire.

Conclusion

The period between 1892 and 1920 was a time of radical change in Wales, and it was O.M. Edwards who realised the importance of children in the development of the emerging Welsh nation. Through his writing and editorship, O.M. embedded popular myths that maintained the Welsh-speaking community for over half a century (Llywelyn-Williams 1960: 13), the most prevalent of which was the myth of the classless society, a common myth amongst stateless nations throughout Europe in the nineteenth century (R.W. Jones 2007: 75). O.M. showed indifference and even disdain towards the urban middle and industrial working classes, focussing instead on his image of choice for Wales, namely the classless, cultured, rural *gwerin* (Sherrington 1992). But this meant that he was not able to appeal to the majority, and as a result O.M.'s patriotic ideas never gained widespread acceptance in Wales (R.W. Jones 2007: 29–30; 70). But O.M.'s aim was never to revolutionize Welsh society, and his inability to respond to the needs and interests of the urban and Anglicised classes was typical of many Liberal Welsh Nonconformist leaders at the time who found the emerging socialism of the working classes disconcerting and even intimidating (Morgan 2011: 38). This unwillingness to engage with the growing urban and industrial populace of Wales hindered the rise of nationalism at the turn of the twentieth century. Wales, after all, relied heavily on its heroes, myths and cultural leaders to structure its national identity, in contrast to Scotland, for instance, which relied more on re-configuring historical institutions as pillars of nation-building. O.M.'s myth of the *gwerin*, therefore, would have a profound influence in forming patriotic sentiments and positive attitudes towards the Welsh language, but lacked the general appeal to motivate political change.

In children's literature written and inspired by O.M. Edwards between 1892 and 1920, childhood is depicted as having its own innate qualities and affinity with the spiritual and natural, cultivated by O.M. into a love for nation, humanity and God. He may not have inspired political nationalism among the readers, parents and teachers influenced by *Cymru'r Plant*, but he established the importance of children's literature as an essential medium for the development of a national identity and presented a forceful counterargument to those who saw no place for the Welsh language in the modern world. The early growth of Welsh children's books in the twentieth century is deeply indebted to O.M. Edwards, and his ideas about nationhood and the *gwerin* infused much of the writing. But as this paper has demonstrated, ideas about childhood and national identity are fluid and ambiguous, and children's literature is loaded with often contrasting ideologies concerning language, culture and identity. Because so much of our children's literature is intended to guide and shape young readers, it is as ideologically complex as any other literary genre, and as a result should be central to our understanding of how the future of a marginal or threatened language such as Welsh is imagined and practised as social fact.

NOTE

1 Compare, for instance the 617 adult fiction titles listed on the Welsh Book Council's website in August 2011, www.gwales.com, with the 1325 titles in the fiction for children and young adults section.

WORKS CONSULTED

Aaron, Jane. *Nineteenth-Century Women's Writing in Wales: Nation, Gender and Identity*. Cardiff: University of Wales Press, 2007.

Aaron, Jane and Chris Williams. Eds. *Postcolonial Wales*. Cardiff: University of Wales Press, 2005.

Chapman, T. Robin. *Meibion Afradlon a Chymeriadau Eraill: Golwg ar y Dymer Delynegol, 1891–1940*. Caerdydd: Gwasg Prifysgol Cymru, 2004.

Cotton, Penni. *European Children's Literature I & II*. Kingston: Kingston University Press, 1996, 1998.

Cyngor Llyfrau Cymru. *Llyfrau Plant: Children's Books in Welsh 1900–1991 [Cyflwyniad Gan/Introduction by Gwilym Huws]*. Aberystwyth, 1997.

Davies, Hazel. *O.M. Edwards*. Cardiff: University of Wales Press, 1988.

Dusinberre, Juliet. *Alice to the Lighthouse: Children's Books and Radical Experiments in Art*. Basingstoke: Macmillan, 1999.

Edwards, Fanny. *Cit*. Gwrecsam: Swyddfa 'Cymru'r Plant', 1908.

Edwards, Hywel Teifi. Ed. *A Guide to Welsh Literature, Volume V, C. 1800–1900*. Cardiff: University of Wales Press, 2000.

Edwards, Owen Morgan. Ed. *Cymru'r Plant*. Vol. II, 1893.

　　Ed. *Cymru'r Plant*. Vol. III, 1894.

　　Ed. *Cymru'r Plant*. Vol. V, 1896.

　　Ed. *Cymru'r Plant*. Vol. VIII, 1899.

　　Er Mwyn Cymru. Wrecsam: Hughes a'i Fab, 1922.

　　Llyfr Nest. Gwrecsam: Hughes a'i Fab, 1913.

Evans, W. Gareth. 'The British State and Welsh-Language Education 1850–1914'. *The Welsh Language and its Social Domains 1801–1901*. Ed. Geraint H. Jenkins. Cardiff: University of Wales Press, 2000: 459–82.

Galway, Elizabeth A. *From Nursery Rhymes to Nationhood: Children's Literature and the Construction of Canadian Identity*. New York; London: Routledge, 2008.

Gramich, Katie. *Twentieth-Century Women's Writing in Wales: Land, Gender, Belonging*. Cardiff: University of Wales Press, 2007.

Griswold, Jerome. *Audacious Kids: Coming of Age in America's Classic Children's Books*. New York: Oxford University Press, 1992.

Heywood, Colin. *A History of Childhood: Children and Childhood in the West from Medieval to Modern Times*. Cambridge; Malden, MA: Polity Press, 2001.

Hughes, Lowri Angharad. '"Y Teimlad Cenedlaethol": *Cymru* a'i Gyfoeswyr'. *Y Traethodydd* CLXV. 695. 2010: 232–255.

Hunt, Peter. *Literature for Children: Contemporary Criticism*. London; New York: Routledge, 1992.

Hunt, Peter and Dennis Butts. *Children's Literature: An Illustrated History*. Oxford; New York: Oxford University Press, 1995.

James, Allison and Alan Prout. *Constructing and Reconstructing Childhood: Contemporary Issues in the Sociological Study of Childhood*. 1990. 2nd ed. London: Falmer Press, 1997.

Jones, Aled and Bill Jones. 'Empire and the Welsh Press'. *Newspapers and Empire in Ireland and Britain*. Ed. Simon J. Potter Dublin: Four Courts Press, 2004: 75–91.

Jones, Mairwen and Gwynn Jones. Eds. *Dewiniaid Difyr: Llenorion Plant Cymru Hyd Tua 1950*. Llandysul: Gwasg Gomer, 1983.

Jones, R. Tudur. 'Darganfod Plant Bach: Sylwadau ar Lenyddiaeth Plant yn Oes Victoria'. *Ysgrifau Beirniadol VIII*. Ed. J. E. Caerwyn Williams. Dinbych: Gwasg Gee, 1974a: 160–204.
The Desire of Nations. Llandybïe: C. Davies, 1974b.

Jones, Richard Wyn. *Rhoi Cymru'n Gyntaf: Syniadaeth Plaid Cymru. Cyfrol 1*. Caerdydd: Gwasg Prifysgol Cymru, 2007.

Llywelyn-Williams, Alun. *Y Nos, Y Niwl, a'r Ynys: Agweddau ar y Profiad Rhamantaidd yng Nghymru, 1890–1914*. Caerdydd: Gwasg Prifysgol Cymru, 1960.

Locke, John and F.W. Garforth. *Some Thoughts Concerning Education*. London: Heinemann, 1964.

Millward, Edward G. 'Yr Hen Gyfundrefn Felltigedig'. *Barn* 207–08. April/May 1980: 93–5.

Morgan, D. Densil. *The Span of the Cross: Christian Religion and Society in Wales, 1914–2000*. 2nd ed. Cardiff: University of Wales Press, 2011.

Morgan, Kenneth O. *Rebirth of a Nation: Wales 1880–1980*. Oxford: Clarendon Press, 1981.

Morgan, Prys. 'The Gwerin of Wales – Myth and Reality'. *The Welsh and Their Country*. Eds. Ian Hume and W.T.R. Pryce. Llandysul: Gwasg Gomer, 1986: 134–52.

Nic Congáil, Ríona. '"Fiction, Amusement, Instruction": The Irish Fireside Club and the Educational Idelolgy of the Gaelic League'. *Éire-Ireland*. 44. 1&2. 2009: 91–117.

Reynolds, Kimberley. *Radical Children's Literature: Future Visions and Aesthetic Transformations in Juvenile Fiction*. Basingstoke; New York: Palgrave Macmillan, 2007.

Sherrington, Emlyn. 'O.M. Edwards, Culture and the Industrial Classes'. *Llafur* 6.1. 1992: 28–41.

Smith, Robert. 'Elementary Education and the Welsh Language 1870–1902'. *The Welsh Language and its Social Domains 1801–*

1901. Ed. Geraint H. Jenkins. Cardiff: University of Wales Press, 2000: 483–504.

Stephens, John. *Language and Ideology in Children's Fiction*. Harlow: Longman, 1992.

Westin, Boel. 'The Nordic Countries'. *International Companion Encyclopedia of Children's Literature*. Eds. Peter Hunt and Sheila G. Bannister Ray. London; New York: Routledge, 1996: 699–709.

Williams, R. Bryn and Eluned Morgan. *Eluned Morgan: Bywgraffiad a Detholiad*. Llandysul: Gwasg Gomer, 1948.

Zipes, Jack. *Fairy Tales and the Art of Subversion: The Classical Genre for Children and the Process of Civilization*. New York: Routledge, 1991.

MÁIRTÍN COILFÉIR

As Contae na Mí do Mháirtín Coilféir agus cónaí air i mBaile Átha Cliath faoi láthair. Tá spéis aige go háirithe i litríocht chomhaimseartha na Gaeilge agus sa scríbhneoireacht chruthaitheach. Tá sé i ndiaidh céim dochtúireachta a bhaint amach ó Choláiste na Tríonóide agus saothar Alan Titley á iniúchadh aige.

LYDIA GROSZEWSKI

Is as Baile Átha Cliath do Lydia Groszewski. Tá céim aici sa Ghaeilge agus sa Bhéarla ó Choláiste na Tríonóide. Bhain sí Ard-Dioplóma i Léann an Aistriúcháin agus MA sa Nua-Ghaeilge amach ó Ollscoil na hÉireann, Gaillimh. Tá sí ag léachtóireacht i Roinn na Gaeilge, Ollscoil na hÉireann Gaillimh i láthair na huaire.

SIOBHÁN KIRWAN-KEANE

Is múinteoir bunscoile í Siobhán Kirwan-Keane. I 2009 bhain sí amach an chéim MA i Litríocht na nÓg ó Choláiste Phádraig, Droim Conrach. Rinne sí a tráchtas ar Shinéad Bean de Valera agus anois tá sí ag déanamh níos mó oibre ar an téama céanna chun PhD a bhaint amach.

JACQUES-YVES MOUTON

Is múinteoir Briotáinise agus staire é Jacques-Yves Mouton. Bronnadh PhD air sa bhliain 2009 do thráchtas a bhain le cruthú na féiniúlachta i bhfoilseachán dar teideal *Al Liamm*. Scríobhann sé leabhair Bhriotáinise do pháistí, do dhéagóirí agus do dhaoine fásta. Tá deich leabhar foilsithe aige go dtí seo.

Laoise Ní Chléirigh

Is múinteoir Gaelscoile í Laoise Ní Chléirigh a bhfuil spéis ar leith aici i litríocht na n-óg. Múineann sí Rang a 5 agus a 6. Mar chuid den mhúinteoireacht, cuireann sí an-bhéim ar litríocht na bpáistí, go háirithe ar litríocht na Gaeilge. D'fhreastail sí ar Choláiste Oideachais Froebel, áit ar cuireadh lena spéis dhomhain i gcúrsaí litríochta. Scríobh Laoise don iris idirlín *Beo*, *INIS*, agus d'fhoilsigh an Gúm a céad leabhar do pháistí, *Na Laochra is Lú*, le déanaí.

Órla Ní Chuilleanáin

Is léachtóir sa Nua-Ghaeilge í Órla Ní Chuilleanáin i gColáiste na hOllscoile, Baile Átha Cliath, le fócas ar an aistriúchán agus ar an dlí. Tá sí cáilithe mar abhcóide agus tá bunchéim aici sa dlí agus céimeanna máistreachta sa Ghaeilge, sa dlí agus sa scríbhneoireacht chruthaitheach. Scríobh sí punann maidir le litríocht na n-óg mar chuid dá máistreacht sa Ghaeilge in ITBÁC.

Ríona Nic Congáil

Is léachtóir le Gaeilge í Ríona Nic Congáil i gColáiste Phádraig, Droim Conrach. Tá trí leabhar do dhaoine óga scríofa aici: *An Túr Solais* (2004), *An Leabhar Órga* (2006) agus *Saol an Mhadra Bháin* (2011). Is é *Úna Ní Fhaircheallaigh agus an Fhís Útóipeach Ghaelach* (2010) an leabhar acadúil is déanaí óna peann, agus bhronn an Chomhdháil Mheiriceánach do Léann na hÉireann duais Leabhar Taighde na Bliana ar an leabhar sin sa bhliain 2011.

PÁDRAIG Ó BAOIGHILL

Tá sé leabhar déag scríofa ag Pádraig Ó Baoighill ó chuaigh sé le scríbhneoireacht lánaimseartha i 1993, dhá cheann déag acu foilsithe ag Coiscéim. Tá beathaisnéisí, leabhair staire, úrscéalta, gearrscéalta, leabhair thaistil, leabhar seanamhrán scríofa aige chomh maith le caibidlí i gcnuasaigh agus aistriúcháin. Is iriseoir agus craoltóir é chomh maith a bhfuil mórán oibre déanta aige do Raidió na Gaeltachta agus duaiseanna éagsúla buaite aige. Bhronn Ollscoil Uladh, Cúil Raithin, Dochtúireacht Oinigh sa Litríocht air i 2005.

SEOSAMH Ó MURCHÚ

Fuair Seosamh Ó Murchú a chuid ollscolaíochta i gColáiste Phádraig, Maigh Nuad, mar a ndearna sé staidéar ar leith ar úrscéalta Dhiarmada Uí Shúilleabháin. Chaith trí bliana ina Eagarthóir ar an iris *Comhar* (1985–87). Duine de chomhbhunaitheoirí agus de chomheagarthóirí an irisleabhair *Oghma* (1988–98). Duine de bhunaitheoirí Raidió na Life i mBaile Átha Cliath. Ag obair sa Ghúm ó 1986 i leith mar a bhfuil sé ina Eagarthóir Sinsearach. Go leor alt foilsithe aige in imeacht na mblianta ar chúrsaí litríochta, critice agus polaitiúla chomh maith le roinnt mhaith aistriúchán ar leabhair do dhaoine óga.

SIWAN M. ROSSER

Is léachtóir í Siwan M. Rosser i Scoil na Breatnaise, Ollscoil Chardiff. D'fhreastail sí ar Ollscoil Aberystwyth agus bronnadh céim MPhil uirthi do thráchtas a scríobh sí ar fhilíocht Jonathan Hughes, Llangollen. Bhain a tráchtas PhD leis an léiriú a tugadh ar mhná i mbailéid Bhreatnaise ón ochtú haois déag. Díríonn an tionscadal taighde atá idir lámha aici faoi láthair ar inscne agus ar an bhféiniúlacht náisiúnta i litríocht Bhreatnaise na n-óg.

ALAN TITLEY

Chaith Alan Titley cúig bliana fichead mar Cheann Roinn na Gaeilge i gColáiste Phádraig, Droim Conrach, agus cúig bliana ina dhiaidh sin mar Ollamh le Nua-Ghaeilge in UCC. Údar é a bhfuil sé cinn d'úrscéalta, breis agus céad gearrscéal, fara le drámaí, scannáin agus go fiú beagán filíochta scríofa aige. Is iad *Nailing Theses: Selected Essays* agus *Na Drámaí Garbha* an dá leabhar is déanaí uaidh. Scríobhann sé colún seachtainiúil ar chúrsaí reatha agus cultúir don *Irish Times*.